AF552063

FLORIAN KINAST

Mensch, Kaiser!

Florian Kinast

MENSCH, KAISER!

Lichtgestalt mit Schattenseiten

Lübbe LIFE

Die Bastei Lübbe AG verfolgt eine nachhaltige Buchproduktion. Wir verwenden Papiere aus nachhaltiger Forstwirtschaft und verzichten darauf, Bücher einzeln in Folie zu verpacken. Wir stellen unsere Bücher in Deutschland und Europa (EU) her und arbeiten mit den Druckereien kontinuierlich an einer positiven Ökobilanz.

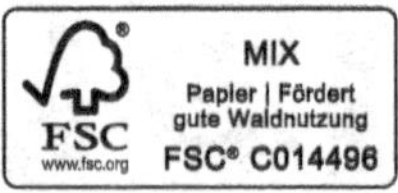

Originalausgabe

Textredaktion: Dr. Matthias Auer, Bodman-Ludwigshafen
Umschlaggestaltung: © b3K design, Andrea Schneider & diceindustries
Umschlagmotiv: © picture-alliance/Lacy Perenyi|Laci Perenyi
Satz: Dörlemann Satz, Lemförde
Gesetzt aus der Minion
Druck und Verarbeitung: GGP Media GmbH, Pößneck

Printed in Germany
ISBN 978-3-431-07057-6

4 6 7 5 3

Sie finden uns im Internet unter luebbe.de
Bitte beachten Sie auch: lesejury.de

INHALT

VORWORT

Eine Begegnung mit Franz Beckenbauer, September 2002 im Golfclub Egmating. Auf der 18-Loch-Anlage im Münchner Südosten stand wenige Tage vor dem Bundesliga-Lokalderby mal wieder ein ganz besonderes Golfturnier an. So war das damals oft. Kurz bevor sich die Fußballmannschaften des FC Bayern und des TSV 1860 im Olympiastadion duellierten, trafen sich die Roten und die Blauen zum Derby auf dem Golfplatz. Nicht die Spieler, dafür aber Funktionäre beider Klubs, Edelfans, Semipromis, Adabeis. Mehr so ein gesellschaftliches Gaudi-Event.

Als Sportredakteur der *Abendzeitung* galt es damals, irgendeine Geschichte für die Ausgabe des nächsten Tages mitzubringen. So heißt das, wenn man als Reporter zu einem Termin fährt, noch ohne konkrete Vorstellung, was einen erwartet und was dabei herumkommt. Einfach mal alles beobachten, sich umsehen und umhören. Notfalls als Kompromisslösung eine kleine Umfrage unter den Teilnehmern: »Und, wie geht's aus im Stadion am Dienstagabend?« Oder, auch immer beliebt, eine Kolumne für die Society-Seite mit üppigem Namedropping. Am Büfett im Clubhaus gesichtet: die üblichen Verdächtigen. Vielleicht also gar vor Turnierstart schon eine griffige Story mit der Option auf eine rasche Rückkehr in die Redaktion?

Aufgrund der verspäteten Ankunft allerdings war das Feld bereits unterwegs auf dem Platz, und als das Gedankenkarussell zum möglichen Zeitvertreib bis zur Rückkehr der Teilnehmer allmählich Fahrt aufnahm, da kam auf dem Weg zur Herrentoilette ein Mann in ziemlich gekrümmter Haltung des Wegs. »Mein Kreuz«, entgegnete Franz Beckenbauer auf die Frage, warum er denn gerade nicht draußen auf dem Golfplatz seine Runden ziehe. Nach vier Bahnen sei es ihm in die Bandscheiben reingeschossen, erklärte er, deswegen der Abbruch. »Des hat keinen Sinn mehr.« Aha. Und was mache er jetzt? Ob er vielleicht Zeit und Lust habe auf ein Interview mit der *Abendzeitung*? »Ja freilich, gern«, erwiderte er, und so saß man im Biergarten des Clubhauses eineinhalb entspannte Stunden beisammen, ganz nebenbei wurde es mit zwei Weißbier eine recht günstige Bewirtung, billiger noch als ein Termin mit Klaus Augenthaler, da waren es mal zwei Weißbier und eine Schachtel Marlboro.

So ging das Gespräch mit Beckenbauer an jenem Tag also über die Bayern und die Löwen, über Derby-Anekdoten und alte Erinnerungen, über die Bundesliga und die Champions League, aber auch über die Eindrücke seiner Afghanistan-Reise wenige Monate zuvor und über die bevorstehende Bundestagswahl. Die thematische Bandbreite reichte von Giesing bis Kabul, von Tschik Čajkovski bis Edmund Stoiber. Das Exklusivgespräch wurde am nächsten Tag Aufmacher auf der ersten Sportseite. Am Ende tauschte man sich nach dem Abschalten des Aufnahmegeräts noch aus über die richtige Zubereitung von Schinkennudeln. Ob er das Interview noch mal gegenlesen und autorisieren wolle, so die Frage beim Abschied: »Naa naa«, meinte Beckenbauer lächelnd, »basst scho.«

Das passt schon. Ja, es passte lange sehr viel im Leben von Franz Beckenbauer, jener Persönlichkeit, die sich trotz ihrer Bekanntheit, ihres Ansehens und Ruhms immer so nahbar gab, so zugänglich war. Offen, geerdet und unkompliziert. »Servus, i bin der Franz.«

Ein Glückskind, dem alles zu gelingen schien, der mit seiner ihm ganz eigenen Lässigkeit viele Widrigkeiten in seinem Leben recht charmant wegfranzelte, der als Spieler und Trainer gewann, was es zu gewinnen gab, und der am Ende als Funktionär auch noch eine Weltmeisterschaft nach Deutschland holte. Doch gerade die dubiosen Vorgänge rund um die Vergabe der WM 2006 warfen dann auch ein neues Licht auf ihn, es wurde still um den Kaiser. Die Vorwürfe gegen ihn im Zusammenhang mit dem Sommermärchen, dazu gesundheitliche Probleme und natürlich auch der Tod seines Sohnes Stephan, all das führte dazu, dass sich Franz Beckenbauer in den vergangenen Jahren immer mehr zurückzog und nur noch selten in der Öffentlichkeit zeigte.

Viel zu kurz gegriffen wäre es dabei aber, sein Leben mit der simplen Titulierung von »Aufstieg und Fall« in zwei lineare Phasen zu teilen. In diesem Buch wird vielmehr herausgearbeitet, wie differenziert das Tun und Wirken Beckenbauers über all die Jahrzehnte zu reflektieren ist. Welche Höhen und Tiefen er bereits als Spieler durchlebte, wie er sich immer wieder in Widersprüchen verfing, wie zerrissen er oft wirkte im Spagat zwischen der natürlich oft sehr gut vergüteten Exposition als omnipräsente Lichtgestalt und der schlichten Sehnsucht nach einem ganz einfachen Leben – und wie oft er einfach auf der Suche war nach Anerkennung, Respekt und Wertschätzung.

»Ich würde gern wissen, wer ich bin«, sagte Franz Beckenbauer einmal. Wer er war und wie er war, was ihn antrieb und was ihn umtrieb, das erfahren Sie nun bei der Lektüre dieser 2023 erschienenen und nach seinem Tod im Januar 2024 aktualisierten Biografie.

KAPITEL 1

Als Eierkopf bei den Bowazus – mit dem Traum von Sechzig und Amerika: Kindheit und Jugend in Obergiesing

Sommer 1945, Nachkriegs-München. Eine Stadt in Trümmern, Ruinenlandschaft. Nach insgesamt 73 verheerenden Luftangriffen sind rund 21 000 Gebäude komplett zerstört oder schwer beschädigt, darunter mehr als 100 Kirchen, knapp 300 Kulturbauten. Museen, Kinos, Theater, die Ludwig-Maximilians-Universität. 66 Schulen liegen in Schutt, 23 Krankenhäuser. Mehr als 6600 Menschen haben in den Bombennächten ihr Leben verloren, gut 300 000 ihr Zuhause.

Mit dem Einmarsch der US-Amerikaner Ende April endet der Irrsinn, und schon bald kehrt ganz sachte ein Hauch von alter Normalität zurück. Im Juni haben bereits 50 Gaststätten wieder geöffnet, sind zwölf Trambahnlinien im Einsatz. Die Linie 15 etwa zur Großhesseloher Brücke oder auch die Linie 10 zum Isartalbahnhof. Die Neunzehner nach Steinhausen.

Anfang Juli folgt der erste Auftritt der Münchner Philharmoniker. Im restlos ausverkauften Prinzregententheater, mit Werken von Tschaikowsky, Mozart, Mendelssohn. In drei Kinos laufen wieder Filme, im Regina in der Dachauer Straße, im Preysing-Palast in der Pilgersheimer Straße, im Kapitol in Pasing. Kleines Alltagsglück zur Ablenkung, nach dem Trauma des Kriegs. Und auch die seit September 1939 angeordnete Verdunkelung auf den Straßen, an Wohnungen, Geschäften, Häusern, ist seit Mitte Mai aufgehoben. Selbst die Nächte werden wieder heller. München fängt langsam wieder an zu leuchten.

Vier Monate nach Kriegsende. Am 8. September kehrt das Volkstheater mit der *Hammelkomödie* von Hans Hiller auf die Bühne zurück. Am 9. September ordnet die amerikanische Militärregierung eine Gebäudezählung an. Am 10. September startet Radio München seine neue Sendereihe. *Englisch macht Spaß*, ein Sprachkurs, zweimal eine Viertelstunde am Tag. Am 11. September setzen bei Antonie Beckenbauer die Wehen ein.

Mit wem die 32-jährige Hausfrau von Obergiesing aus aufbricht, und wie sie die fünf Kilometer entfernte Entbindungsklinik in der Maxvorstadt erreicht, darüber wird sie selbst in späteren Jahren unterschiedliche Versionen erzählen. Mal ist sie mit ihrer Schwester Leni unterwegs, mal ganz allein. Mal geht sie zu Fuß und fährt mit der Tram, mal chauffiert sie ein amerikanischer Militärjeep in die Klinik. Bezeichnend, dass das Leben von Franz Beckenbauer schon vor der Geburt mit Widersprüchen beginnt.

Am späten Abend bringt Antonie Beckenbauer ihr zweites Kind zur Welt. Einen Franz. »Er hat sich so auf die Welt geschwindelt«, wird sie einmal sagen.

Viele Jahrzehnte später wird auch Walter Beckenbauer, der 1941 geborene ältere Bruder, in einem Gespräch mit der *Abendzeitung* von der ersten Begegnung mit dem kleinen Franzl erzählen. Entsetzt sei er gewesen, als er ihn das erste Mal gesehen habe, so habe es ihm seine Mutter immer wieder berichtet. Und: »Dass sie ihn aus dem Krankenhaus heimgeschleppt hat, die Treppe hoch in den vierten Stock, und ich, als ich in die Tragetasche reingeschaut hab, gesagt habe: so ein Eierkopf.« Während die Mitbewohner im Mietshaus Mama Antonie beglückwünscht hätten zu diesem ach so außerordentlich feschen Buben, so erzählt es Walter, habe er sich zurückgezogen. Aus Groll, aus Eifersucht, mit dem Gedanken: »Steigts mir doch alle auf den Hut.«

Aber natürlich wächst zwischen dem Walter und dem Eierkopf bald eine innige, herzliche Beziehung heran. In bescheidenen Verhältnissen leben sie zu acht in einer Vier-Zimmer-Wohnung im vierten Stock, die damals laut Adresse noch am Bonifatiusplatz 2 liegt, später nach der Umbenennung in der Verlängerung der Zugspitzstraße. Mit im Haushalt wohnen neben Papa Franz und Mama Antonie, dem Walter und dem Franz auch Oma Katharina Beckenbauer, die Mutter von Franz senior – und dazu auch noch die im Krieg aus ihrer Wohnung rausgebombte Tante Frieda, die mit ihren beiden Söhnen bei ihrem Bruder Franz Zuflucht fand.

Fließend Wasser gibt es nicht, die Toiletten sind draußen zwischen den einzelnen Etagen, zum Wäschewaschen geht Mama Antonie die zehn Fußminuten zu einer Waschstelle am Walchenseeplatz. Niemand jammert, man ist froh, überhaupt eine Bleibe zu haben. Wenn sie im strengen Winter hochgehen in die vierte Etage, steigen sie über Fremde, über Obdachlose, die im Treppenhaus wenigstens im Trockenen sitzen wollen und dort dann auch gleich nächtigen. Das Elend: Alltag.

Umso heiliger sind dem Walter und dem Franzl vor allem die Abende, wenn sie wenigstens einmal in der Woche in einem Bottich mit heißem Wasser warm baden können und sie sich danach zusammen im Wohnzimmer um das Holzradio scharen, aus dem heraus Fred Rauch seit 1947 das Wunschkonzert moderiert. Glückliche Momente im Hause Beckenbauer. Lehrstunden in Dankbarkeit und Demut.

Mit sechs kommt der Franz in die Volksschule an der St.-Martin-Straße, nach zwei Jahren wechselt er an die Silberhornschule beim Giesinger Berg. Als Schüler kommt er ganz gut durch, er ist wach und interessiert, gerade an Geografie. Die Eltern lassen ihn wie auch den Walter schon gewähren, wollen sich laut ihrem Credo ins Schulische erst einmischen, wenn es bei den Noten massiv bergab geht. Geht es aber nie. Der Franz tendiert zu vielen Zweiern, manchmal Einser, ab und zu Dreier.

Vierer und schlechter: Raritäten. Mitteilsam im Unterricht ist er allerdings nicht, er beteiligt sich selten, meldet sich kaum zu Wort und hält es nicht für nötig, überall und immer seinen Senf dazugeben zu müssen. Das wird sich später ändern.

Nur unruhig ist der Bub immer, einmal meldet sich die Lehrerin, die Frau Henzler, bei Mama Beckenbauer, weil der Sohn mitten während des Unterrichts so oft aufstehe und durchs Klassenzimmer renne, einfach so, völlig unmotiviert. Ein Zappelfranz. Abhilfe schafft Mutter Antonie, die ihrem Kind androht, sollte er damit nicht aufhören, werde er sicher zur Strafe bald den ganz strengen Lehrer bekommen, einen verbitterten Kriegsheimkehrer und ekelhaften Altnazi, der an der ganzen Schule berüchtigt ist, weil er als Choleriker die Kinder gern sauber herwatscht, aber so was von. Ab da sitzt der Franz ganz brav und still – und bekommt den prügelnden Pädagogen dennoch als Lehrkraft.

Brav und schüchtern wirkt er überhaupt in seinen ersten Jahren, manchmal auch ängstlich. Wenn ihm die Eltern auftragen, die Kohlen oder die Kartoffeln aus dem Keller zu holen, weigert er sich. Allein mag er nicht gehen, aus Furcht vor der Düsternis da unten. Nur wenn der Walter mitgehe. Franz baut sich seine eigene Welt, gern klebt er Bilder ins Sammelalbum der Margarinemarke Sanella, es sind Motive aus fernen Ländern und Kontinenten. Afrika, Australien, Amerika. »Mich hat das interessiert, wie schaut es dort aus«, sagt er später in einem Interview. »Die Sehnsüchte waren von klein auf da, Fernweh sagt man heute.«

Anständig benimmt er sich auch als Ministrant in der Heilig-Kreuz-Kirche, ansonsten ist er viel in den Straßen Giesings unterwegs, einem Viertel, in dem sich die Kinder damals gut aufgehoben und geborgen fühlen – auch wegen der Präsenz der amerikanischen Soldaten, die 1945 ganz in der Nähe ihr

Münchner Hauptquartier in der McGraw-Kaserne aufgeschlagen haben, in den Räumen der ehemaligen Reichszeugmeisterei, des einst landesweit größten Zentrallagers der Nazis für Uniformen, Fahrzeuge und Ausrüstung, für Aufmärsche und Parteitage.

Freudig erwartet werden in jenen Nachkriegsjahren gerade die Tage in der Adventszeit, wenn die GIs mit ihren dunkelgrünen Army Buses ausrücken und sie die an bestimmten Sammelpunkten wartenden Kinder aus dem Viertel einsammeln, um ihnen in einem großen Saal ihrer Kaserne Weihnachtspakete zu überreichen, gefüllt mit Kaugummi, Zimtstangen, Wachsmalstiften. Oder wenn sie aus den Fenstern der Kaserne die beliebten Butterfinger runterwerfen, die pappsüßen Schokoriegel mit Krokant und Erdnusscreme. Festtage für Giesings Jugend.

Zu den engsten Vertrauten vom Franz zählt in jener Zeit ein Schulfreund aus der Nachbarschaft, der Steiner Wolfi. Mit ihm kauft er sich für ein Fünferl manchmal eine Pit-Brause, und wenn sie mal ganz viel Taschengeld gespart haben, leisten sie sich auch einen Kinobesuch in den Wendelstein-Lichtspielen in der gleichnamigen Straße. Für stolze 65 Pfennig. Oft verstecken sie sich nach einer Vorstellung unter den Sitzen, um für den nächsten Film auch noch zu bleiben, beim Double Feature halbiert sich der Preis. Am liebsten aber spielen sie Fußball, gern auch in der Wohnung der Beckenbauers im Gang. Sehr zum Missfallen des Vaters.

2005, kurz vor dem 60. Geburtstag vom Franz, wird sich Wolfgang Steiner bei einem persönlichen Treffen mit dem Autor daran erinnern, wie das war, wenn der alte Beckenbauer von der Arbeit heimgekommen sei, und er immer fast einen Tobsuchtsanfall bekommen habe, weil die Burschen schon wieder nix Besseres zu tun gehabt hätten, als wild schreiend und verschwitzt durch den Flur zu toben. »Saubuam«, habe Vater Franz senior dann gebrüllt, »aus euch werd so nia wos. Schauts mich an, i bin wenigstens Postobersekretär worn.« Der Postobersekretär, der dafür verantwortlich ist, dass man den Franz später oft den Postlersohn aus Obergiesing nennt.

Postobersekretär Franz Beckenbauer, geboren 1905, ein gelernter Maschinenschlosser, dann in seiner Anfangszeit bei der Post Briefsortierer. Später, nach dem Aufstieg auf der betriebsinternen Karriereleiter, verdient er nach dem Krieg immerhin ordentliche 600 D-Mark im Monat, gesundheitlich ist er aber recht angeschlagen, Magengeschwüre, die Bandscheiben. Weil ihm das Sitzen auf dem Amt über mehrere Stunden schwerfällt, bekommt er neue Aufgaben. Wenn Mitarbeiter der Post Geburtstag haben oder schwer krank sind, etwas zu bejubeln haben oder zu betrauern, Jubiläum feiern oder Abschied, dann rückt Beckenbauer mit einem Blumenstrauß aus und mit Worten des Glückwunschs oder des Trosts. Und weil er meist die richtigen Worte findet in der richtigen Tonalität, kennt man den alten Franz auch als die gute Seele der Giesinger Post.

Vater Beckenbauer ist sozial und auch sozialdemokratisch, ein echter Sozi durch und durch. Arbeiterviertel eben. Er ist 13, als er mit seinen Eltern bereits im Haus am Bonifatiusplatz lebt und am 26. Februar 1919 nebenan ein gigantischer Trauerzug mit 100000 Menschen am Ostfriedhof eintrifft – zur Beerdigung des ermordeten Revolutionsführers Kurt Eisner. Politisch deutlich links zu stehen, das hat Tradition in der Familie, auch Walter Beckenbauer geht später in den Sechzigerjahren mit wallender Mähne als glühender Revoluzzer auf die Straße, er demonstriert gegen den Vietnamkrieg und schreit für Ho Chi Minh.

Sein kleiner Bruder tut das nicht.

Während Vater Franz meist müde von der Arbeit heimkommt, zwar nie massiv bösartig, aber doch chronisch grantig vor sich hinbrummelt und dann wegen seines maladen Rückens die Zeitung im Stehen liest, kümmert sich vor allem Mutter Antonie – vor dem Krieg einst Verkäuferin im jüdischen Kaufhaus Uhlfelder im Rosental – um die Vermittlung elementarer Grundwerte. Respekt, Toleranz, Nächstenliebe.

»Für sie gab es kein Schwarz, Weiß, keine Religion, keine Unterschiede in der Herkunft«, so Walter Beckenbauer später im Rückblick, »sie sagte immer: Es zählt nur der Mensch. Wenn sich jeder so verhalten würde, hätten wir ein paar Probleme weniger.«

Probleme hat der junge Franz Anfang der Fünfziger Jahre vor allem bei der Integration in die Bowazus, einer Clique von älteren Straßenkickern aus dem Jahrgang seines Bruders. Alle aus der Bonifatius-, Watzmann- und Zugspitzstraße, daher der Name, meist spielen sie fünf gegen fünf. Den größeren Burschen ist der Franz ein zu kleiner Pimpf, oft schicken sie ihn hinter das mit Schultaschen oder Tüten abgesteckte Tor, da ist er gut aufgeräumt und kann wenigstens immer das Spielgerät zurückapportieren, wenn einer mal wieder den Ball in Richtung Herzogstandstraße gejagt hat.

Wenn einmal aber einer aus der Clique fehlt, lassen sie den Franz von Bowazus Gnaden dann halt doch mal mitspielen. Und tatsächlich stellt sich der kleine Bruder vom Walter gar nicht so deppert an, wie alle befürchteten. Da ist einer, der kann ganz gut kicken. Und so geht der Franz im Frühjahr 1954 dann mal rüber zu den Sechsern.

Die Sechser, so nennen sie den SC 1906, dessen roter Hartplatz sich direkt vor dem Wohnhaus der Beckenbauers ausbreitet, von den Fenstern im vierten Stock in direkter Sichtachse zur Aussegnungshalle des Ostfriedhofs. Auf dem Sechser-Platz trifft der achtjährige Beckenbauer auf Franz Neudecker. Neudecker ist auch erst 33, manche nennen ihn einen Versehrten, andere ganz einfach einen Krüppel. Seit sie ihm im Krieg nach einer Verwundung ein Bein abgenommen haben, humpelt er auf Krücken durch die Gegend, trainiert aber immer noch die Jugend der Sechser, für die er früher selbst noch aktiv war. Oft spielt er noch mit, mit seinen beiden Krücken und dem einen Hax wetzt er schneller über den Platz als viele der Buben. Neudecker, der Tripod von Giesing.

Für offizielle Pflichtspiele bei den Junioren – damals erst für Kinder ab zehn – ist der Franz zwar noch zu jung. Neudecker aber erkennt das Talent und setzt ihn in Freundschaftsspielen immer wieder als Linksaußen ein. Beckenbauer ist überglücklich, nur das richtige Schuhwerk fehlt noch. Also geht er mit alten Skistiefeln aus Leder in die Hinterhofwerkstatt vom Schuhmacher Schramm, einem liebenswürdigen Handwerker, der dem Buben den Wunsch erfüllt und ihm unten an die Sohle Stollen dranschraubt.

Wenige Wochen später gibt es ein weiteres prägendes Erlebnis, die Weltmeisterschaft in der Schweiz. Am Radio lauscht Familie Beckenbauer beim Finale gegen Ungarn in Bern-Wankdorf der Reportage von Herbert Zimmermann, in der der Regen unaufhörlich herniederprasselt und kurz vor Schluss aus dem Hintergrund Rahn schießen müsste, bevor er dann auch schießt und trifft. Deutschland ist Weltmeister, eine ganze Nation berauscht sich in grenzenloser Kollektiv-Euphorie, was im Ausland eher zu skeptischer Rezeption führt, angesichts des lärmend patriotischen Überschwangs, der wie etwa beim Intonieren der ersten Strophe der Hymne durch deutsche Fans noch im Stadion die Rückkehr zu rasselndem Nationalismus befürchten lässt.

Die Söhne Beckenbauer aber sind einfach begeistert, und als die siegreiche Mannschaft von Trainer Sepp Herberger zwei Tage nach dem Endspiel mit einem Sonderzug zu einer Triumphparade in München eintrifft, macht sich Mama Antonie mit Walter und Franz auf den Weg hinunter über die Isar hinein in die Innenstadt. In der Schillerstraße aber, gut hundert Meter vor dem Hauptbahnhof, ist Schluss, das Gedränge zu dicht, sie kommen nicht weiter. Als sie schon wieder resigniert umkehren wollen, packt ein kräftiges Mannsbild den kleinen Franz und hievt ihn auf das Dach einer der vielen flachen Behelfsbaracken jener Tage.

Von dort sieht der achtjährige Bub in weiter Ferne Fritz Walter. Nicht ahnend, dass der nächste Kapitän, der eine deutsche Nationalmannschaft zum WM-Titel führen wird, dann er selbst sein wird. 20 Jahre und einen Tag später, fünf Kilometer entfernt im Münchner Norden.

Lange bleibt's *kläü Fritzje*, wie sie Walter in seiner pfälzischen Heimat Kaiserslautern rufen, Beckenbauers Vorbild. Im Frühjahr 1955 kommen die Weltmeister sogar nach München und bestreiten Testspiele gegen lokale Amateurmannschaften. Sie besiegen die TSG Pasing und den FC Hertha mit je 7:0, den SC Bajuwaren gar mit 15:0. Dann geht es in der Sportschule Grünwald gegen die Sechser. Die mit allen Stars besetzte Truppe von Sepp Herberger müht sich zu einem 2:1, noch in der 100-jährigen Vereinschronik des SC 1906 wird später von »einem heroischen Kampf« zu lesen sein.

Wenige Wochen danach sieht Franz Beckenbauer Fritz Walter wieder, im Fernsehapparat einer Giesinger Gaststätte: bei der Übertragung eines historischen Spiels, der bis heute diplomatisch und sportpolitisch wichtigsten Reise in der Geschichte einer deutschen Nationalmannschaft. Auf Einladung des sowjetischen Fußballverbands reist der Weltmeister nämlich im August 1955 nach Moskau – ein Gastspiel, das zehn Jahre nach Ende des Zweiten Weltkriegs zu einem Meilenstein in den Beziehungen der beiden Staaten zueinander wird.

Dass die Gastgeber die Begegnung mit 3:2 gewinnen, nebensächlich. Der herzliche Empfang der deutschen Mannschaft am Flughafen, der freundliche Beifall für die Gäste während des Spiels, das gemeinsame feierliche Bankett mit Spielern, Trainern, Funktionären und vor allem mit reichlich Wodka nach dem Spiel, über alle politischen Ideologien und Systemausrichtungen hinweg: Fast auf den Tag genau 13 Jahre nach dem Beginn der Schlacht um Stalingrad ist nichts mehr zu spüren von Hass und Aversion, vielmehr fast schon eine Art von Freundschaft und Verbrüderung. Das Präludium zu Adenauers bedeutsamem Staatsbesuch bei Chruschtschow keine drei Wochen später, als man sich auf die Aufnahme diplomatischer Beziehungen einigt – und auf die Freilassung der letzten 10000 deutschen Kriegsgefangenen.

Beckenbauer träumt schon damals davon, dass man auch ihn eines Tages als Nationalspieler im Fernsehen sieht. Deswegen möchte er den Verein wechseln, will er zu einem besseren Klub. Von den Sechsern zu den Sechzgern. Und nirgendwohin sonst. Denn der Franz ist ein Tiefblauer.

Immer wieder geht er an den Wochenenden die Tegernseer Landstraße hinauf ins Stadion an der Grünwalder Straße, das in jener Zeit zwar auch die Heimspielstätte des Lokalrivalen FC Bayern ist, trotzdem im Volksmund aber einfach nur »Sechzger Stadion« heißt. Der TSV 1860 hat die älteren Rechte, 1911 schon hatten sie hier ihren Sportplatz angelegt. Die Bayern sind für die Einheimischen im Viertel eher ein geduldeter Gast. Der Klub, 1900 im gutbürgerlich intellektuellen Dunst der Schwabinger Akademiker-Bohème gegründet und bis 1908 sogar nur zugänglich für Gymnasialabsolventen mit Abitur, gilt für viele noch als elitärer Schnöselklub. Giesing aber ist Sechzig, Giesing ist blau.

Von der Stehhalle aus, der unbestuhlten Gegengeraden, feuert Beckenbauer seine Helden an, vor allem das Offensiv-Duo Kurt Mondschein und Wiggerl Zausinger. Beide sind keine 1,70 Meter groß, man nennt sie daher auch den »Zwergerl-Sturm« oder auch die »Wunder-Stumpen«. Zausinger wird bis zu seinem Tod 2013 noch oft die Geschichte erzählen, wie er 1954 schon zum festen WM-Kader gehört habe, kurz vor dem Turnier in der Schweiz dann von Sepp Herberger aber gefeuert worden sei, weil er eines Abends ein Bier statt eines Wassers getrunken habe. Für ihn nominierte Herberger dann Helmut Rahn. Sonst hätte in Wankdorf vielleicht Zausinger aus dem Hintergrund geschossen.

Im April 1958, mit zwölf Jahren, steht der nach dem Urteil seiner Trainer sehr begabte, wenn auch noch etwas zu schmächtige Franz Beckenbauer zusammen mit einigen seiner Spezln also schon unmittelbar vor einem Wechsel zu den Löwen. Doch kurz zuvor kommt es zu einem historischen Vorfall, der sich nahtlos in die epochalen Ereignisse jener Zeit einreiht: In einem Jahr, in dem Charles de Gaulle Präsident in Frankreich wird und Johannes XXIII. Papst im Vatikan und in dem im Orbit die ersten sowjetischen Sputnik-Satelliten um die Erde schwirren – in diesem Jahr bekommt Franz Beckenbauer im Münchner Vorort Neubiberg nämlich eine Watschn. Eine Ohrfeige, die den Lauf der Münchner Fußballgeschichte für immer verändern wird. Mit einem Schlag.

Bei einem Jugendturnier stehen die Sechser im Endspiel gegen den TSV 1860. Leichtfüßig tänzelt Beckenbauer seinen Gegenspieler aus, umkurvt ihn unentwegt und nervt ihn damit kolossal. Gegen Ende des Spiels kommt es zu einem hitzigen Wortgefecht, dann langt der Sechzger zu. »Gib's auf, du Depp, geh lieber Murmeln spielen«, so erinnert sich Beckenbauer später an die Worte, die zeitgleich zur flachen Hand des Widersachers auf ihn einprasseln.

Ein halbes Jahrhundert lang bleibt die Identität des Watschnmanns im Dunkeln, Beckenbauer selbst nennt irrtümlicherweise immer wieder den Namen »Bauernfeind«. Endlich aufgeklärt wird das Rätsel 2010, als sich der damalige Übeltäter im Bayerischen Fernsehen outet und sich zur Tat bekennt: der Gastwirt Gerhard König, inzwischen wohnhaft in Füssen im Allgäu. Das sorgt natürlich für schöne Wortspiele, als der König einst den Kaiser watschte und so weiter.

Beim gemeinsamen Friedensgipfel mit Beckenbauer im Olympiastadion erklärt König, er habe die mehr als 50 Jahre nur aus Angst geschwiegen. Aus Sorge, wütende Löwen-Fans könnten ihm sein Lokal, den »Adler« am Füssener Brotmarkt niederbrennen. Weil es ja letztlich ihm zu verdanken sei, dass der Franz nicht zu Sechzig wechselte. Im *Kicker* sagt König später: »Eigentlich muss er ja froh sein, dass ich ihm eine geschmiert hab.« Denn bei den Löwen hätte er es wohl nie so weit gebracht. Ansichtssache.

Tatsächlich ist es der Zwischenfall von Neubiberg, der Franz dazu bewegt, sich nicht solch einem »Grattler-Verein« – O-Ton Beckenbauer – anzuschließen. Sondern im Sommer 1958 dann doch dem FC Bayern. Als zweiter Beckenbauer in der Klubgeschichte.

Zuvor spielte nämlich schon sein Onkel für die Rothosen. Alfons Beckenbauer, Jahrgang 1908, der jüngere Bruder von Postobersekretär Franz. Lange Jahre Stammspieler beim FC Sportfreunde, mit denen er 1929 den DFB verlässt und sich in der Arbeitersportbewegung dem sozialdemokratischen Arbeiter-Turn- und Sportbund anschließt. 1931 nimmt der Fonsi mit der Münchner Stadtauswahl an der Arbeiterolympiade in Wien (Motto: »Die Proletarier der ganzen Welt vereinigen sich im Sport«) teil, in fünf Einsätzen für die deutsche ATSB-Auswahl schießt er acht Tore. Im Oktober 1932 wechselt er zum FC Bayern, kommt bis 1934 aber nur auf wenig Einsatzzeit, Alfons Beckenbauer bleibt fußballhistorisch eine Randnotiz. Anders als sein Neffe.

KAPITEL 2

Jungvater, Autowäscher und mit den Schwammerln im Irrenhaus: Die Anfangsjahre beim FC Bayern

Zum Mentor und Förderer des nun 13-jährigen Beckenbauer wird Rudi Weiß, der Jugendtrainer des FC Bayern. Geboren 1930 hofft er selbst auf eine große Karriere, mit 19 aber schon zerplatzen die Träume, als er sich eine schwere Knieverletzung zuzieht – und zwar bei einem der sogenannten »Kalorienspiele«, bei denen die Bayern über die oberbayerischen Dorfplätze tingeln und als Gage Kartoffeln, Eier, Fleisch und Milch nach Hause bringen.

In der C-Jugend spielt Beckenbauer Mittelstürmer, er schießt in der ersten Spielzeit 101 Tore, 17 davon allein bei einem 25:0. Damit verdient er dann auch sein erstes Geld, denn der Opa zahlt ihm, wie vor Saisonbeginn versprochen, für jedes Tor ein »Fuchzgerl«. Macht mehr als 50 Mark, dann stellt der Großvater die Zahlungen ein, mit der plausiblen Argumentation: »Wennst so weitermachst, kann ich mir mein Bier ja nimmer leisten.« Papa Franz kann dem Gekicke hingegen kaum etwas abgewinnen, weder im heimischen Flur noch auf dem Fußballplatz. Als er sich durchringt, doch einmal ein Spiel seines Sohnes zu sehen, resümiert er angesichts der schon damals aufgeregten Zwischenrufe übermotivierter Schnappatmungseltern: »Da geht's ja zua wia im Irrenhaus.«

So wird Rudi Weiß immer mehr zur väterlichen Figur. Der Jura-Student hat ein gutes Auge für große Talente und kümmert sich sogar in der Freizeit um die Burschen. So entdeckt Weiß auch Torwart Sepp Maier, den er 1959 vom TSV Haar zum FC Bayern holt. Nach dem Tod von Rudi Weiß 2011 wird Maier davon erzählen, wie der Trainer sie zum Leberkäs-Essen in den Hofbräukeller in Haidhausen eingeladen habe, ins Kino oder mit ihnen zum Baden gefahren sei. Zu elft in seinem Auto, einem alten Borgward.

Doch Weiß kann auch ungemütlich werden, gerade, wenn junge Spieler zur Disziplinlosigkeit neigen, zum Aufmüpfigen. So wie der junge Franz. »Ein Manko hatte er«, wird Weiß einmal selbst im Rückblick sagen. »Er war jähzornig. Bei Fehlern seiner Mitspieler oder der Schiedsrichter reagierte er mit abwertenden Handbewegungen.« In der A-Jugend entwickelt der Franz erste Starallüren und zeigt sich als Überflieger frustriert über das spielerische Mittelmaß seiner Mannschaft, über die seiner Ansicht nach »kleineren, schwerfälligeren und am Ball ziemlich stümperhaften Jungen« und schimpft daher beim Trainer: »Was wollma denn mit soiche Schwammerl.« Damit kommt er bei Rudi Weiß genau an den Richtigen, der ihn aus disziplinarischen Gründen vier Wochen aus dem Kader verbannt und ihn stattdessen immer wieder das Auto waschen lässt. Den Borgward.

Mit Autos hat Beckenbauer auch sonst viel zu tun. Nach seinem Schulabschluss 1959 beginnt er eine Ausbildung zum Versicherungskaufmann bei der Allianz in der Ludwigstraße. 90 D-Mark Gehalt im ersten Lehrjahr, 120 im zweiten. Eine prägende Zeit wird die Ausbildung weniger wegen seiner raschen Beförderung zum Sachbearbeiter in der Kfz-Abteilung, zuständig für die Versicherungspolicen mit den Endziffern sechs und sieben. Viel mehr wegen der Kollegin, mit der er sich anfreundet, der Ingrid aus der Schellingstraße. Sie gehen viel spazieren, ins Kino, kommen sich näher. Und schon bald ist die Ingrid schwanger. Am 20. Oktober 1963 kommt Sohn Thomas auf die Welt, das erste von Beckenbauers fünf Kindern. Der Franz ist da selbst noch ein halbes Kind, seit einem Monat gerade mal 18. Lange wird die Beziehung nicht halten.

Im Verein und in der Nachbarschaft sorgt sie für großes Aufsehen, die Nachricht vom »Bankert«, wie man unliebsame uneheliche Kinder in Giesing und dem restlichen Südbayern halt so nennt. Die Eltern aber stärken ihren Sohn, so wie auch Rudi Weiß, der einen geläuterten Franz zurück in die A-Jugend beruft – und damit allmählich auch beim DFB Begehrlichkeiten weckt.

Denn in den Führungskreisen des Deutschen Fußballbunds hat sich die Kunde von diesem Ausnahmetalent aus München schon längst herumgesprochen. Und so erhält Beckenbauer Anfang 1964 ein Einladungsschreiben, mit der Nominierung für das Junioren-Länderspiel im badischen Lörrach gegen die Schweiz am 8. März. Es wird trotz der großen Nervosität mit mächtig Magenschmerzen am Vorabend ein glänzendes Debüt. Unter Beobachtung von Sepp Herberger, der mit seinem Assistenten Helmut Schön Ausschau nach hoffnungsvollen Talenten für die Weltmeisterschaft 1966 hält, erzielt Beckenbauer vor 5000 Zuschauern beim 2:1-Sieg als Außenläufer beide Tore.

Euphorisch und erleichtert nimmt er nach Abpfiff im Lörracher Stadion Glückwünsche entgegen und schreibt Autogramme. Dass er aber auch noch Interviews gibt für Zeitungen und sogar fürs Fernsehen, versetzt einen DFB-Betreuer in Rage: Den dritten Mann hinter Herberger und Schön, den zeit seines Lebens knorrigen Dettmar Cramer, der in diesem Triumvirat das wohl größte Verständnis von Taktik und Strategie hat, der mehr als die beiden Mitstreiter Situationen analysieren und in ihre Bestandteile zerlegen kann – und dem der zu abrupte Verlust von Bodenhaftung, der Hang zur Selbstüberschätzung bei jungen Spielern ein Gräuel sind. Weshalb Cramer Beckenbauer nach dem Spiel zum Rapport bittet: »Sind Sie so naiv, oder meinen Sie, Sie können alles machen, was Sie wollen?«, schimpft er.

»Was stellen Sie sich eigentlich vor, wer Sie sind? Puskás, di Stefano oder Pelé?« Nein, in dieser Kategorie spielt der 18-Jährige nicht. Noch nicht.

Beckenbauer schweigt, erschrocken über den Anpfiff seines Lehrmeisters, dann gehen sie wieder zusammen ins Bett. So wie immer in jener Zeit auf den Junioren-Lehrgängen des DFB. Cramer und Beckenbauer im Doppelbett, das ist eine pädagogische Maßnahme für den von Rudi Weiß in einem Brief an Cramer als »labiler Charakter« bezeichneten Jungvater. Cramer selbst sagt dazu später einmal, es sei für beide entspannter gewesen, als man von außen meinen könnte. »Es war damals ganz unverkrampft. Am ersten Abend vor dem Einschlafen hat Franz mir gleich einen schlechten Witz erzählt.« Die Zote als Eisbrecher.

Mag er ihn im direkten Gespräch auch kritisieren und maßregeln, bei öffentlichen Auftritten stellt sich Cramer schützend vor Beckenbauer. Vor einem UEFA-Jugendturnier in Holland Ende März 1964 mit Spielen gegen Schweden und gegen den Gastgeber erklärt Cramer, Beckenbauer habe »bei entsprechender Führung eine große Zukunft vor sich«. Er werde wie seine Mitspieler »durch großartige Disziplin angenehm« auffallen. Und auch die *Süddeutsche Zeitung* schreibt nach dem 2:1 gegen Schweden begeistert über den »jungen Münchner Beckenbauer«, den Schützen des ersten Treffers prophetisch: »Ein Außenläufer mit viel Zukunft.«

Gut zwei Monate später ist dann wieder von ihm zu lesen. Bei seinem Einstand in der Ersten Mannschaft der Bayern. Anfang Juni 1964 urteilt die *SZ*, dass der 18-jährige Beckenbauer »schon wie ein Alter gespielt« habe, nicht nur wegen seines Tores, beim 4:0 beim FC St. Pauli. In der Aufstiegsrunde zu jener 1. Bundesliga, in der die Bayern bis dahin noch gar nicht mitspielen dürfen.

Ein Blick zurück: Im Juli 1962 hatte der DFB nach langem Ringen endlich die Einführung einer obersten Spielklasse als landesweiten Fußball-Liga beschlossen. Bis dahin waren nach dem Krieg die Mannschaften in regionale Oberligen eingeteilt, deren bestplatzierte Vereine sich für die Endrunde um die Deutsche Meisterschaft qualifizieren. Nun also die Proklamation der neuen Bundesliga mit 16 Mannschaften für die Saison 1963/64. Die Frage ist nur: Welche 16 Vereine dürfen überhaupt mitspielen? Schließlich bewerben sich bis Meldeschluss am 31. Dezember 1962 doch immerhin 46 der 74 Oberligisten für die Aufnahme als Gründungsmitglieder. Zur Ermittlung der Teilnehmer will sich der DFB eine Zwölfjahres-Gesamtwertung zum Maßstab nehmen, zurückreichend bis 1951. Doch die genauen Regularien bleiben intransparent und werden nicht kommuniziert. Als ein Mitglied des Ausschusses lapidar erklärt: »Wir haben für die Auswahl der Vereine verschiedene Tabellen in Reserve. Eine davon passt schon«, wittern viele Klubs reine Willkür. Klar ist aber auch: Alle Meister der einzelnen Oberligen in der letzten Saison 1962/63 qualifizieren sich automatisch für die neue Bundesliga. In der Staffel Süd triumphiert der TSV 1860 – und ist daher mit dabei.

Nach Bekanntgabe des Starterfelds regt sich Widerstand, alle 13 Klagen aber werden abgewiesen, darunter auch die des FC Bayern. Die Begründung: Es sei »nicht ratsam, zwei Vereine aus derselben Stadt aufzunehmen«. Und außerdem fehle dem FC Bayern »die sportliche Vergangenheit«. Eine sehr bemerkenswerte Argumentation.

Tatsächlich hatten die Bayern 1932 als bis dahin einziger Münchner Klub eine Deutsche Meisterschaft gewonnen. Damals noch unter seinem jüdischen Präsidenten Kurt Landauer, der 1933 vor den Nazis ins Exil floh, bevor er von 1947 bis 1951 ein Comeback als Vereinschef feierte. Und der Klub war 1957 auch DFB-Pokalsieger geworden, dazu dreimal in den letzten vier Oberliga-Jahren auf dem dritten Platz gelandet. Eine gute Lobby beim DFB haben die Bayern jedenfalls nicht, mögliche

Nachwirkungen auch der finanziellen Turbulenzen aus der Saison 1957/58, als die Bayern nach einer Buchprüfung wegen zu hoher Zahlungen an die Spieler zu 10000 Mark Strafe und einem Punktabzug von acht Zählern verurteilt wurden.

Überhaupt ist es an sich doch eine graue Zeit bei den Roten. Freudige Ausnahmen sind rar, wie etwa der USA-Trip 1960, als die Mannschaft bei der bis dahin größten Auslandsreise der Geschichte bei einem internationalen Turnier in New York antritt, mit Teams wie dem englischen Meister FC Burnley, dem FC Kilmarnock aus Schottland oder OGC Nizza.

Der Alltag zu Hause gestaltet sich für die Bayern eher trist, und bei all dem Ärger über die verweigerte Aufnahme zum Start der Bundesliga ist zu diesem Zeitpunkt noch nicht abzusehen, dass der anfängliche Ausschluss aus der Eliteklasse letztlich ein Segen für den Klub sein wird, da sich nun eine junge Mannschaft in der Zweitklassigkeit so langsam finden und entwickeln kann.

Eine Mannschaft, die im Sommer 1964 trotz des Erfolgs beim Beckenbauer-Debüt im Stadion am Millerntor den Sprung in die Bundesliga zunächst noch verpasst. Am Ende der Aufstiegsrunde liegt man einen Punkt hinter Borussia Neunkirchen, vom blauen Lokalrivalen erntet man Spott und Hohn. Hans Schiefele, der langjährige Sportreporter bei der *Süddeutschen Zeitung*, wird später daran zurückdenken, wie er auf dem Flug zu einem Bundesliga-Auswärtsspiel des TSV 1860 neben Max Merkel saß und ihm der Löwen-Trainer in seinem Wiener Schmäh mit Blick aus dem Fenster zuraunte: »Hanse, da schau runter. Siehst du den Bus? Da fahren die Bayern nach Emmendingen.«

Emmendingen, das hämische Synonym für die Provinzialität, durch die sich die Bayern in der Spielzeit 1964/65 in der zweitklassigen Regionalliga schlagen müssen, mit Vereinen wie Pforzheim, Schweinfurt, Hof, während sich die Löwen selbst mit den damals besten Klubs des Landes messen dürfen, Dortmund, Bremen, Köln. Die Bayern nimmt man noch nicht so richtig ernst. Das wird sich ändern.

Mit einem Durchschnittsalter von gerade einmal 22 Jahren im gesamten Kader fegen die Bayern durch die Regionalliga. Jung, wild und rotzfrech. Es setzt reihenweise Kantersiege, 11:2 gegen Freiburg, 10:0 gegen Darmstadt, 9:1 gegen Ulm, 9:2 im Derby gegen Wacker, den Sendlinger Klub von der linken Isarseite. Und ein 10:0 gegen – richtig – Emmendingen. Für Furore sorgen die ganz jungen Burschen wie der 18-jährige Beckenbauer, dessen Vater damals noch den ersten Spielervertrag für ein Monatsgehalt von 160 Mark unterschreiben muss, volljährig ist man erst mit 21. Spieler wie Sepp Maier, der bereits mit 20 die klare Nummer 1 im Tor ist. Wie Gerd Müller, ein 18-jähriger Stürmer, den Präsident Wilhelm Neudecker und Geschäftsführer Walter Fembeck im Sommer 1964 für eine Ablösesumme von 4400 Mark vom TSV Nördlingen verpflichten – einen kleinen, gedrungenen Wusler, der in einer A-Jugend-Saison von den 204 Toren der Mannschaft allein 180 erzielt, der auch vom 1. FC Nürnberg und dem TSV 1860 umworben wird, der sich dann aber doch für die Bayern entscheidet.

Der Franz, der Sepp, der Gerd. In den Annalen des FC Bayern eine auf immer und ewig heilige Dreifaltigkeit, eine legendäre Achse, die den Klub in den kommenden zwölf Jahren zur weltbesten Mannschaft formt und führt.

Die Saison in der Regionalliga Süd beschließen die Bayern natürlich als Meister, mit 55:17 Punkten und sagenhaften 146:32 Toren. Und diesmal sind sie auch in der folgenden Aufstiegsrunde nicht zu bremsen, mit einem 8:0 am letzten Spieltag Ende Juni bei Tennis Borussia Berlin verlässt der Klub endgültig die Zweitklassigkeit, die Partie steht dabei kurz vor Schluss schon vor dem Abbruch, als mitgereiste Anhänger aus München in glückseliger Begeisterung den Platz stürmen.

Als die Bayern am Abend des Triumphs gegen 20:30 Uhr mit einer vierstrahligen Boeing wieder in München landen, erwarten sie am Flughafen 6000 begeisterte Fans, Hunderte davon stehen auf dem Rollfeld. Bevor es zur großen Feier in den Salvatorkeller auf dem Nockherberg geht, intonieren die Anhänger in Abwandlung eines altbekannten Weihnachtslieds: »O Ohlhauser, o Ohlhauser, wie schön sind deine Tore.«

Rainer Ohlhauser ist damals einer der wesentlichen Garanten für den Aufstieg. Seit 1961 ist er bei den Bayern, mit seinen 23 Jahren schon ein erfahrener Routinier und mit 200 Mark Monatsgehalt einer der Besserverdiener. Als gelernter Stahlbauschlosser hilft er beim Wiederaufbau des im Krieg zerstörten und 1963 wieder eröffneten Nationaltheaters mit, zu den Spielen im Grünwalder Stadion fährt er von seiner Wohnung in Schwabing immer mit der Trambahn, in der Hand die Sporttasche mit den Fußballschuhen. Mit 49 Toren ist er in jener Saison der Top-Torschütze im Team, und die bessere Hälfte eines gefürchteten Sturm-Duos zusammen mit Gerd Müller (39 Treffer).

2015 wird sich Ohlhauser in einem langen persönlichen Telefonat mit dem Autor zurückerinnern an die jahrelange Häme der Sechzger-Fans unter den Kollegen in seiner Stahlbaufirma namens Franz. Mit den Bayern, unkten sie, das werde ja nie was. »Dass wir die zwei Jahre nach 1963 erst noch in der Regionalliga spielten«, resümiert auch Ohlhauser zum 50. Jahrestags des Aufstiegs, »war letztlich ein Glücksfall. Hätten wir von Anfang an Bundesliga gespielt, wer weiß, wie das gelaufen wäre.«

Die Euphorie über die Qualifikation für die Bundesliga ist groß, zu sehen ist das auch an einem regnerischen Samstag Mitte Juli, als sich in aller Herrgottsfrüh um sieben Uhr rund 480 Bayern-Fans in der Kogelkopfstraße von Bad Wiessee einfinden. Vor dem Haus von Bayern-Präsident Wilhelm Neudecker.

Wilhelm Neudecker, geboren 1913 in Straubing, ein gelernter Maurer, der nach dem Krieg in München zu einem schillernden Bauunternehmer und Immobilienmogul aufsteigt, mit engen Kontakten in die Politik. 1955 wird er von seinem Friseur als Mitglied beim FC Bayern angeworben, 1962 übernimmt er das Präsidentenamt. Als niederbayerischer Sturschädel führt er den Klub autoritär und patriarchalisch, Kritik ist unerwünscht, Widerspruch inakzeptabel. Franz Beckenbauer sagt zu seiner aktiven Zeit einmal den schönen Satz: »Wir sind ein demokratischer Verein, aber gemacht wird, was der Präsident bestimmt.« Und auch Neudecker selbst offenbart sein Verständnis von Meinungsvielfalt und Pluralismus mit dem Satz: »Ich lasse in meinem Vorstand immer ganz demokratisch abstimmen. Danach schaue ich mir den Beschluss an, und wenn er mir gefällt, ist es gut. Gefällt er mir nicht, dann mache ich's eben anders.« Neudecker ist ein knallharter Geschäftsmann, der jeden Pfennig dreimal umdreht, auf Mitgliederversammlungen sagt er: »Wenn's ums Geld geht, bin ich Schotte.«

Im Sommer 1964 sagt Neudecker aber noch etwas anderes: »Wenn wir im nächsten Jahr in die Bundesliga aufsteigen, dann marschiere ich um den Tegernsee.« Nun, an diesem nasskalten Sommer-Samstag, löst er das Versprechen ein, im Beisein von Hunderten Fans und sogar einer Abordnung von Jugendspielern des TSV 1860, die mit einem Transparent anreisen: »Wir freuen uns mit dem FC Bayern.« Selbstredend, dass sich die Blauen trotzdem ganz am hinteren Ende des Prozessionszugs einreihen müssen. In der Unterschrift zu einem Bild, das den Pilgermarsch neben einer Weide mit heimischem Fleckvieh zeigt, schreibt die *Süddeutsche Zeitung* in ihrer Montagsausgabe: »Eine neugierige Kuh wundert sich über die große Kolonne der Samstagmorgen-Spaziergänger.«

Die 22 Kilometer lange Wallfahrt dauert fünf Stunden und endet bei einer Brotzeit im Hotel »Zur Post«. Als zum Abschied Blasmusik und Gstanzln erklingen, gelobt Neudecker: »Und wenn wir nächstes Jahr Meister werden, dann geh ich um den Bodensee.« Neudecker hat viel vor, er hat große Visionen, so wie später auch ein anderer, ebenfalls in Bad Wiessee residierender Bayern-Präsident. Und auch Neudecker teilt wie nach ihm einmal Uli Hoeneß die Welt in Schwarz und Weiß, in Bayern-Freunde und Bayern-Feinde; eine differenzierte Betrachtungsweise in nuancierten Zwischentönen, dazu sind beide nicht imstande. Gerade von den Medien fühlt sich Neudecker verfolgt, einmal klagt er über die aus seiner Sicht einseitig negative Berichterstattung: »Alles, was dem FC Bayern schaden kann, wird gedruckt.« Ein Satz, der getrost auch von Uli Hoeneß stammen könnte.

KAPITEL 3

Mit Tschik, Sepp, Gerd und einem Obsthändler als Manager: Das Länderspiel-Debüt und der erste Titel

Im Sommer 1965 ist München nun also die erste deutsche Stadt mit zwei Bundesligisten, immer lauter werden allein aus diesem Grund die Rufe nach einem Großstadion für 80000 Zuschauer, gern auch mehr. Die Diskussion wird wenige Monate später beschleunigt, als München im Oktober seine überraschende Kandidatur für die Olympischen Sommerspiele 1972 bekannt gibt.

Doch bis es so weit ist, müssen sich die beiden Münchner Klubs die Spielstätte im alten Grünwalder Stadion auch in der höchsten deutschen Spielklasse weiterhin teilen. Die Ansetzung will es, dass es gleich am 1. Spieltag zum großen Stadtduell kommt, zum Münchner Derby zwischen Sechzig und Bayern, ein Ereignis, dem die Stadt tagelang entgegenfiebert. Das erhoffte große Fußballfest bleibt jedoch aus. Auf den Tribünen liefern sich schon vor Anpfiff rivalisierende Fans üble Schlägereien, die Spieler passen sich dem niedrigen Niveau auf den Rängen nahtlos an. Ein hässliches Gekicke mit reichlich üblem Getrete, Dieter Danzberg, der einzige Neuzugang bei den Bayern, fliegt als erster Rotsünder in der Bundesliga-Historie des Klubs auch noch vom Platz.

Das einzige Tor des Spiels fällt nach wenigen Sekunden, die Löwen gewinnen durch den frühen Treffer von Timo Konietzka mit 1:0. Ansonsten ein grausames Grottenspiel, der *Kicker* schreibt danach in seinem Spielbericht: »Ein derbes Lokalderby, von offenen und versteckten Fouls nach kurzen Ballpassagen schon wieder gestört, und nahezu ohne spielerische Höhepunkte. So wird man von diesem Lokalkampf, wenn man ihn nicht besser möglichst bald vergisst, nur die Härte eines sinnlosen Münchner Bruderkriegs in Erinnerung behalten.«

Ähnlich das Resümee eines weiteren Beobachters: »Das war nicht mehr Fußball, nicht mehr Spiel. Das nennt man, den Zuschauern das Geld aus der Tasche stehlen.« So sieht es nämlich der Trainer des FC Bayern, Zlatko Čajkovski, wegen seiner Größe von 1,64 Metern auch genannt Tschik, serbokroatisch für »Zigarettenstummel«. In seiner aktiven Karriere ist Čajkovski ein Weltklassespieler, wird mit Partizan Belgrad zweimal Meister, gewinnt mit der jugoslawischen Auswahl 1948 in London und 1952 in Helsinki zweimal Silber, bei den Weltmeisterschaften 1950 und 1954 gehört er als Mittelfeldspieler zum Stamm der Nationalmannschaft. Gerade beim Turnier in der Schweiz gilt Jugoslawien als Mitfavorit, im Viertelfinale beherrschen Tschik und seine Mitstreiter den Gegner lange Zeit nach Belieben – und verlieren am Ende gegen den späteren Weltmeister Deutschland unglücklich und unverdient mit 0:2.

Ab 1955 spielt er drei Jahre beim 1. FC Köln, 1961 übernimmt er den Klub als Trainer und führt ihn prompt zum Meistertitel. 1963 bekommt er ein Angebot von Feyenoord Rotterdam, dem Anfang der Sechzigerjahre besten Verein der Niederlande. Doch Čajkovski lehnt ab und entscheidet sich stattdessen für einen deutschen Zweitligisten. Für den FC Bayern.

In München wird Tschik zum Publikumsliebling. Seine hemdsärmlig bodenständige wie leidenschaftlich temperamentvolle Art kommt gut an, populär sind auch seine Sprüche. Auf die Frage, ob er nicht einmal besser die Sprache des Landes lernen möchte, entgegnet er: »Bin ich nix Lehrer für Deutsch, sondern für Fußball.« Nach einem 1:8 mit Köln in der 1. Runde des Europapokals 1962 bei Dundee United raunt er vor dem

Heimflug: »Am besten, Flugzeug stirzt ab.« Sein Lebenscredo ganz allgemein: »Ohne Fußball ich toter Mann.« Dass er ein lukratives Angebot aus Spanien ablehnt, begründet er mit dem Veto seiner Frau Rada: »Kommandant sagen: In Barcelona kein Ražnjići und Ćevapčići.« In München dagegen fühlen sich Zlatko und seine Gemahlin auch wegen der vielen Lokale mit deftiger Balkanküche sehr wohl.

Am markantesten in die Geschichte einprägen aber wird sich der Beiname, den Tschik dem im Vergleich zu ihm selbst sogar noch zwölf Zentimeter größeren und deutlich schlankeren Stürmer nach seiner Ankunft aus Nördlingen verpasst. »Kleines, dickes Müller«, ein Spruch, den der Gerd durch seine ganze Karriere mit sich schleppen wird.

Trotz seiner anfänglichen Skepsis (»Sieht aus wie Stier«) wird Čajkovski zum großen Förderer von Gerd Müller, über den sich ob seiner Statur selbst die eigenen Mitspieler anfangs noch lustig machen. »Wir schrien vor Lachen«, wird Sepp Maier später über den Moment erzählen, als sich Müller bei seinem ersten Training (»I bin der Torjäger aus Nördlingen«) vorstellte. Und auch Franz Beckenbauer erinnert sich später: »Als ich ihn das erste Mal sah, dachte ich, mich trifft der Schlag. Das Schmalste an ihm war der Kopf. Der saß fast halslos auf rundlichen Schultern.«

Beliebt ist Tschik aber auch wegen seiner offensiven Spielweise, die Bayern spielen manchmal recht wilden Hurra-Fußball. Sein Credo: »Mauern ist dekadent. Wir immer spielen gutes Fußball.«

Es gibt in dieser Zeit neben Neudecker und Čajkovski aber noch einen dritten Mann, der für den Klub wie auch für den Franz zu einem der entscheidenden Wegbereiter auf dem Weg in eine große Zukunft wird: Robert Schwan. Der gebürtige Würzburger, Jahrgang 1921, der mit seinen Eltern früh nach München kam, in der Jugend für den FC Bayern kickte und nach dem Krieg noch als Obst- und Gemüsehändler auf dem Viktualienmarkt stand, steigt 1964 erst zum Beamten einer Versicherungsgesellschaft und schließlich dank der Bekanntschaft zu einem engen Vertrauten Wilhelm Neudeckers in die Führungsriege der Bayern auf, als er zum Spielausschussvorsitzenden des Vereins gewählt wird – und ab sofort de facto als Manager, als rechte Hand und Kompagnon des Präsidenten den Verein lenkt.

Schon in der Zweiten Liga führt Schwan professionelle Strukturen ein und motiviert die Mannschaft mit finanzieller Bezuschussung im Erfolgsfall. Bei seiner Antrittsrede vor den Spielern sagt er: »Ich werde dafür sorgen, dass die Kasse stimmt. Auch eure.« Als Prämie nennt er 100 Mark pro Spieler bei einem Sieg, 50 bei Unentschieden. Am Tag, nachdem sich die Bayern 1964 vorzeitig die Zweitliga-Meisterschaft und die Qualifikation zur Aufstiegsrunde sichern, erwirkt er eine Freistellung all jener Spieler, auf die nach dem letzten Spieltag die Einberufung zum Wehrdienst wartet. Zudem terminiert er ein Trainingslager am Ammersee und bucht bis zum Ende der Aufstiegsrunde die Sportschule Grünwald als Mannschaftsquartier. Bei Auswärtsreisen in den kommenden Jahren werden die Spieler nicht mehr in Pensionen oder Mittelklassequartieren absteigen, sondern nur noch in hochpreisigen Hotels aus dem Luxussegment, denn, so Schwan: »Die Umgebung formt den Menschen.«

Für die Spieler sieht er sich als »Kumpel mit der notwendigen Distanz«, ein Bindeglied zwischen der Mannschaft und dem Autokraten Neudecker. Dass Schwan trotz seines Arbeitseifers als Genussmensch auch ordentlich feiern kann, fasst der *Kicker* in einem Porträt einmal so zusammen: »Er steht jeden Morgen um sieben Uhr auf, egal, wann er die Nacht davor ins Bett fand. Das kann schon mal spät gewesen sein, denn einer geselligen Runde vermag er nicht immer aus dem Weg zu gehen, vor allem dann, wenn sich Feinschmecker gefunden haben.«

Wie Neudecker fordert auch Schwan eiserne Disziplin, immer wieder besucht er die Unternehmen und Betriebe, in denen die Spieler hauptberuflich arbeiten, und erkundigt sich bei den Vorgesetzten nach ihrem Verhalten. Schließlich sind für ihn nur gehorsame, fleißige und sich artig unterordnende Persönlichkeiten für der Bayern geeignet.

Neudecker, Schwan, Čajkovski. Ein Triumvirat, das für den Aufstieg der Bayern zu einem internationalen Topklub so bedeutsam sein wird wie die Achse Maier, Beckenbauer, Müller.

Die Befürchtungen nach der Derbypleite im August 1965, die Bundesliga könnte die Bayern doch überfordern, bewahrheiten sich nicht. Bis zum siebten Spieltag setzen die Roten zu einer Siegesserie von sechs Spielen am Stück an und erobern die Tabellenspitze, angetrieben von einem immer souveräner aufspielenden Franz Beckenbauer als Mittelläufer in der zentralen Defensive - einer Position, aus der sich bald der Libero entwickeln wird. Nach dem 5:1 gegen den Karlsruher SC gerät nun auch Tschik Čajkovski vollends ins Schwärmen: »Ich sage euch, Beckenbauer ist Sonderklasse, er ist Superklasse. 25 Jahre habe ich Fußball gespielt, und ich habe die Besten der Welt kennengelernt. Ich spiele länger Fußball, als der Junge hier alt ist. Aber ich habe nie einen besseren Spieler gesehen.« Und Ex-Bundestrainer Sepp Herberger findet: »Was andere nicht mit den Händen können, macht er am Ball mit den Füßen.«

Wenig verwunderlich, dass Herbergers Nachfolger Helmut Schön Beckenbauer nun endlich auch in die Nationalmannschaft beruft. Ende September für das Qualifikationsspiel in Stockholm gegen Schweden, der entscheidenden Partie um die Teilnahme im kommenden Jahr bei der WM, nur der Sieger darf 1966 nach England.

Ein brisantes Duell, natürlich werden Erinnerungen wach an die Schlacht von Göteborg sieben Jahre zuvor. 1958 bei der WM trafen die Gastgeber im Halbfinale auf Deutschland, Zeitungen machten in den Tagen davor Stimmung gegen die »Panzermentalität« und den »Kriegsfußball« der deutschen Mannschaft und beklagten sich zu Recht über die deutschen Fans, die »Halbwildgewordenen«, die im Turnierverlauf pöbelnd und randalierend durch die Straßen der schwedischen Städte gezogen waren. Nach dem hitzig geführten 3:1-Sieg Schwedens und dem Aus für den Titelverteidiger kippte in ganz Deutschland die Stimmung, manche Restaurants strichen die Schwedenplatte von der Speisekarte, in Nachtclubs wurden schwedische Jazzbands wieder ausgeladen, an der Reeperbahn erhielten Freier mit schwedischem Pass keinen Zutritt ins Bordell. Es herrschte Eiszeit.

Und nun also erneut Schweden. Diesmal im Råsunda-Stadion von Stockholm. Diesmal mit Franz Beckenbauer, der auf die Frage zu seiner Nervosität vor seiner DFB-Premiere erklärt: »A bisserl schon. So wie bei unseren Aufstiegsspielen mit dem FC Bayern. Aber i denk mir nix.«

Als die Mannschaft von Helmut Schön trotz Rückstand noch 2:1 gewinnt, überschlagen sich die Berichterstatter voll des Lobs und huldigen weniger den beiden Torschützen, dem Duisburger Werner Krämer und Uwe Seeler vom Hamburger SV, als vielmehr dem Neuling aus München-Giesing, der als rechter Außenläufer eine überragende Leistung zeigt. »Der Debütant wirkte wie ein Routinier«, frohlockt die *Süddeutsche Zeitung*, auch der *Kicker* ist in seiner Einzelkritik voll des Lobs: »Nichts von Lampenfieber in seinem ersten Länderspiel. Oft sogar von fast souveräner Gelassenheit. Wie er sich in Zweikämpfen mit Finessen behauptet, würde einem alten Hasen alle Ehre machen.«

Auch ein Millionen-Publikum am Bildschirm wird an diesem frühen Samstagnachmittag bei der Übertragung im ersten Programm Zeuge, wie Beckenbauer in Stockholm einen ganz neuen Spielertyp verkörpert, mit Umsicht und Übersicht und einer höchst ökonomischen wie auch effizienten Spielweise – und mit einer im Gegensatz zur physisch fokussierten Grasfresser-Mentalität der beinharten Malochertypen jener Jahre erhaben anmutenden Eleganz. Hennes Weisweiler, der spätere Erfolgstrainer in Mönchengladbach und Köln, formuliert es Jahre später so: »Beckenbauer denkt erst nach, dann läuft er.« Ein Grund, warum er auch oft angefeindet wird, seine Art des Spiels wird ihm oft als hochnäsig ausgelegt, als Zeichen von Arroganz. Das ist schon damals so – und wird sich durch seine gesamte Karriere hindurchziehen. So schreibt die *Westdeutsche Allgemeine Zeitung*: »Man muss schon ein eingefleischter FC Bayern-Fan sein, um seine Starallüren und seine Überheblichkeit ohne Kopfschütteln zu verkraften.«

In der Heimat hingegen ist Beckenbauer tatsächlich das Gesicht eines neuen, sympathischen, jungen FC Bayern, der in München enorm an Zulauf gewinnt. Bayern ist chic, Bayern ist lässig, Bayern ist angesagt. Ein wohltuender Gegenpol zu den reichen und als etabliert geltenden Löwen, so ist das damals noch. Die Bayern verkörpern nicht in ihrer Vereinsstruktur, aber in ihrer freudigen Spielphilosophie fast einen Hauch von Rebellion gegen das altbackene Establishment. Keine andere Mannschaft steht zu jener Zeit so sehr für das Sinnbild der Swinging Sixties.

Innerhalb eines Jahres steigt die Mitgliederzahl beim FC Bayern von 3000 auf 5200. Der Kampf um die Vorherrschaft in der Stadt zwischen Bayern und Sechzig ist das große Gesprächsthema, kurz nach dem Länderspiel in Stockholm übertönen in den Bierzelten auf dem Münchner Oktoberfest Schlachtgesänge beider Fanlager die Blasmusik – auch an Tagen, an denen die Vereine gar nicht spielen.

Nach der Hinrunde Ende 1965 stehen die Blauen und die Roten sogar auf den ersten beiden Plätzen, als es zum Rückrundenauftakt erneut zum Derby und damit zum absoluten

Top-Duell der Liga kommt. Nach dem hässlichen Hinspiel steht das Match im Zeichen der Fairness, beide Seiten bemühen sich um Wiedergutmachung, vor Anpfiff überreicht Löwen-Kapitän Peter Grosser den Bayern-Spielern rote Nelken. Die Truppe von Tschik Čajkovski siegt souverän 3:0, rückt bis auf einen Punkt an Sechzig heran – und Max Merkel stöhnt nach der desolaten Leistung seiner Mannschaft: »Hätt ich doch nur einen Beckenbauer.« Der Löwen-Trainer muss erkennen, dass die einst da unten im Bus nach Emmendingen reisenden Bayern längst in ähnlich hohen Sphären schweben wie Sechzig selbst.

Immer mehr wird Beckenbauer zur Stütze bei den Bayern und der Nationalmannschaft, in einem Testspiel im März 1966 überragt er als zweifacher Torschütze beim 4:2 in Rotterdam gegen Holland. Große Freude gibt es auch Ende April, als das IOC die Sommerspiele 1972 nach München vergibt. »Eine große Überraschung und eine großartige Sache«, sagt Beckenbauer und ergänzt mit Ausblick auf die neuen Sportstätten auf dem Oberwiesenfeld, dem künftigen Olympiapark: »Jetzt bekommen wir endlich ein Großstadion.« Dass er gut drei Jahrzehnte inständig hofft, es solle sich bitte ein Terrorist finden, der das gepriesene Olympiastadion wegsprengen möge, dazu später mehr.

Übrigens sorgt der Zuschlag damals nicht unisono für grenzenlose Ekstase, so schimpft der legendäre *Abendzeitung*-Kolumnist Sigi Sommer unter seinem Alter Ego als »Blasius, der Spaziergänger« angesichts der anstehenden Transformation Münchens zur olympischen Metropole: »Jetzt wird aa no des letzte Resterl Gmiatlichkeit, des mir no hamm, ratzebutz ausradiert«, zudem prophezeit er: »Die Preise klettern so hoch, dass sie nie mehr runterfinden. Und die Kellnerinnen san no grantiger ois sonst.« Noch grantiger als Sigi Sommer selbst? Kaum vorstellbar.

Anfang Mai 1966 entwickelt sich die Meisterschaft zu einem

dramatischen Zweikampf. Zwei Spieltage vor Schluss liegen Dortmund und Sechzig punktgleich an der Spitze, dahinter Bayern auf Platz 3 mit nur einem Zähler Rückstand. Ein 1:4 zu Hause gegen Köln am vorletzten Spieltag – inklusive Eigentor von Beckenbauer – macht alle Hoffnungen auf den Sensationstitel des Aufsteigers zunichte. Sechzig siegt in Dortmund 2:0 und holt sich schließlich die Meisterschaft, Bayern wird Dritter.

Doch die Saison ist noch nicht vorbei. Nach einem 2:1 im Halbfinale beim 1. FC Nürnberg ziehen die Bayern ins Endspiel um den DFB-Pokal ein. Im Frankfurter Waldstadion trifft die Mannschaft auf den Meidericher SV aus Duisburg, gut 12000 mitgereiste Münchner Fans machen mit ihren rot-weißen Fahnen mächtig Stimmung, die Anhängerschaft vom Niederrhein mit ihren zaghaften MSV-Rufen wird mühelos übertönt. Mehr Mühe haben die Bayern im Spiel, Čajkovskis Anweisung an seinen Topstürmer (»Wenn geht, gleich Tor machen«) setzt Gerd Müller nicht um, stattdessen trifft Duisburg zum 1:0.

In einer mitreißenden Partie geht es hin und her, acht Minuten vor Schluss führen die Bayern 3:2, dann sorgt Beckenbauer selbst für die Entscheidung, nach einem phänomenalen Sololauf per Flachschuss ins linke Eck. Auf der Tribüne schwärmt Bundestrainer Helmut Schön vom »besten Cupfinale zweier erstklassiger Mannschaften nach dem Krieg«, später auf dem Bankett scherzt Münchens OB Hans-Jochen Vogel, es sei eine Übertreibung, von einer späten Revanche für 1866 zu sprechen – eine Anspielung auf das 100. Jubiläum des Deutschen Kriegs, in dem das Königreich Bayern als Teil des Deutschen Bundes Preußen unterlag und die Entscheidung nicht wie nun auf dem Rasen von Frankfurt fiel, sondern auf dem Schlachtfeld von Königgrätz.

In der Heimat erleben die Bayern einen triumphalen Empfang. Nach Ankunft mit dem Sonderzug »Hans Sachs« geht es in einem Autokorso zum Marienplatz. In einem VW Cabrio samt

Pokal vorneweg Neudecker, Čajkovski, Schwan und Mannschaftskapitän Werner Olk. Am Steuer: der Society-Reporter der *Abendzeitung*, Michael Graeter.

Am Marienplatz jubeln bei Tropenhitze 20000 Fans den Helden von Frankfurt zu, zum Erstaunen von Präsident Neudecker, der vor der Weiterfahrt zum Empfang im Löwenbräukeller übers Mikrofon ruft: »Ich hab mir gedacht, ihr seid alle beim Baden an der Isar.« München ist berauscht von sich selbst, die vom Rest der Republik so lange als hinterwäldlerisch voralpines Kaff gehänselte Stadt, die sich in ihrer Provinzialität freilich auch immer wieder gern suhlt, entwickelt plötzlich ein neues Selbstbewusstsein. Ende April der Olympia-Zuschlag, Ende Mai Sechzigs Meisterschaft, Anfang Juni Bayerns Pokalsieg, ein sporthistorisches Triple innerhalb von nur sechs Wochen. München fühlt sich plötzlich als Nabel der Welt, zumindest im Sport. Alle sind glücklich, vor allem auch Wilhelm Neudecker.

Er hat mit Platz 3 und dem Pokalsieg in der ersten Bundesliga-Saison alle Erwartungen übertroffen. Und vor allem: Er muss nicht um den Bodensee.

KAPITEL 4

General, Gentleman und im Bett mit Edgar Wallace: Die Weltmeisterschaft 1966 in England

Am 8. Juli 1966 dreht Kapitän Schlemmer mit seiner Boeing 727 eine Ehrenrunde. Der Pilot der Lufthansa-Maschine »Heidelberg« kreist in einer lang gezogenen Kurve über dem Nordwesten Londons, aus dem Cockpit teilt er via Lautsprecher mit: »Hier möchten wir Sie spielen sehen.« Wie die übrigen Passagiere blickt auch Franz Beckenbauer aus dem Fenster und erkennt unten das altehrwürdige Wembley-Stadion mit den markanten Twin Towers an der Nordtribüne. Wembley ist der Ort, an dem 22 Tage später das Endspiel stattfinden wird. Die Nationalmannschaft ist im Anflug zur WM in England. Eine Weltmeisterschaft, mit der für den deutschen Fußball eine neue Epoche beginnt. Das erste Turnier nach Sepp Herberger. Das erste Turnier mit Helmut Schön. Das erste Turnier mit Franz Beckenbauer.

Mit dem Rücktritt von Herberger endet 1964 eine fast 30-jährige Regentschaft. 1936 hatte er die damalige Reichself übernommen, nach dem Krieg die DFB-Auswahl 1954 in Bern wundersam zum Titelgewinn geführt. Danach aber geht es bergab. Nach Platz 4 in Schweden 1958 scheitert die Mannschaft 1962 im fernen Chile schon im Viertelfinale. Und doch wähnt sich Herberger in maßloser Selbstüberschätzung noch immer als der richtige Mann für den Posten, unfähig, loszulassen von der Macht. Dass DFB-Funktionäre öffentlich Spekulationen über einen Nachfolger lancieren, empfindet Herberger als Majestätsbeleidigung, tief gekränkt schmeißt er hin und kündigt im November 1963 seinen Rückzug an. Zeitlich passend nur fünf Wochen nach Ende der Kanzlerschaft von Konrad Adenauer.

Ihre Zeit ist nun vorbei, die Zeit zweier im 19. Jahrhundert geborener alter Männer, die zwar als Bundeskanzler und Bundestrainer großen Anteil haben am Selbstverständnis und am Selbstbewusstsein der jungen Bundesrepublik, die mit ihrem autoritären Machtverständnis in den 1960er Jahren aber zum Auslaufmodell werden, in einer Phase, in der fröhlich blumenkindliche Aufbruchstimmung bunte Farbtupfer in den dumpf biederen, restbraunen Nachkriegs-Spießermief setzt.

Die Gesellschaft ändert sich, so wie auch der deutsche Fußball. England 1966, das ist die erste Weltmeisterschaft seit Einführung der Bundesliga, die erste unter Cheftrainer Helmut Schön, Herbergers langjährigem Assistenten. Schön ist der Sohn eines Dresdner Kunsthändlers mit Hang zur Muße, gern geht er in die Oper und ins Theater, manchmal auch mit seinen Spielern. Im Umgang pflegt er einen ganz anderen Stil als sein oft autokratisch anmutender Vorgänger, der Arbeitersohn aus dem ärmlichen Mannheim. Schön gilt als konfliktscheu und harmoniebedürftig, wenig entscheidungsfreudig und latent zaudernd. Misstöne schlagen ihm auf den Magen und setzen ihm gesundheitlich zu. Kritiker monieren, er sei zu weich für den Job. In der Vita von Franz Beckenbauer, für seinen Ruf als Machertyp und Führungsfigur, wird Schöns Zögerlichkeit später noch eine große Rolle spielen.

Eines der Fotos, das sich von dieser WM einprägen wird, ist das, wie der 50-jährige Schön und der 20-jährige Beckenbauer ins Gespräch vertieft über den Trainingsplatz schlendern, eng an eng, Arm in Arm. Es ist ein Sinnbild. Schön wird im Fußball zu einer Vaterfigur, und er wird sie fortsetzen, die Liste der Förderer und Wegbereiter der großen Karriere. Franz Neudecker, Rudi Weiß, Tschik Čajkovski, Helmut Schön. Schön und

Beckenbauer, das wird ein Erfolgsgespann wie zuvor Herberger und Fritz Walter, wenn auch auf ganz andere Art.

Mag er sich im richtigen Umgang mit den Spielern manchmal schwertun, liegt Schöns Stärke im Tüfteln an Taktik und Spielstrategie, in der richtigen Vorbereitung auf den jeweiligen Gegner. Vor der WM informiert er sich intensiv über die Vorrundengegner Schweiz, Argentinien und Spanien, spricht und telefoniert dafür auch viel mit Kollegen, die mit den jeweiligen Teams schon zu tun hatten. Unter Schön verbessern sich aber auch Strukturen im Verband. Nur einen Tag nach der Gruppenauslosung bucht der DFB bereits das abgeschiedene Quartier »Peveril of the Peak« in den beschaulichen Midlands von Derbyshire, je eineinhalb Fahrstunden von den beiden Vorrunden-Spielorten Birmingham und Sheffield entfernt. Mit Küchenchef Hans-Georg Damker ist ein eigener Koch dabei, eingekleidet werden die Nationalspieler von einem Augsburger Konfektionshaus, das sich damit rühmt, auch den Kölner Volksschauspieler Willy Millowitsch auszustatten. Beckenbauer und die übrigen DFB-Kicker erhalten einen dunkelblauen Maßanzug samt grauer Zweithose im Wert von 800 Mark.

Sein Doppelzimmer bezieht Franz Beckenbauer mit Helmut Haller, dem gebürtigen Augsburger vom FC Bologna, der neben Karl-Heinz Schnellinger vom AC Mailand und Albert Brülls aus Brescia als einer von drei Nationalspielern längst sein Geld in Italien verdient. Profi in der Serie A, das ist zu jener Zeit weit lukrativer als ein Vertrag in der Bundesliga, mit dem gedeckelten Grundgehalt von 1200 D-Mark. Und auch Beckenbauer steht bereits auf dem Wunschzettel eines großen italienischen Klubs, im Teamquartier verbreitet sich die Kunde von einem Angebot des Schnellinger-Klubs aus Mailand. Die Vereinsbosse des AC sollen dem FC Bayern zwei Millionen Mark Ablöse für einen Wechsel nach der WM bieten.

Mit Turnierbeginn scheint Beckenbauer alles daranzusetzen, den Preis weiter nach oben zu treiben. Im ersten Spiel überragt er mit seinem kongenialen Mitbewohner im Zimmer und Mitstreiter im Mittelfeld. Beckenbauer und Haller erzielen beim 5:0 gegen die Schweiz je zwei Tore, nach großartigen Doppelpässen wie auch grandiosen Sololäufen. Das Hillsborough von Sheffield erlebt eine Gala, tags darauf erklingen in der nationalen wie internationalen Presse Lobeshymnen auf das Gespann. »Man käme bei der Würdigung nicht umhin, den 20-jährigen Beckenbauer für seine Kaltschnäuzigkeit zu bewundern«, schreibt die *Süddeutsche Zeitung*. Oder auch der *Daily Sketch* aus Manchester: »Zeigt mir einen besseren Fußballer als Franz Beckenbauer, und ihr habt einen idealen Fußballer. Der Schrecken verbreitende Franz nahm im Mittelfeld die Parade ab wie ein General vor seiner Truppe.« Ein argentinischer Kommentator spricht vom »Gentleman von Sheffield«.

Beckenbauer wirkt zu Beginn seiner ersten WM ruhig, in sich gekehrt, tiefenentspannt. Dettmar Cramer erzählt später die Geschichte, dass er 1966 in England spätabends zur verordneten Nachtruhe noch einen prüfenden Kontrollblick in jedes Doppelzimmer geworfen habe. Haller sei fürchterlich nervös gewesen, sei im Zimmer auf- und abgesprungen, aus Verunsicherung, ob er am nächsten Tag auch spielen würde. »Der Franz dagegen lag in seinem Bett«, so Cramer, »aß Trauben, las einen Edgar-Wallace-Krimi und sagte: ›Trainer, der Haller macht mich ganz verrückt. Ist der so, oder wird man so, wenn man älter wird?‹«

Im zweiten Spiel ist es aber auch mit Beckenbauers Gelassenheit dahin, in einem von Gegner Argentinien überhart geführten torlosen 0:0. Kaum ein deutscher Spieler, der ohne Blessuren davonkommt, auch Beckenbauer humpelt mit zwei blutigen Knien vom Platz. Die *Abendzeitung* schimpft über die »Pampa-Stiere« und schreibt: »Die deutsche Kabine glich nach dem Spiel einem Feldlazarett.« Als die Mannschaft tags darauf im Teamhotel bei Kaffee und Kuchen das 50. Länderspiel von

Uwe Seeler feiert, tobt Beckenbauer noch immer wütend über das »rücksichtlose Einsteigen« der Gegner: »Es konnte beim besten Willen nichts Gescheites dabei herauskommen. Hoffentlich greift die FIFA energisch durch. Solcher Fußball, das darf doch nicht sein.«

Es ist aber auch ein Spiel, in dem erstmals verhaltene Kritik geübt wird an Beckenbauer. Zu unflexibel habe er gespielt, zu statisch, die Anweisungen von der Trainerbank missachtet, sich aktiver ins Offensivspiel einzuschalten. Auch Helmut Schön klagt darüber, hält seinem jungen Spieler aber zugute, der Franz habe ihn wohl in »diesem Hexenkessel nicht verstanden«.

Überhaupt droht die Stimmung im deutschen Quartier zu kippen. Manche Nationalspieler klagen gegenüber Reportern über Lagerkoller. Bleierne Langeweile würde sich gerade an den spielfreien Tagen immer massiver ausbreiten, da würden auch Freizeitangebote wie Tischtennisplatte und Tischkicker nicht helfen. Auf den Zimmern haben die Spieler Tonbandgeräte der Firma Saba, auf denen sie sich neben Unterhaltungsmusik auch Motivationssprüche der 54er-Weltmeister anhören können, so wie die Weisheit von Fritz Walter: »Die anderen kochen auch nur mit Wasser.« Und Hans Schäfer erklärt: »Männer, die putze mer weg.« Wen er mit »die« meint, bleibt ungeklärt. Ob das diese neue junge, mündige und selbstbewusste Spielergeneration wirklich zu Höchstleistungen antreibt, darf bezweifelt werden.

Beckenbauer müht sich mal beim Ausritt auf einem Pferd, auf den Bildern ist ersichtlich, er ist nicht sattelfest. Die mitgebrachte DFB-Mediathek besteht aus sechs Western und Krimis, darunter *Die den Tod nicht fürchten* mit Gary Cooper und Charlton Heston. Einmal gehen sie ins Kino und sehen Agatha Christies *16 Uhr 50 ab Paddington.* Miss Marple hebt die Laune aber auch nicht sonderlich.

Besser wird die Stimmung durch das 2:1 zum Vorrundenabschluss gegen Spanien, mit dem sich die DFB-Elf als Gruppensieger fürs Viertelfinale qualifiziert. Dort trifft man mit Uruguay wieder auf einen gereizten Gegner aus Südamerika, dessen Missmut aber auch begründet ist, als Schnellinger nach sechs Minuten auf der eigenen Torlinie mit der Hand die Führung der Urus verhindert. Eine Aktion, die Jahrzehnte vor Einführung des Videobeweises ungeahndet bleibt, der englische Schiedsrichter Finney lässt weiterspielen. Kurz darauf trifft Haller zum 1:0, Uruguay verliert die Nerven und zwei Spieler durch Platzverweis. Späte Tore durch Beckenbauer, Seeler und Haller sichern den Einzug ins Halbfinale.

Und auch diesmal mischt sich neben dem Lob leise Kritik in das Auftreten des WM-Neulings. Zwar sei es »unnachahmlich, wie er nach Doppelpässen, die Čajkovskis Schule verraten, in den Strafraum eindringt«, schreibt der *Kicker* über Beckenbauer, fügt aber auch hinzu: »Doch einige Male ließ uns sein Phlegma in der Abwehr den Atem anhalten. Das konnte ins Auge gehen. Freilich darf man nicht übersehen, dass diese schweren Spiele so schnell hintereinander gerade einen so jungen Spieler arg strapazieren – mehr nervlich noch als körperlich.« Es klingt, als zweifelten manche schon an seiner Eignung, als sei die WM für ihn vielleicht doch zu früh gekommen. Als müsse man zumindest seine Leistung realistisch einordnen und ihn bei all den Jubelarien vom »Wunderstar« und »Naturtalent« auch wieder zurechtstutzen.

Richtig groß ist die Aufregung um ihn aber vor allem nach dem Halbfinale, dem 2:1 gegen die Sowjets im Goodison Park von Liverpool. Zwar trifft Beckenbauer nach 68 Minuten zum vorentscheidenden 2:0 gegen Lew Jaschin – jenen Torhüter, den er elf Jahre zuvor noch im Fernsehapparat einer Giesinger Gastwirtschaft gesehen hatte. Doch sein ungestümes Einsteigen, der Jähzorn, zu dem er sich während der 90 Minuten hinreißen lässt (»Rüpel«, schreibt die *Iswestija* aus Moskau), das hat ein Nachspiel. Schon aus dem Spiel gegen Argentinien hat Beckenbauer eine Verwarnung, die damals noch nicht mit einer Gelben Karte protokolliert wird, sondern mit dem Eintrag des Schiedsrichters auf einen Notizzettel. Und auch im Spiel gegen die UdSSR deutet der Unparteiische Concetto Lo Bello nach einem groben Foul einen Eintrag an. Und die Konsequenzen? Droht ihm eine Sperre? Die WM hat ihren »Fall Beckenbauer«. Vier Tage vor dem Endspiel entscheidet die FIFA-Disziplinarkommission: »Beckenbauer darf spielen.« Im Traumfinale gegen England, auch auf der Insel gibt es kaum ein anderes Thema mehr.

Niemand spricht mehr vom entthronten Weltmeister Brasilien, das sich nach den Erfolgen 1958 und 1962 mit dem Aus in der Vorrunde blamiert. Keiner mehr von Pelé, der als Superstar anreist und im entscheidenden Gruppenspiel gegen Portugal konsequent niedergetreten wird. Pelé wirkt überfordert und müde, auch nach den langen Flitterwochen im Frühling, als er nach der Hochzeit mit seiner Verlobten Rosemeri durch Europa reist und auf Einladung seines engen Freundes, des Münchner Unternehmers Roland Endler, einige Tage auch in Bayern wohnt. Endler, ein Geschäftsmann mit Aktivitäten in Südamerika, organisiert die lukrativen Gastspiele des Pelé-Klubs FC Santos in Europa – und ist von 1958 bis 1962 Präsident des FC Bayern. Als Vorgänger von Wilhelm Neudecker.

Vor dem Finale zwischen den alten Rivalen fahren die englischen Medien gewohnt schwere Geschütze auf. Die *Daily Mail* etwa nennt das Finale »das größte internationale Ereignis seit dem Zweiten Weltkrieg« und baut für den Fall einer Niederlage schon mal vor: »Wenn die Deutschen heute in unserem Lieblingssport gegen uns gewinnen, können wir uns damit trösten, dass wir sie kürzlich zweimal in ihrem geschlagen haben.«

Tatsächlich bleibt die Stimmung aber in den Wochen des Turniers weitestgehend friedlich. Erstaunt registrieren die englischen Fans die bei ihnen unbekannte deutsche Sitte des Fahnenschwenkens auf den Tribünen. Im Halbfinale hissen DFB-Anhänger ein Transparent: »Die Beatles kommen aus Liverpool, die Weltmeister aus Deutschland.« Ein anderes Banner mit der Aufschrift: »Nieder mit der FIFA« hingegen wird sofort konfisziert. Die Beliebtheitswerte des Weltfußballverbands scheinen schon damals eher überschaubar.

Auch die Bobby-Polizisten am Mannschaftsquartier sind angetan von den höflichen deutschen Fans, die vor dem Hotel auf die Nationalspieler für ein Autogramm warten. Viele Autogramme schreibt in diesen Wochen auch Sepp Herberger, denn der Alte ist immer noch da. Akribisch bereitet er sich auf die WM vor, so als würde er selbst die Mannschaft noch trainieren. Er sieht sich als Ratgeber, als graue Eminenz im Hintergrund, immer wieder sucht er das Gespräch mit einzelnen Spielern. Am Vormittag des Endspiels geht er auf einen langen Spaziergang mit Albert Brülls und offenbart ihm in Kenntnis der Mannschaftsaufstellung, dass er zu seinem – Herbergers – eigenen Unverständnis nicht in der Startelf stehe. »Wenn ich Trainer wäre, würden Sie heute einlaufen.« Es ist ein permanent subtiles Untergraben von Schöns eh schon wackliger Autorität, Herberger fehlt die Größe, seinen Nachfolger einfach machen zu lassen. Einmal sagt Herberger über Schön: »Ein fauler Hund.«

Für Beckenbauer findet Herberger in Derbyshire wärmere Worte: »Ein Spieler, der wie Fritz Walter oder di Stefano zu den Ausnahmeerscheinungen des Fußballs gehört.« An die Medien appelliert er, damit zu beginnen, »aus dem Franz keinen Franzl mehr zu machen. Man muss ihn zu einem Mann erziehen, nicht zu einem Burschen, dem man labile Erscheinungen zubilligt, weil er der Franzl ist.« Erst dann sei Beckenbauer fähig, eine Mannschaft zu führen.

Aber kann der Franz das auch jetzt schon? Kann er sie gar zum Titel führen?

Eine der großen Fragen vor Anpfiff ist die Bewachung von Bobby Charlton, einem der wenigen Überlebenden der Tragödie von München 1958, als bei einem Flugzeugabsturz ein

Großteil der Mannschaft von Manchester United ums Leben kommt. Charlton ist der bis dahin überragende Spielmacher, beim 2:1 im Halbfinale gegen Portugal erzielt er beide Tore. Lange gilt Wolfgang Overath als Favorit für die Position des Manndeckers, doch am Tag des Endspiels bittet Schöns Assistent Dettmar Cramer Franz Beckenbauer zum Gespräch – und erklärt ihm, dass es seine Aufgabe sei, Charlton auszuschalten.

Und Beckenbauer löst die Aufgabe glänzend, der Star der Three Lions bleibt völlig wirkungslos. Er selbst allerdings auch, und genau darin liegt für die deutsche Mannschaft das Problem. Weil er Charlton nicht von der Seite weicht, fehlt dem deutschen Spiel der Beckenbauer der vorangegangen Wochen, ein Antreiber im Mittelfeld, der mit großer Übersicht und unwiderstehlichen Sololäufen für Druck sorgt. Beckenbauer neutralisiert Charlton – und damit auch sich selbst.

Dafür brilliert ein ganz anderer Spieler, Geoff Hurst. Der Stürmer von West Ham United trifft nach Hallers Führung zum 1:1-Ausgleich – und als es mit 2:2 in die Verlängerung geht, erzielt er das berühmteste Tor der Fußballgeschichte, das auch Jahrzehnte später noch für Diskussionen und Analysen sorgt, ob der Ball nun drin gewesen sei oder nicht. 1995 ergibt eine Studie zweier Ingenieure der Uni Oxford mittels einer Computersimulation, dass der Lattenpendler garantiert nicht hinter der Linie aufkam, zwei Jahrzehnte später glaubt der britische Sender *Sky* mit einer neuartigen Torlinientechnologie den Gegenbeweis anzutreten. »Yes, it was a goal.«

Ausschlaggebend damals ist die Sichtweise von Linienrichter Bachramow, der auf Nachfrage des Schweizer Schiedsrichters Gottfried Dienst auf Tor entscheidet. Später, so will es die Überlieferung, soll er auf dem Sterbebett vor seinem Tod 1993 noch ein Wort geflüstert haben. »Stalingrad.« Gibt er also das dritte Tor als Rache für den Überfall von Hitler auf Sowjet-Russland?

Tage später wird der *Kicker* in seinem Magazin einen einseitigen Steckbrief veröffentlichen mit der Überschrift: »1000 Mark Belohnung!« So viel zahle man für eine Fotoaufnahme, die beweise, dass der Ball nicht im Tor war. »Um den Verdacht der Montage auszuschließen, muss mit der Aufnahme auch der Negativfilm eingereicht werden. Es geht uns nur um die Wahrheit, gleichgültig, wie sie lautet. Denn auch eine bittere Wahrheit wäre immer noch besser als das nagende Gefühl, Unrecht erlitten zu haben. Tausend Mark Belohnung – wir würden sie gern zahlen.«

England gewinnt am Ende 4:2, Beckenbauer und seine Mitspieler dürfen der Queen noch die Hand schütteln, das umstrittene Tor ist auch beim Abschlussbankett im Finalquartier in Welwyn Garden im Norden Londons das große Thema. Spätabends geht Gottfried Dienst zu Sigi Held und versucht, ihm vergeblich zu vermitteln, dass auch er den Ball hinter der Linie gesehen habe. Held erwidert: »Herr Dienst, es gibt so viele schöne Spiele, Schach oder Tischtennis zum Beispiel, warum müssen Sie unbedingt Fußballspiele pfeifen?«

Am Tag danach geht es heim nach Frankfurt. Zehntausende Menschen säumen die Straßen und bereiten dem Vize-Weltmeister erstmals in der Geschichte einer DFB-Elf nach einer WM einen triumphalen Empfang. Ungläubig steht Beckenbauer auf dem Rathausbalkon des Römers, neben ihm Uwe Seeler. Dann spricht Frankfurts SPD-Oberbürgermeister Willi Brundert warme Worte, gegen Ende seiner Rede appelliert er an die Menge. »Und nun, liebe Frankfurter, haben Sie das Wort zu dem Schlachtruf, den wir in den letzten Wochen wiederholt gehört haben.« Und die Menschen skandieren: »Uwe, Uwe, Uwe.« Beckenbauer lächelt schüchtern und vernimmt die Huldigung für seinen Nebenmann. Für Seeler, einen umjubelten Helden des Volkes. Weil »Uns Uwe« doch einer von ihnen ist. Eine Huldigung, die ihm selbst außerhalb Münchens meist versagt bleiben wird. Beckenbauer wird es nie sein: ein »Uns Franz«.

KAPITEL 5

Gute Freunde, eine Frau und Ärger mit dem Türsteher bei der Hochzeit: Der Franz als Sänger, Werbestar und Ehemann

Als Franz Beckenbauer nach der WM nach München zurückkehrt, wird er seinen neuen Mitspieler nicht mehr sehen. Rudi Schmidt ist da bereits tot.

In England läuft noch die Weltmeisterschaft, als sich der FC Bayern ohne die Nationalspieler Beckenbauer und Maier in einem Trainingslager am Ammersee auf die neue Saison vorbereitet. Mit dabei aber ist Neuzugang Rudi Schmidt. Der 25-jährige Stürmer spielte zuvor zwei Jahre für Duisburg. Weil Anfang Juni 1966 Schmidts Wechsel nach München für die kommende Spielzeit – die Ablösesumme beträgt 65000 Mark – bereits fix ist, verzichtet MSV-Trainer Hermann Eppenhoff im DFB-Pokalfinale gegen die Bayern auf seinen Angreifer. Eppenhoff befürchtet einen Interessenskonflikt bei Schmidt zwischen seinem alten und dem neuen Arbeitgeber.

Im Juli zieht Schmidt mit seiner Frau und der einjährigen Tochter nach München um, wenig später geht es ins Trainingslager. Čajkovski sieht Schmidt als Sturmpartner von Gerd Müller, optional auch hinter der Spitze im offensiven Mittelfeld. Ein Foto zeigt den Bayern-Trainer damals neben Schmidt und den beiden anderen Neuzugängen Günter Nasdalla und Franz Roth, den man später »Bulle« nennen wird. Es ist das letzte Foto von Rudi Schmidt.

Am 28. Juli, zwei Tage vor dem Finale im Wembley, ist Schmidt mit Mitspieler Dieter Koulmann kurz vor Mitternacht in seinem Mercedes unterwegs. Kurz vor Inning am Nordufer des Ammersees rast er mit zu viel Tempo in eine Rechtskurve, der Wagen schießt nach links von der Straße weg, streift ein Haus, prallt gegen einen Baum. Koulmann überlebt mit einer Gehirnerschütterung und Wirbelprellungen. Rudi Schmidt ist auf der Stelle tot.

In Münchner Zeitungen liest man das als kurze Meldung.

Viel mehr Aufsehen erregen hingegen die Avancen, mit denen internationale Topklubs an Beckenbauer herantreten. Seit seinen imposanten Leistungen bei der WM ist der 20-Jährige einer der gefragtesten Spieler, ein angehender Weltstar.

Nach der seit Wochen kolportierten Zwei-Millionen-Offerte aus Italien legt der AC Mailand nun noch einmal nach. Am Rande eines Testspiels der Bayern in Mailand verhandelt Milans neuer Präsident, der Textilmogul Luigi Carraro (»Ich werde alles daransetzen, Beckenbauer zu bekommen«), bei reichlich Whisky in seiner feudalen Wohnung mit den Bayern-Bossen Neudecker und Schwan, die verdeutlichen, dass das Angebot nach Beckenbauers Leistung bei der WM längst nicht mehr ausreiche. Italienische Zeitungen schreiben, die Münchner würden nun drei Millionen Mark Ablöse fordern, Minimum.

»Beckenbauer ist ein freier Bürger«, räumt Schwan immerhin ein. »Er kann selbst entscheiden, welchem Verein er seine Dienste als Fußballspieler zur Verfügung stellt, wenn er einmal nicht mehr für den FC Bayern spielt. Falls es dazu kommen sollte, werden wir aber vor einem Verkauf den italienischen Markt sondieren, ob nicht ein anderer Verein mehr bietet als Milan.« Ein anderer Verein wie zum Beispiel der Lokalrivale des AC.

Denn plötzlich buhlt in den Wochen nach der WM auch

Inter Mailand um den spielfreudigen Beckenbauer. Der schillernde Ölmulti Angelo Moratti, der als Inter-Präsident gern schicke Luxusuhren an Journalisten verschenkt und sie auf teure Flugreisen einlädt, umgarnt mit vielen Schmeicheleien die Münchner Klubführung. Es ist aber auch Inter-Trainer Helenio Herrera, der sich für eine Verpflichtung Beckenbauers starkmacht. Der Argentinier ist seit 1960 bei den Nerazzurri, er ist ein glühender Verfechter des Defensivfußballs, der den gefürchteten, entsetzlich unansehnlichen Catenaccio bis zur Perfektion einstudieren und praktizieren lässt. Man nennt ihn auch »Totengräber des Fußballs«. Umso bemerkenswerter, dass sich Herrera für einen wundervollen Ästheten mit Offensivambitionen wie Beckenbauer interessiert. »Der intelligenteste und eleganteste Spieler, der auf dem Markt ist«, schwärmt der damals 56-Jährige, wenngleich er einschränkt: »Defensiv sind seine Qualitäten noch nicht so ausgeprägt.«

Und auch sein Namensvetter, der nicht minder beinharte Schleifer Heriberto Herrera, als Trainer von Juventus Turin berüchtigt unter dem Namen »der eiserne Sergeant«, ist begeistert von dem Münchner: »Wenn ich die Wahl hätte zwischen Bobby Charlton und Eusebio, dann würde ich Franz Beckenbauer nehmen.« Vorverträge liegen bei Inter-Manager Italo Allodi bereits auf dem Tisch, die Klubführung der Bayern ist im Zwiespalt. Soll man weiter die Angebote sondieren, um dem Höchstbietenden den Zuschlag für einen Kauf Beckenbauers zu geben? Franz zum Ersten, zum Zweiten und zum …? Oder soll man Beckenbauer nicht doch als zentralen Schlüsselspieler halten, um mit ihm als Führungspersönlichkeit perspektivisch eine große Mannschaft für die kommenden Jahre aufzubauen?

Das Dilemma erledigt sich zumindest mit den beiden Klubs aus Mailand ganz von allein. Im September 1966 verlängert der italienische Verband die bereits bestehende Regelung, nach der die Ligaklubs keine ausländischen Spieler neuverpflichten dürfen, bis 1971. Das Motiv dabei: Nach dem blamablen WM-Aus mit der desaströsen 0:1-Niederlage gegen Nordkorea will man im Hinblick auf die Nationalmannschaft nun lieber die heimischen Talente fördern und nicht teure Stars aus Deutschland, Brasilien oder England einkaufen.

Unabhängig davon drängen Neudecker und Schwan auf eine ganz generelle Ausrichtung im Fall Beckenbauer, um Leitlinien für das Verhalten bei neuen Anfragen und Angeboten festzuzurren.

Nach einer langen Nachtsitzung im Haus des Präsidenten in Bad Wiessee gelangen Neudecker und Schwan zu einer Grundsatzentscheidung. In einer gemeinsamen Erklärung schreiben sie: »Der FC Bayern will den Spieler Franz Beckenbauer unter allen Umständen halten. Es sollen alle Möglichkeiten erschlossen werden, um Beckenbauer in seiner beruflichen Tätigkeit im Versicherungsfach und in der Werbung einen guten Ausgleich zu schaffen.«

Das gelingt Schwan auch. Vor allem in der Werbung.

Nach der Weltmeisterschaft beginnt nämlich eine jahrzehntelange geschäftliche Partnerschaft mit Beckenbauer, die bis zu Schwans Tod 36 Jahre später im Sommer 2002 halten wird. Für Beckenbauer ist Schwan der Manager, der Freund, der Berater. Der Mann, dem er blind vertraut. Würde Schwan dem Franz empfehlen, aus dem Fenster zu springen und kurz vor dem Aufprall dem Teufel auf den letzten Metern noch seine Seele zu verkaufen, natürlich nur zu einem angemessenen Preis – Beckenbauer würde es nicht hinterfragen und der Anweisung Folge leisten.

Die Kooperation beginnt, als sich Beckenbauer nach der WM für ein Kosmetik-Unternehmen pappiges Gel in die Haare schmieren soll. Als Schwan erfährt, dass die Gage bei 800 Mark liegen soll, raunt er den jungen Franz an. »Spinnst? 800 Mark? 8000 Mark!« Beckenbauers Erwiderung: »Ja, wenn Sie das besser können, bitte schön, dann machen Sie das.« Macht Schwan dann auch.

Unvergessen der PR-Deal, bei dem Beckenbauer 1966 appetitanregend (»Hmmm, schmeckt prima«) für eine Fleischklößchen-Tütensuppe wirbt: Das bringt nicht nur »Kraft in den Teller, Knorr auf den Tisch«, wie der Spot verrät, sondern auch üppig Geld aufs Konto, für den im heimischen Wohnzimmer gedrehten Clip erhält Beckenbauer 12000 D-Mark, abzüglich der Provision für seinen Manager, die angesichts von Schwans Spitznamen „Mister 20 Prozent" bei 2400 Mark gelegen haben dürfte. Einmal wird Beckenbauer sagen: »Ich kenne nur zwei vernünftige Menschen. Robert Schwan am Vormittag und Robert Schwan am Nachmittag.«

Bald sieht man Beckenbauer in Zeitungsanzeigen für einen Autoreifenfabrikanten posieren, garniert mit der holprigen Assoziierung zum Fußball: »Auf den winterlichen Straßen ist es wie im Stadion bei Regen: Alle Kraft ist für die Katz, wenn ich die falschen Stollen am Schuh habe.« Kraft auf die Straße? Kraft auf den Teller? Es beginnt die Zeit, bei der man angesichts von Beckenbauers medialer Multipräsenz den Überblick verliert.

Wenn ein Münchner Autobauer ein Preisausschreiben mit einem neuen Fahrzeug als Hauptgewinn veranstaltet, zieht Beckenbauer bei einem feierlichen Empfang den Zettel des Siegers aus der Lostrommel, für ein Möbelgeschäft in der Landsberger Straße (Slogan: „Schlafzimmer! Speisezimmer! Eckbänke!") rückt er zum werbeträchtigen Fototermin mit dem Inhaber an, zahlende Kunden bekommen ein Beckenbauer-Bild samt Original-Unterschrift gratis. Überhaupt die Autogrammstunden, dafür verlangt Schwan für seinen Schützling gern auch mal Honorare im Vierstelligen. Beckenbauer firmiert ab sofort außerdem als Herausgeber des Stadion-Magazins der Bayern, sein monatliches Einkommen schätzt der *Spiegel* damals auf 10000 Mark.

Und dann singt er auch noch, im Dezember 1966 veröffentlicht er seine Single »Du allein«, der große Erfolg erklingt aber beim Umdrehen auf die B-Seite: »Gute Freunde kann niemand trennen«. Die wichtigsten Textpassagen in Kürze: Gute Freunde sind nie allein. Weil sie eines im Leben können. Füreinander da zu sein. Die Lyrics kennt noch Jahrzehnte später jeder Bayern-Fan auswendig. Manchmal bei Heimspielen in der Arena gehört die Nummer auch heute noch zum Soundtrack der Südkurve.

Das Lied stürmt in die Charts und kommt immerhin auf Platz 31. Beckenbauer steht auf einer Liste mit den Beatles, den Stones und Sinatra. Paul und Mick, Frank und Franz. Eine illustre Gesellschaft.

Mit all dem verdient Beckenbauer gutes Geld, das braucht er auch. Denn im Münchner Süden, im Stadtteil Solln, kauft er sich 1966 für 180000 Mark sein erstes Eigenheim. Eine Doppelhaushälfte in der Hofbrunnstraße 93. Hier lebt Beckenbauer nun – mit seiner Brigitte, seiner ersten Ehefrau.

Die beiden kennen sich ein knappes Jahr. Die bereits verheiratete Brigitte Schiller, Mädchenname Wittmann, geboren 1944 in Ingolstadt, arbeitet als Stenografin, Telefonistin und Sekretärin in der Sportschule Grünwald, die beiden sehen sich immer auf den Lehrgängen des DFB. Anfangs bringt ihr der Franz stets eine Tafel Schokolade mit, immer wieder gehen sie Richtung Isar spazieren, bald wird's vertrauter. Aus Liebe zu Franz lässt sie sich von ihrem ersten Mann scheiden, der Weg ist frei für eine zweite Ehe.

In Münchner Medienkreisen spekuliert man schon länger über eine baldige Hochzeit, immer wieder rufen Reporter bei Brigittes Mutter Katharina und Bruder Egon an. Doch beide halten dicht. Aus Angst vor großem Rummel und um das Risiko durchsickender Informationen zu minimieren, informieren Franz und Brigitte den kleinen Kreis an geladenen Gästen erst am Hochzeitstag selbst, wenige Stunden vor der feierlichen

Zeremonie am 11. September 1966. Es ist Beckenbauers 21. Geburtstag.

Sogar in getrennten Autos fahren sie (Brigitte in Beckenbauers Mercedes 230 SL) und er (Franz in einem geliehenen VW) zur Vermählung ins Fünf-Seen-Land im Südwesten Münchens. Nach Steinebach am Wörthsee. Bürgermeister Albert Porzel persönlich nimmt an diesem späten Sonntagabend um 21:15 Uhr die Trauung vor, alles läuft nach Plan – sieht man von dem kleinen Zwischenfall vor der anschließenden Hochzeitsfeier im Strandhotel Fleischmann ab. Der als Türsteher engagierte Student Uwe B. verwehrt Beckenbauer dort mit dem Hinweis »Geschlossene Gesellschaft« den Zutritt. Erst auf Intervention, er sei ja selbst der Bräutigam, erhält er Einlass.

Drin serviert Wirtin Friedl Mandel ein Büfett mit Forelle in Aspik, Hummer, Roastbeef und bayerischen Schmankerln, mit dabei sind Beckenbauers Eltern und Bruder Walter samt Frau, Brigittes Mutter, der Bruder, die engere Verwandtschaft. Natürlich Robert Schwan. Und Dettmar Cramer. Der Doppelbett-Nachbar, jetzt Beckenbauers Trauzeuge. Es ist ein harmonischer Auftakt in eine Ehe, in der Brigitte Beckenbauer eine große Stütze wird für ihren Franz und als die wesentlich gereiftere Persönlichkeit auch die Erziehung der bald drei Kinder übernehmen wird: Michael, der noch 1966 auf die Welt kommt, Stephan, geboren 1968. Und auch den aus der Beziehung mit Freundin Ingrid stammenden Thomas, den die Beckenbauers adoptieren und zu sich nehmen.

Der Bund fürs Leben, von dem Bürgermeister Porzel bei der Trauung spricht, wird freilich kein ganzes Leben halten, offiziell nur 24 Jahre, bis zur Scheidung 1990. De facto ist die Ehe jedoch schon viel früher am Ende.

Worauf es aber wirklich ankommt im Leben, zumindest aus seiner Sicht, das verrät Robert Schwan am Tag nach der Hochzeit. »Das Wichtigste ist für ihn, dass er gut Fußball spielt. Solange es ein Genuss ist, ihm zuzusehen, jubeln ihm auch die Leute zu. Also muss er alles tun, um ständig in guter Verfassung anzutreten. Wenn er andere Dinge in den Vordergrund rücken würde, könnte er nicht Woche für Woche Höchstleistungen bringen.« So gibt es natürlich auch keine Flitterwochen, am Montag um 15:30 Uhr steht Franz Beckenbauer auf dem Trainingsplatz an der Säbener Straße, am darauffolgenden Samstag geht es im Heimspiel gegen Mönchengladbach um wichtige Punkte.

KAPITEL 6

Mit dem Porsche zur Kalbshaxn und die Provokationen des Brunnenbuberls: Erster Europapokal und erste Meisterschaft

In der Bundesliga verläuft nach der spektakulären Premierensaison das zweite Jahr etwas durchwachsener, in der Abschlusstabelle landet der Klub im Sommer 1967 auf Rang 6. Aber es gibt ja noch die Pokalwettbewerbe, national und international.

Als Titelverteidiger im DFB-Pokal mühen sich Beckenbauers Bayern durch die Runden, gegen Hertha, Erkenschwick und Schalke, als es im Halbfinale zum Derby kommt. Bayern gegen Sechzig, Pokalsieger gegen Meister. Vor dem Spiel hissen die Roten schon die weiße Fahne, Grund ist der Ausfall von Gerd Müller, der seit seinem Unterarmbruch drei Tage zuvor beim Länderspiel gegen Jugoslawien eingegipst im Krankenhaus am Pilsensee liegt. »Unsere Chancen sind auf dem Nullpunkt«, brummelt Franz Beckenbauer, Trainer Čajkovski empfindet tiefes Mitgefühl: »Kleines Müller, armes Junge.« Doch das Spiel läuft anders als erwartet, nach Toren von Ohlhauser (2) und Kupferschmidt siegen die Bayern 3:1. Es ist ein Spiel, das man in der Reflexion der Klubhistorien beider Mannschaften als den Moment der Wachablösung bezeichnen darf. Als Zeitenwende im Münchner Fußball. Ab da geht es für die Bayern weiter bergauf. Und für die Löwen bergab. Es beginnt die schleichende Emmendingisierung des TSV 1860, der damals auch noch um die Titelverteidigung in der Meisterschaft kämpft. Wenige Spieltage vor Schluss verliert der FC Bayern mit einer desolaten Leistung 2:5 bei Eintracht Braunschweig, dem Mitkonkurrenten der Löwen in der Bundesliga.

Für Aufregung wird Beckenbauer 36 Jahre später sorgen, als er 2003 zur Empörung früherer Löwen-Spieler, Fans und Funktionäre (»Mies, charakterlos«, »Skandal«, »Die dunkle Seite vom Franz«) im Fernsehen bekennt: »Wir wollten nicht, dass Sechzig Meister wird. Ich will nicht sagen, dass wir absichtlich verloren haben. Aber unser Widerstand beschränkte sich auf ein Minimum.« Aber war das wirklich so? Das besagte Spiel fand am 28. Spieltag statt, sechs Runden vor Saisonende. Bei einem Sieg in Braunschweig hätten die Bayern nur noch zwei Punkte Rückstand auf die Tabellenspitze gehabt und noch selbst alle Chancen auf die Meisterschaft. Hat sich in Beckenbauers launig verklärter Rückschau Jahrzehnte später einfach nur die Wahrnehmung auf Kosten jeglicher Realität verschoben? Immerhin erfüllen die Bayern mit der Niederlage den Wunsch von Wilhelm Neudecker, der schon vor der Saison die Parole ausgegeben hatte: »Sechzig darf die Schale nicht noch einmal in die Finger kriegen.« Werden sie auch nicht. Nie mehr.

Am Saisonende wird Sechzig Zweiter hinter Braunschweig. Mit zwei Punkten Rückstand. So knapp wird der Klub nie wieder scheitern, denn in den kommenden Jahrzehnten werden sie keinen einzigen Titel mehr gewinnen. Die Bayern hingegen im Spätfrühling 1967 allein zwei innerhalb von zehn Tagen. Einen in Franken, einen in Schwaben.

Im Europapokal der Pokalsieger stehen sie nach knappen Siegen gegen Tatran Prešov aus Bulgarien, die Shamrock Rovers aus Dublin und Rapid Wien sowie einem souveränen Erfolg im Halbfinale über Standard Lüttich nun im Finale gegen die Glasgow Rangers. Es ist ein Heimspiel, im Nürnberger Frankenstadion feuern nicht nur eigene Fans die Bayern an – sondern bei aller Rivalität sogar Anhänger des heimischen 1. FC Nürnberg und des TSV 1860. Noch viel unvorstellbarer, aber wahr:

Die Rangers bekommen Unterstützung des verhassten Erzrivalen Celtic.

Denn für Schottland, das sich erst im April 1967 an einem 3:2 in Wembley gegen Weltmeister England berauschte, stünde eine Woche nach dem Triumph von Celtic im Europacup der Landesmeister bei einem Finalsieg der Rangers ein historisches Double an. Doch dazu kommt es nicht. Stattdessen zum ersten Europapokalsieg des FC Bayern, durch ein Tor in der Verlängerung. Ein Lupfer von Franz Roth, der ein Jahr zuvor noch bei der SpVgg Kaufbeuren vierte Liga gespielt hatte – und der vor der Saison mit Rudi Schmidt zu den Bayern kam. Dass Roth vor allem mit seinem Spitznamen »Bulle« gerufen wird, liegt an einer Einschätzung von Tschik Čajkovski: Sehe zwar nicht aus wie Gerd Müller, aber: »Hat Kraft wie Stier.«

Der Jubel nach dem 1:0-Erfolg ist grenzenlos, Coach Čajkovski frohlockt, dass der Sieg »hat gehängt an seidenem Faden« und: »Jetzt wir alles gemacht. Wir auch Europacupsieger. Jetzt gibt's nur noch Mars-Meister.« Unterdessen stürmen Fans den Platz, die Spieler brechen die Ehrenrunde ab und flüchten in die Katakomben. Nach dem Bankett in der Meistersingerhalle geht es mit dem Mannschaftsbus zurück ins Kurhotel Behringersdorf am Stadtrand, wo Gerd Müller um zwei Uhr nachts in der Gaststube des Quartiers die Spielkarten auspackt und sagt: »Bin i froh, dass die Gaudi vorbei ist. Jetzt tun ma schafkopfen.« Wie der *Münchner Merkur* am übernächsten Tag berichtet, gewinnt Müller um halb drei ein Herz-Solo, um vier Uhr bestellt er sich bei der Köchin ein Wurstbrot. So feiert man damals einen Europapokal.

Sonderlob gibt es für Franz Beckenbauer, der diesmal als Innenverteidiger neben Kapitän Olk in der Viererkette mit Peter Kupferschmidt und Hans Nowak brillant die Defensive organisiert, anders als im WM-Finale 1966 viele Freiheiten zum Spielaufbau genießt. »Der Franz im Abwehrzentrum war die überragende Erscheinung auf dem Spielfeld«, schreibt die *Abendzeitung* in der Einzelkritik. »In Zweikämpfen kamen die Schotten nicht einmal an Beckenbauer vorbei, der sich Sonderapplaus holte, als er in mehreren überaus gefährlichen Situationen kaltblütig und ballsicher die Gefahr beseitigte.« Auch die Londoner *Times* lobt Beckenbauer, als »einen Spieler, der noch stärker war als der beste in der Abwehr der Rangers«. Und der *Scottish Daily Express* bekennt: »Beckenbauer hat sich erneut als einer der besten Spieler der Welt erwiesen.«

Die Heimkehr nach München wird zum Triumphzug, mehrere Hunderttausend Menschen säumen bei der Fahrt vom Autobahnende der A9 in Schwabing die Straßen Richtung Innenstadt und feiern die Spieler in ihren Porsche-Cabrios. Die Begeisterung ist weitaus größer als tags zuvor, als es bei einem Staatsbesuch in München zu Rangeleien und lauten Protesten kommt. Bei der Visite des persischen Schahs Reza Pahlavi.

Auf einer Tribüne am Marienplatz empfängt OB Vogel vor gut 10000 ekstatischen Fans Mannschaft und Trainer, Neudecker, Schwan und – auch bemerkenswert – den italienischen und noch von der WM 1966 bekannten Schiedsrichter Lo Bello, der zwar keine 10000 Mark Prämie erhält, die Neudecker jedem Spieler für den Triumph verspricht. Aber immerhin gibt's was zu essen, beim Empfang in der Ratstrinkstube freut sich auch der Sizilianer über Schinkenknödelsuppe, eine resche Kalbshaxn und zum Dessert einen Apfelrahmstrudel.

Für den FC Bayern folgt zehn Tage später die Zugabe mit dem erneuten Gewinn des DFB-Pokals. Nachdem Beckenbauer seine Mannschaft am Vortag im Mannschaftsquartier am Klavier des Schlosshotels Solitude westlich von Stuttgart mit einer beeindruckenden Ein-Finger-Variation von »Hänschen klein« richtig einstimmt, sichern Tore von Müller (2), Ohlhauser und Brenninger im Neckarstadion den ungefährdeten 4:0-Finalerfolg über den Hamburger SV. In einer großen Eloge schreibt der *Kicker* über die »junge, sympathische Münchner Elf«, von der »Extraklasse«, die Beckenbauer neben Sepp Maier auch in diesem Endspiel wieder gezeigt habe, und von der traumhaften Geschichte der Mannschaft, die zwei Jahre zuvor noch in der Zweitklassigkeit gekickt habe. »Regionalligist, Aufsteiger, Pokalgewinner, Europacupsieger, nochmals Pokalgewinner«, schreibt das Fachmagazin. »Das klingt alles wie ein Fußballmärchen.« Nebenbei wird Gerd Müller auch noch erstmals Torschützenkönig der Bundesliga – gleichauf mit Dortmunds Lothar Emmerich – und später auch noch »Fußballer des Jahres«.

Die Bayern sind im Sommer 1967 die klare Nummer 1 der Stadt, auch bei der Zahl der Mitglieder (8000) überflügeln sie nun die Löwen (7100). Im erlauchten Kreis der Edelfans finden sich immer mehr prominente Showgrößen wie die Schauspieler Gert Fröbe und Senta Berger, Jazzmusiker Max Greger oder auch Schlagerstar Gus Backus, bekannt durch tiefgründiges Liedgut wie »Mein Schimmel wartet im Himmel« oder auch: »Ei, du schöne Schnitzelbank«.

In der Folgesaison kehrt etwas Ernüchterung ein, und das liegt auch an Tschik Čajkovski. Seine lustige Art, seine netten Sprüche, sein lockerer Umgang mit den Spielern, fünf Jahre lang funktionierte das großartig. Doch jetzt, nach all den Erfolgen, wirkt er ausgebrannt, ohne neue Motivation und Erfolgsgier. Er schreibt ein Buch mit dem Titel *Ich mache Mannschaften*, nimmt das Training bei den Bayern nicht mehr ganz so ernst. Gern stellt er sich bei lockeren Trainingsspielen selbst in der Mannschaft der Besten auf, zusammen mit Beckenbauer, Maier, Müller, gespielt wird so lange, bis sein Team in Führung liegt. »Čajkovski hat es nach 1967 schleifen lassen«, sagt Peter Kupferschmidt später, und Franz Beckenbauer meint einmal: »Nach fünf Jahren war seine Platte ziemlich abgelaufen. Zum Meister in der Bundesliga hätte es mit ihm wohl nicht gereicht.«

Was dabei übersehen wird: Tschik wird nicht am Ende der

Saison 1967/68 aus Mangel an Titeln entlassen. Sein Abgang erfolgt aus freien Stücken. Der Tschik sagt Ciao, von sich aus – er will weg, nach Hannover. Bereits Ende Oktober 1967 verhandelt er mit 96-Präsident Alfred Strothe und handelt ein Monatsgehalt von 17500 Mark aus, auch Kommandantin Rada freut sich, schließlich gibt es sogar in Niedersachsen Ražnjići und Ćevapčići.

In seinen letzten acht Monaten in München ermattet Čajkovski ab Mitte 1967 immer mehr zur *Lame Duck*, in der Bundesliga wird Bayern 1968 Fünfter, neun Punkte hinter Meister Nürnberg, in den Cup-Wettbewerben kommt das Aus jeweils im Halbfinale, im Europapokal gegen den AC Mailand, im DFB-Pokal beim VfL Bochum.

Kurzfristig gerät einiges aus den Fugen, Unruhe macht sich auch wegen ausstehender Gehaltszahlungen breit. Im Juli 1968 titelt der *Kicker* mit der eindrucksvollen Enthüllungsstory: »Nafziger – Jetzt packe ich aus.« Rudi Nafziger, der Rechtsaußen, einer der Aufstiegshelden von 1965, der zur neuen Saison zum FC St. Gallen wechselt, klagt: »Man hat mich ausgeschmiert, der FC Bayern schuldet mir noch 30000 Mark.« Der 22-Jährige schimpft außerdem über eine Zwei-Klassen-Gesellschaft: »Wer auf der Reservebank sitzt, gilt nichts mehr, wird links liegen gelassen und von Tag zu Tag vertröstet.« Bayerns Geschäftsführer Fembeck kontert anhand der Geschäftsbücher empört, Nafziger stünden höchstens noch 5000 Mark zu, während Robert Schwan sich tief gekränkt und persönlich enttäuscht zeigt. Wo er Nafziger doch beim Hausbau mit einer Bürgschaft geholfen habe. Interne Scharmützel und Reibereien, fast wie eine kleine Ouvertüre, ein Vierteljahrhundert vor dem FC Hollywood.

Franz Beckenbauer beschwert sich nicht. Er urlaubt mit der schwangeren Brigitte und den beiden Kindern Thomas und Michael in Riccione an der Adria. Unterdessen stellt sich der neue Trainer vor, Tschiks Nachfolger und Landsmann Branko Zebec, der nach geheimen Treffen mit Neudecker und Schwan in

Salzburg seinen Vertrag unterschreibt. Dass er Sinn für Humor hat, stellt er bei seiner Antrittsrede unter Beweis, als er ganz im Ernst erklärt: »Ich bin kein Schleifer.« Ein guter Witz.

Zebec, wie sein Vorgänger langjähriger Nationalspieler und Teil der großen jugoslawischen Mannschaft der 1950er Jahre, ist ein ganz anderer Typ als der gemütliche, redselige Tschik. Zu seiner aktiven Zeit einer der besten Linksaußen der Welt und Mitglied der berühmten Weltelf beim spektakulären 4:4 im Oktober 1953 in Wembley gegen England, gilt Zebec den Medien gegenüber als schweigsam und staubtrocken, zum Lachen geht er nicht in den Keller, sondern Richtung Erdkern. Vorbei ist nun auch die Zeit der entspannten Lockerheit, Zebec, der viel besser Deutsch spricht als der humorvoll joviale Čajkovski, sagt: »Der Wille allein zählt nicht. Man muss auch hart arbeiten.« Das setzt er bei den ausgiebigen Einheiten an der Säbener Straße auch um. Stürmer Mucki Brenninger, seit 1962 bei den Bayern, erzählt später die Geschichte, wie sich Zebec vor einem Lauftraining der Mannschaft gern auf einen Stuhl gesetzt, eine große Ladung Kieselsteine vom Boden in seine Hand geschaufelt und nach jeder Runde der Spieler einen Stein fallen gelassen habe. Erst als die Hand leer gewesen sei, sei das Training vorbei gewesen. Hin und wieder brechen die Spieler auch mal zusammen und übergeben sich, danach geht es weiter.

Zebec schafft auch die sogenannten Weißbier-Tourneen ab. Das sind die Freundschaftsspiele gegen Amateurvereine, bei denen die Bayern nach der Saison über Münchner Bezirkssportanlagen und oberbayerische Dorfplätze tingeln und wo sich die großen Stars nach Abpfiff in den ob des hohen Festtagsbesuchs obligatorisch aufgebauten Bierzelten unters Volk mischen. Auf zwei Halbe oder drei. Zebec ist entsetzt über die Trinkfestigkeit seiner Spieler, bei Auswärtsspielen lässt er auf den Zimmern der Spieler vom Hotelpersonal die Minibar absperren oder gleich ausräumen. »Alkohol ist Gift für den Körper«, sagt Zebec.

Dass ausgerechnet er später am Alkohol zugrunde gehen wird, ist eine ganz andere Geschichte und eine sehr tragische.

Es ist aber nicht nur die eiserne Härte, die die Bayern nach der ermüdend zähen Schlussphase der Čajkovski-Ära wieder zu Erfolgen führt. Unter dem neuen Trainer lernt die Mannschaft einen ganz neuen Spielstil, Zebec krempelt das taktische System – sofern unter Tschik eine Strategie überhaupt zu erkennen war – komplett um. Die Bayern spielen nun viel kontrollierter, defensiver, nüchtern und kühl. Es ist damit auch ein Abschied vom furiosen Hurra-Fußball, der dem Verein im ganzen Land so viele Sympathien eingebracht hatte. Jung, wild und ungestüm ist Vergangenheit. In München kehrt die neue Sachlichkeit ein.

So wortkarg er in der Öffentlichkeit auftritt, so viel spricht er mit den Spielern, um sie von seiner Spielphilosophie zu überzeugen. »Er redet so lange auf einen ein, bis man ihm glaubt«, sagt Gerd Müller, den Zebec im Sommer 1968 zu zahlreichen Einzeleinheiten bittet, bis er endlich etliche seiner zu vielen Pfunde verliert. Der Gerd ist kleines, nicht mehr ganz so dickes Müller. Die Bayern gewöhnen sich auch an den neuen absolutistischen Führungsstil, Widerspruch ist zwecklos und wird nicht geduldet, das kennt man so ja schon von Neudecker. »Ich mache meine Arbeit wie jeder andere«, sagt Zebec, »aber ich richte mich nicht nach anderen.«

Sinnbildlich für das neue Auftreten wird der erste Spieltag der neuen Saison im Sommer 1968: Nach 18 Minuten führen die Bayern an der Grünwalder Straße durch einen Treffer von Ohlhauser und das Eigentor eines Otto Rehhagel 2:0 gegen Kaiserslautern. Unter Čajkovski wäre das Spiel mit freudigem Offensivspektakel in Richtung Zweistelligkeit verlaufen. Unter Zebec verwalten die Bayern in Brankos früher Schaffensphase das Ergebnis mit der neu eingezogenen Kultur eines kalten Zynismus. Endstand 2:0.

So langsam finden die Bayern Gefallen an der neuen Spielweise, und es schert sie wenig, dass ihnen das so effizienzorientierte wie unattraktive Gekicke bei Auswärtsspielen Unmutsbekundungen und Pfiffe einbringt. Konditionell sind sie topfit, anders als die meisten ihrer Widersacher. »Es macht Spaß, wenn man den Gegner so richtig schnaufen hört«, erklärt Beckenbauer. Später, nach seiner Karriere, wird er sagen: »Zebec war der beste Trainer, den ich in meiner Laufbahn je hatte. Neben Ernst Happel.«

Unter Zebec schafft der FC Bayern ein Grundgerüst, entwickelt die Mannschaft die Statik und Struktur, der sie wenige Jahre später die großen Triumphe in Europa zu verdanken hat – auch weil Zebec in der Grundaufstellung rochiert und nachjustiert und beispielsweise einen jungen 20-jährigen Außenverteidiger ins Abwehrzentrum stellt. Eine Königsrochade zu Diensten des Kaisers. Denn auf dieser Position soll er über die kommenden Jahre die große Stütze von Franz Beckenbauer und des Klubs werden, als Ausputzer, als Staubsauger, als Mann fürs Grobe, der alles wegräumt, damit Durchlaucht Franz in all seiner Eleganz schalten und walten kann. Der große Katsche Schwarzenbeck. Beckenbauers Bodyguard, der erste Personenschützer der Bundesliga.

Vom 3. Spieltag an sind die Bayern Tabellenführer, sie bleiben es bis zum Schluss – und werden nach dem Premierentitel 1932 zum zweiten Mal in der Vereinsgeschichte Deutscher Meister. Allerdings nimmt auch bei Heimspielen das Interesse ab. Als man am 32. Spieltag mit einem 5:1 zu Hause gegen Offenbach nun auch rechnerisch alle Zweifel beseitigt, tummeln sich ganze 15000 Zuschauer in einem halbvollen Grünwalder Stadion. Auch bei der Überreichung der Meisterschale am letzten Spieltag kommen nur 19000 Unentwegte, der anschließende Autokorso Richtung Innenstadt wird nicht zuletzt dank des strömenden Regens zur Geisterfahrt, durch beschlagene Omnibusscheiben blicken die Spieler auf leere Gehsteige, die

Menschen verfolgen lieber daheim in der *Sportschau* das Drama um den sensationellen Abstieg des 1. FC Nürnberg, dem bis heute einzigen Verein, der als amtierender Deutscher Meister in die Zweitklassigkeit rutscht.

Der Feier zum ersten Bundesliga-Titel der Bayern fällt ins Wasser.

Wesentlich heiterer ist das Wetter eine Woche später in Frankfurt, als die Bayern mit dem vierten Cupsieg insgesamt, dem dritten in vier Jahren, alleiniger DFB-Rekordpokalsieger werden. Doch auch das 2:1 durch die beiden Müller-Tore gegen Schalke 04 ist geprägt von Taktik und Sicherheitsdenken. »Bayern spielte trotz der Hitze kühl und tat nur so viel, wie zum Sieg nötig war«, schreibt der *Kicker* und konstatiert ernüchtert: »Wir werden uns daran gewöhnen müssen, dass sich die Bayern ihre Siege ausrechnen.« Mehr so ein typischer Zebec-Kick eben, langweilig und unaufgeregt kühl.

Große Aufregung gibt es im Finale aber um Franz Beckenbauer. Wieder einmal. Schon beim Bundesliga-Auswärtsspiel im Dezember 1968 in Hannover hatte er mit seiner aufreizend lässigen, als Hang zu grenzenloser Hybris interpretierten Spielweise das Publikum provoziert – um sich dann nach Abpfiff zu einer Geste in Richtung Tribüne hinreißen zu lassen, die laut mancher Berichte mehr so der Figur des Brüsseler Wahrzeichens *Manneken Pis* nachempfunden schien. In Münchner Gazetten war einfach vom »Brunnenbuberl« die Rede. Der Kaiser pinkelt auf sein Volk? Eine »ungebührliche Pose«, wie der DFB feststellte, um Beckenbauer zu einer Geldstrafe von 1000 Mark zu verurteilen.

Doch auch beim Pokalfinale in Frankfurt symbolisiert eine einzige Szene die über seine gesamte Karriere währende Kluft zwischen Beckenbauer und seinem Publikum und verdeutlicht, warum der Franz nie einer von ihnen ist – und auch nicht werden wird.

Die Bayern führen schon 2:1, als Rechtsaußen Stan Libuda

auf das Tor von Sepp Maier läuft. Der dribbelstarke Libuda ist eine Legende auf Schalke, noch heute kennt man das Litfaßsäulenzitat aus den Sechzigerjahren, mit dem die Kirche zum Gottesdienst lud: »Niemand kommt an Gott vorbei ...« Worauf ein Schalke-Fan darunter notierte: »Außer Libuda«.

Auch am Kaiser kommt Libuda vorbei, doch dann grätscht Beckenbauer dazwischen und holt ihn von den Beinen. Als Maier den folgenden Freistoß abfängt und zu Beckenbauer wirft, kommt es zum Eklat. Beckenbauer trabt zur eigenen Eckfahne direkt vor dem Schalke-Fanblock und beginnt, kunstvoll mit dem Ball zu jonglieren. Mit Fuß, mit Knie, mit Kopf. Eine unverschämte Provokation, die den Anhang in Königsblau der Tobsucht nahebringt, Wut und Zorn entladen sich in gellendem Gepfeife und Gebrüll. Erst als sich ein Schalker Spieler nähert, spielt Beckenbauer den Ball weiter, im *Tagesspiegel* steht dazu geschrieben: »Beckenbauer führte seine Privatvorstellung etwa 40 Sekunden lang fort und schob dann den Ball beiseite wie einen leeren Suppenteller (...) Er demütigte den Gegner und dessen Anhänger, hielt Zwiesprache mit dem Volk, selbstbewusst, herausfordernd und vernichtend zugleich.«

Später wird er sagen, er habe die ganze Aufregung der Fans gar nicht verstanden. Tat er das wirklich nicht? War es tatsächlich unbedachte Naivität, wie er vorgeben wollte? Oder hatte er mit diesem kalkuliert prätentiösen Pfauengehabe aus voller Absicht die Zuschauer gegen sich aufgebracht? Als Ausdruck einer Überheblichkeit? Beckenbauer wird sich noch oft nicht richtig wertgeschätzt und gewürdigt wissen in seiner Laufbahn und in seinem Leben. Ein Unvollendeter wird er nicht bleiben bei seinen vielen Erfolgen. Aber oft ein Unverstandener.

KAPITEL 7

Die Angst vor Dynamo Bayern und Roter Stern München – und der filzige Klüngel mit der CSU: Der Kaiser und die Politik

Wie eng das Geflecht zwischen dem Sport und der Politik ist, konkret zwischen dem FC Bayern und der CSU, das wird bereits Ende der Sechzigerjahre mehr als deutlich. An der Spitze des Vereins steht mit Wilhelm Neudecker ein Mann, der in seiner Anfangszeit als Maurermeister nach dem Krieg schnell Karriere machte, unter anderem als Bauleiter wesentlich am Wiederaufbau der zerbombten Münchner Frauenkirche mitwirkte. Dass er mit seiner Herkunft als Arbeiter der SPD beitrat, lag aber weniger an der Überzeugung für die Werte von Kurt Schumacher und Erich Ollenhauer als vielmehr an dem opportunen Gedanken, dem FC Bayern mit Blick auf die traditionell rote Münchner Rathausspitze Vorteile zu verschaffen.

Doch auch bei Neudecker grassiert in jener Zeit eine manische Angst vor dem Sozialismus nach sowjetischem Vorbild. Aus Furcht vor der Enteignung fabuliert er von der Übernahme der Bundesrepublik durch Moskau als weiteren Vasallenstaat des Ostblocks und schwadroniert dementsprechend, er wolle »nicht eines Tages seinen FC Bayern als Dynamo Bayern München unter Führung eines kommunistischen Politruks« erleben. Politruk, so nannte man in den Staaten des Warschauer Pakts die politischen Kommissare des Militärs.

Folgerichtig wechselt Neudecker nun endlich das Parteibuch – und geht zur CSU.

Bezeichnend ist eine Beobachtung von der Meisterfeier

1969, über die die Münchner *Abendzeitung* damals recht detailliert berichtet. Beim Abendessen stimmt Neudecker gegenüber dem Mann zu seiner rechten Seite Wehklagen an und raunt, wie stark der FC Bayern doch vom Fiskus geschröpft werde. Der Tischnachbar ist Bundesfinanzminister Franz Josef Strauß, er hört dem Bayern-Präsidenten und seinem Lamentieren über die sechsstellige Vergnügungssteuer, die der Klub Jahr für Jahr im Gegensatz zu den meisten Bundesliga-Vereinen aus anderen Bundesländern abführen müsse, lange zu. Dann sagt Strauß: »Ich glaube, ich kann helfen.«

Es ist eine Aussage, die viel verrät über den Klüngel zwischen dem Erfolgsverein und der Staatspartei, die beide aus ihrem eigenen Selbstverständnis heraus per se schon eine Vormachtstellung reklamieren, sei es im deutschen Fußball oder im bayerischen Freistaat. Die Roten im Fußball, die Schwarzen in der Politik, man ist sich in inniger Herzlichkeit verbunden und hilft sich nach besten Kräften.

So erwirkt die CSU – wenn auch mit zeitlicher Verzögerung – im Januar 1973 tatsächlich die Novellierung des Vergnügungssteuergesetzes, nach der der FC Bayern künftig von der Steuer befreit ist. Im Bayerischen Landtag kommt es zu hitzigen Debatten, der FDP-Abgeordnete Winfried Wachter bricht den FC Bayern auf seinen berühmtesten Spieler herunter und spricht von einer »Lex Beckenbauer«. Hochrechnungen des empörten Münchner Kämmerers, wonach der Stadt dadurch bis zu einer halben Million Mark Einnahmen pro Jahr entgehen würden, entgegnet der CSU-Abgeordnete Hans Drachsler als Initiator der Gesetzesänderung, er gehe nur von 200000 Mark aus, und da der FC Bayern doch der »Werbeträger Nummer eins« für München sei, könne die Stadt das schon verkraften.

Drachsler ist jener Politiker, für den Franz Beckenbauer und Gerd Müller im Oktober 1974 zwei Wochen vor der Landtagswahl in einer Anzeige in der Stadionzeitung um Stimmen werben, unter der Rubrik: »Freunde wählen Freunde.« Einige Jahre später wird Drachsler ein zentraler Protagonist des Politskandals sein, bei dem CSU-Abgeordnete in mehreren Fällen für Personen aus ihrem Umfeld als Vorzugsbehandlung in der Steuerabteilung des Finanzministeriums Termine für vertrauliche Gespräche vereinbart haben sollen.

Gute Freunde sind nie allein. Weil sie eines im Leben können: füreinander da zu sein.

Wenn Finanzminister Ludwig Huber Anfang der 1970er Jahre in einem Schreiben an Neudecker erklärt, man werde dem »Verein jederzeit zur Verfügung stehen«, wenn es darum gehe, »Anliegen aufgeschlossen und freundschaftlich zu erörtern«, dann sind das keine leeren Worthülsen. Heute längst bekannt und vielfach zitiert ist die Passage aus Franz Beckenbauers Autobiografie von 1992 (*Ich – wie es wirklich war*), als er von einem Treffen mit Huber bei einem Fest in Grünwald berichtet, wo ihm der Minister zurief: »Franz, wenn was ist, nur melden …«

Huber kann auch gut mit Gerd Müller, die beiden sind eng befreundet, immer wieder ist der Herr Minister beim Bayern-Bomber und seiner Frau Uschi im Haus in Straßlach zu Gast. Als Müller im Herbst 1972 für die Überreichung des »Goldenen Schuhs« als bester Torjäger Europas im Privatjet nach Paris reist, nimmt er Ludwig Huber gleich mit, sie lassen es sich dort recht gut gehen, dinieren in besten Lokalen und haben eine angenehme Zeit im Moulin Rouge. Wie eng verbunden Gerd Müller der CSU ist, zeigt sich auch zwei Tage vor der Bundestagswahl im November 1972 bei einer Wahlkampfveranstaltung im Münchner Pschorrkeller, als Bayerns Mittelstürmer in einem offen verlesenen Brief der Partei einen großen Wahlerfolg wünscht und schreibt: »Meine Stimme für die CSU soll ein kleiner Beitrag dazu sein.«

Sehr aufgeschlossen und sehr freundschaftlich geht es auch bei einem Besuch Neudeckers im Büro des Ministers zu, als gegen Ende des Gesprächs, wie der Klubpräsident in seinen Memoiren schreibt, die Worte fallen: »Aber lasst euch ned erwischen, sonst schick ich euch die Fahndung.« Eine Anspielung auf die vielen Schwarzgeldtouren nach Lateinamerika, für die die Mannschaft schon seit 1968 regelmäßig einige Reisestrapazen auf sich nimmt. Für Spiele in Peru oder Kolumbien, in Chile oder Mexiko brechen die Bayern, wie Beckenbauer einmal schildert, manchmal unmittelbar nach einem Bundesligaspiel am Samstagabend zu ihrem Transatlantikflug auf, Sonntag stehen sie dann etwa in Lima bereits für ihr erstes Freundschaftsspiel auf dem Platz. Nach einer weiteren Begegnung geht es dann am Mittwoch wieder zurück in die Heimat.

Für die Strapazen lässt sich der Klub dank des kompromisslosen Verhandlungsgeschicks von Neudecker und Schwan vor Ort stattlich entlohnen, die genaue Höhe der Gesamtgage wird für immer unbekannt bleiben, was daran liegt, dass es keine schriftlichen Unterlagen und keine Belege gibt. Das Geld lassen sich die Bayern-Bosse nämlich grundsätzlich vor Ort auszahlen, bar und ohne Rechnung. Cash in Dollar auf die Kralle, die Scheine – ob lose oder gebündelt – trägt Schwan dann meist in einer Plastiktüte zurück zum Flughafen.

Man darf heute davon ausgehen, dass es sich pro Reise um einen Betrag im sechsstelligen Bereich gehandelt haben dürfte, mit dem der Manager dann die Rückreise nach München antritt. Geld, das er auf dem langen Flug beim Gang durch die Reihen an die Spieler verteilt. Zwischenlandungen in Zürich bieten zudem einen willkommenen Anlass, vor dem Weiterflug ein üppiges Sümmchen auf ein Schweizer Konto einzuzahlen. Und wenn man zu Hause auf dem Flughafen München-Riem ankommt, dann ergreift bei der Kontrolle am Zoll auch schon mal Erich Kiesl das Wort. Kiesl ist ab 1970 Staatssekretär im Innenministerium, nach seiner Zeit im Finanzministerium als Referent für Verwaltungsvereinfachung. Weil er dort offensichtlich gelernt hat, Dinge nicht unnötig zu verkomplizieren, erklärt er den entgeisterten Zollbeamten gern: »Ich bin der Staatssekretär Kiesl, und das ist der FC Bayern. Also lasst uns durchgehen.« Und so gehen sie durch, wie ihnen überhaupt viel durchgeht, dank der schützenden Hand, des politischen Protektorats der Staatspartei. Verwaltungsvereinfacher Erich Kiesl, wegen seiner Vorliebe für Flüge im Diensthubschrauber auch »Propeller-Erich« genannt, ist übrigens von 1973 bis 1991 Vorsitzender des Verwaltungsbeirats des FC Bayern – und von 1978 bis 1984 der bis heute einzige CSU-Oberbürgermeister in der Münchner Nachkriegsgeschichte.

Und dann gibt es in der Saison nach dem ersten Double 1969 große Aufregung um politische Äußerungen von Franz Beckenbauer.

Am 13. Januar 1970 läuft im ZDF um 20:15 Uhr in der Sendereihe *Der Sport-Spiegel* eine 45-minütige Dokumentation über den Star des FC Bayern. In der Vorankündigung ist zu lesen von einem Porträt »eines jungen Mannes, der innerhalb weniger Jahre durch seiner Beine Arbeit wohlhabend und populär geworden ist«. Angeteasert wird das potenzielle TV-Publikum durch kleine Details als Vorabveröffentlichungen, etwa dass der Franz »waschkorbweise Verehrerpost erhält wie ein Filmstar oder Schlagersänger«. Dass er »betrunkene Menschen grässlich findet«, und, Achtung, »selbst am liebsten Sekt mit Orangensaft trinkt, hin und wieder auch Bier, Kognak oder einen Aperitif.« Und dass es »kein Snobismus ist, dass der Name Franz Beckenbauer nicht im Telefonbuch steht, sondern reine Notwehr. Als seine Telefonnummer noch allgemein zugänglich war, riefen noch nachts um drei Fans an, die mit ihm über ein Spiel diskutieren wollten.«

In der schnell gebastelten Nachtkritik am nächsten Morgen ist von großer Empörung noch nichts zu lesen, die *Abendzeitung* schreibt über einen eher belanglosen Filmbeitrag des Autors Reinhart Hoffmeister, dem Leiter des Kulturmagazins *Aspekte*, es »fielen ihm nur Klischees ein (...), Beckenbauer passte sich dem großartig an, und so purzelten fröhlich die Phrasen.« Fazit über das Porträt: »So fade.« Ganz so langweilig ist es aber anhand der tags darauf noch folgenden Reaktionen wohl doch nicht.

Grund ist ein von Autor Hoffmeister während der Sendung gesprochener Satz, den er als Zitat von Franz Beckenbauer deklariert: »Willy Brandt ist ein nationales Unglück. Franz Josef Strauß ist mein großes politisches Vorbild.« Die Wellen schlagen hoch, der FC Bayern ist kräftig am Rudern. »Das hat der Franz doch nie gesagt«, dementiert Manager Schwan, Autor Hoffmeister aber bleibt bei seiner Version, Beckenbauer habe sich während der Dreharbeiten abseits der Kameras in der Kabine des Grünwalder Stadions genau so geäußert. Und zwar am 26. November 1969, sein Kameramann könne das bezeugen.

An der Säbener Straße laufen die Drähte heiß, Hunderte Vereinsmitglieder rufen aufgebracht an und drohen mit Vereinsaustritt. Es ist eine in der westdeutschen Politik recht aufgeheizte Phase Anfang 1970, einige Monate nach der Bundestagswahl 1969, aus der mit Willy Brandt nach 20 Jahren mit den CDU-Granden Adenauer, Erhard und Kiesinger erstmals ein Sozialdemokrat als Kanzler hervorging. Die Fronten zwischen den Lagern sind enorm verhärtet, der Bundestag erlebt erbitterte Wortgefechte.

Nur zwei Tage nach dem Beckenbauer-Porträt und dem umstrittenen Zitat gibt Brandt im Parlament einen Bericht zur Lage der Nation, in der er Gespräche mit der DDR-Regierung ankündigt, die Einheit Deutschlands als gegebene Chance sieht und dauerhaften Frieden in Europa nur durch eine Annäherung an den Ostblock für möglich erachtet – wofür er von Strauß am Rednerpult als wirklichkeitsfremd und als »gesichtsloser Kanzler« beschimpft wird. Egon Bahr, den großen Denker und Mitgestalter der SPD-Ostpolitik jener Jahre, der schon 1963 den Begriff vom »Wandel durch Annäherung« prägt, nennt Strauß einen »dilettantischen Amateurdiplomaten«. Es ist die Zeit der politischen Polarisierung, in der Strauß noch in derselben Woche unter anderem auch mit einem pauschalen Rundumschlag die Medien per se für ihre »linkstendenziöse Berichterstattung« geißelt. An der Speerspitze sieht er den Journalisten und *Panorama*-Moderator Peter Merseburger, einen Germanisten, Historiker und Soziologen. Strauß nennt ihn einen »SPD-Propagandisten«, er spricht von politischer Bevormundung der Bürger und Meinungsmanipulation. Ein halbes Jahrhundert später würde er von Fake News sprechen.

Das nur einordnend zur Veranschaulichung des politischen Binnenklimas, als Hintergrund, warum Beckenbauers Zitat zu Brandt damals so viel Gegenwind entfacht – und gleichzeitig auch Zuspruch erhält. So verwundert es wenig, dass die Presseabteilung der CSU über die Fernschreiber eine Depesche verschickt mit dem Titel: »Meinungsfreiheit für Beckenbauer«. Darin kommt die Partei zu der Erkenntnis: »Zweifellos wäre eine umgekehrte Äußerung von gewissen Organen als Beispiel politischer Reife gefeiert worden.«

Nach wenigen Tagen aber nehmen die Amplituden der Empörungswogen rasch wieder ab. ZDF-Intendant Karl Holzamer stellt sich schützend vor seinen Autor, der das Zitat ja nur verwendet habe, um den Charakter Beckenbauers noch schärfer zu zeichnen. Und Reinhart Hoffmeister selbst erklärt: »Damit ist der Fall für uns erledigt und der Sturm im Wasserglas abgeebbt.« Wobei es ja eher nach einem Hurrikan im Maßkrug klang. Auch beim FC Bayern kehrt in der Telefonzentrale wieder Ruhe ein. Sechs Tage nach der Ausstrahlung der Doku vermeldet die *Süddeutsche Zeitung*, der FC Bayern habe lediglich »den Austritt eines einzigen Mitglieds wegen der sogenannten politischen Äußerungen Franz Beckenbauers« zu vermelden.

Natürlich ist die Sache aber noch nicht ausgestanden. Als Beckenbauer in seinem Buch *Einer wie ich* 1975 noch einmal nachlegt und behauptet, von Hoffmeister »aufs Kreuz gelegt« worden zu sein, kontert der TV-Autor im *Spiegel* unter Berufung auf zwei Zeugen, die damals mitgehört hätten, dass Beckenbauer noch viel weiter gegangen sei und geäußert habe: »Ich prophezeie, wir werden alle enteignet und unsere Häuser loswerden, wenn die Sozialdemokraten an der Macht bleiben. Dann heißen wir nicht mehr FC Bayern, sondern Roter Stern München.« Auch das will Beckenbauer nach eigenem Beteuern so freilich nie gesagt haben.

Kaum vorstellbar damals, dass Beckenbauer drei Jahrzehnte später mit einem anderen, dem insgesamt dritten SPD-Kanzler ganz enge, freundschaftliche Bande knüpft und ihn nicht als nationales Unglück bezeichnet, sondern in inniger Vertrautheit liebevoll einen »Duzbruder« nennt. Aber Gerhard Schröder ist für Beckenbauer dann ja auch ein wichtiges Vehikel, ein Mitstreiter und Gefolgsmann im Ringen um den Zuschlag für die WM 2006, bei der Erzählung vom Sommermärchen.

KAPITEL 8

Der Biedermann von der Tankstelle – und der Traum vom eigenen U-Bahn-Kiosk: Die Weltmeisterschaft 1970 in Mexiko

Kurz vor der WM 1970 plagen Helmut Schön noch reichlich Sorgen. Gerade die Frage nach dem Mittelstürmer treibt ihn um, wer soll in Mexiko für die Nationalelf die Tore schießen? Doch wieder der inzwischen 33-jährige Altmeister Uwe Seeler, der 1954 sein Länderspieldebüt gefeiert hatte, der nun vor seiner vierten Weltmeisterschaft steht, in den vergangenen Jahren wegen seines arg geschundenen Rückens immer wieder zur Kur ins milde Klima ins Badische fuhr? Uns Uwe, mehr ein Fall für die Schwarzwaldklinik als für die Nationalmannschaft?

In der Publikumsgunst rangiert Seeler weiterhin ganz oben, in Umfragen zu den großen Vorbildern der Menschheitsgeschichte landet er immer wieder auf Platz 1, unter anderem vor Willy Brandt, John F. Kennedy oder Martin Luther King. Aber ist das ein Argument für Mexiko?

Vertraut der Bundestrainer also der Routine des HSV-Stürmers oder doch eher dem neun Jahre jüngeren Gerd Müller, dem neuen Offensivstar des FC Bayern, der seit der WM 1966 dreimal Bundesliga-Torschützenkönig wurde und mit 116 Toren in vier Spielzeiten über 50 Treffer mehr erzielte als Seeler (62), aber noch immer keinen festen Stammplatz in der DFB-Auswahl hat?

Auch zwischen den beiden Stürmern selbst herrscht ein Reizklima, zum offenen Bruch kommt es im Mai, drei Wochen vor dem Auftaktspiel gegen Marokko. Nach einem mühsamen

1:0 gegen Jugoslawien, bei dem beide von Beginn an spielen, Seeler auch das einzige Tor des Abends erzielt, sie sich aber mehr behindern als ergänzen, erklärt Müller öffentlich via *Bild*: »Er oder ich.« Als könne es nur einen geben.

Aber die wirklich großen Diskussionen gibt es um Franz Beckenbauer. Dass der nunmehr 24-jährige Münchner bei seiner zweiten Weltmeisterschaft als Stammspieler auf dem Platz stehen wird, daran gibt es zwar nicht den geringsten Zweifel. Die entscheidende Frage ist nur: Wo? Auf welcher Position?

Dass es Unruhe und auch bei Helmut Schön viel Verunsicherung und keine klare Linie gibt, hat auch mit den dürftigen Leistungen der Nationalmannschaft in den vergangenen Jahren zu tun. Nach der Vizeweltmeisterschaft 1966 und dem begeisterten Empfang in der Heimat war die Freude schnell wieder dahin. Der absolute Tiefpunkt ist ein blamabler Auftritt in Tirana, das desaströse 0:0 gegen Albanien bedeutet das Aus für die EM 1968 – das bis heute einzige Mal, dass eine deutsche Nationalmannschaft in der Qualifikation für ein Großturnier scheitert.

Zu einem für die Karriere von Franz Beckenbauer in der Nationalmannschaft ganz bedeutsamem Spiel kommt es im Dezember 1968, bei einer Südamerika-Reise, als die DFB-Elf im berühmten Maracanã von Rio auf Brasilien trifft. Erstmals positioniert Helmut Schön Beckenbauer nicht wie bislang seit dem Debüt 1965 im Mittelfeld – sondern in der Abwehr, auf seiner Lieblingsposition, die er beim FC Bayern längst verinnerlicht hat. Beckenbauer ist in der Nationalmannschaft zum ersten Mal Libero.

Der Libero ist qua Definition der freie Mann, der einzige Akteur auf dem Platz ohne einen direkten Gegenspieler. Den Prototypen des Liberos der Sechzigerjahre verkörpert lange Zeit Willi Schulz vom Hamburger SV, ein humorloser Verteidiger und beinharter Abräumer, der kräftig austeilt, aber auch über solide Nehmerqualitäten verfügt. Ein ganz anderer Typ als Beckenbauer, der in seinem Klub schon längst begonnen hat, die Rolle des Libero neu zu interpretieren. Nicht nur einfach als freier Mann. Sondern als Freigeist. Beckenbauer wird zur prägenden Figur, der damit nicht nur eine einzelne Position weiterentwickelt, sondern gleich den ganzen Fußball. Beckenbauer sichert nicht einfach nur hinten ab, er schaltet sich bei Ballbesitz in Umschaltaktionen immer wieder ins Offensivspiel ein, zieht mit Sololäufen und Doppelpässen bis weit in die gegnerische Hälfte und auch in den Strafraum, in jenen Bereich jenseits der Mittellinie, der für den Spielertyp Schulz *terra incognita* ist.

Ohne einen direkten Gegenspieler kann sich Beckenbauer mit seiner Ballsicherheit, seinen technischen Qualitäten, seinem Spielverständnis und seiner Übersicht in seinen Aktionen entfalten wie sonst niemand. Beckenbauer ist zu seiner Zeit weltweit einer der wenigen, von denen man sagen kann, sie könnten ein Spiel lesen. Er selbst sagt zu jener Zeit einmal: »Wenn ich in der Abwehr stehe, als letzter Mann, habe ich das ganze Spiel vor mir. Ich sehe, wie der Gegner gruppiert ist, und habe die Möglichkeit, mit einem Blick zu erkennen, welche Wege zum gegenüberliegenden Tor führen.« Es ist beeindruckend zu sehen, wie Beckenbauer über das Feld durch die Reihen der gegnerischen Mannschaft hindurchschreitet, wie sie sich zu wehren versuchen und ihm doch Platz machen müssen, es beeindruckt, wie mühelos er sich seinen Weg bahnt, geradeaus mitten durchs Spielfeld hindurch. Wie er das Spielfeld teilt. Wie Moses einst das Rote Meer.

Bei Helmut Schön ist jedenfalls Willi Schulz als Libero noch gesetzt, doch in Rio hat der Bundestrainer anderes vor mit ihm. Er schickt ihn als Manndecker aufs Feld, für die Sonderbewachung von Pelé. Und Beckenbauer wird Libero.

Spätestens an diesem Tag entzündet sich ein offener Machtkampf zwischen Beckenbauer und Schulz, beide beanspruchen den Posten des freien Mannes für sich. Da hilft auch kein Sechs-Augen-Gespräch, das Schön mit den beiden Rivalen führt, um sie zu besänftigen und zur Ruhe zu ermahnen. Nach dem 2:2, bei dem die DFB-Elf einen Zwei-Tore-Rückstand nach 45 Minuten mit der besten zweiten Halbzeit seit Wembley 1966 noch aufholt, eskaliert der Streit. Beckenbauer übt sich ganz ungeniert in großem Selbstlob, stellt seinen Anteil an den beiden deutschen Toren durch Sigi Held und den Braunschweiger Klaus Gerwien heraus und huldigt seinen eigenen Offensiv-Impulsen. »Wir schossen zwei Tore, wir machten ein großes Spiel, weil der Gedanke an Tore schon in der Abwehr begann.«

Noch deutlicher wird er einen Tag danach, als er seinen Konkurrenten namentlich attackiert und erklärt: »Ich möchte künftig nur noch Libero in der Nationalelf spielen. Das, was der Willi Schulz macht, ist kein moderner Fußball. Auch der freie Mann muss bereit sein, auf das Angriffsspiel seiner Elf einzuwirken. Er hat sich selbst einzuschalten und seine Nebenleute nach vorne zu schicken.«

Selbstredend, dass die Reaktion nicht lange auf sich warten lässt, der 30-jährige Routinier Schulz macht deutlich, dass er Beckenbauer weniger für den besseren Libero halte als vielmehr für einen vorlauten Emporkömmling. »Wo kämen wir hin, wenn heute jeder Spieler selbst bestimmen würde, auf welchem Posten er in der Nationalmannschaft spielt? Der Franz ist gerade 23, und ich glaube, der Bundestrainer weiß wohl am besten, wen er wo hinstellt. Im Übrigen kann ich nur folgendes Urteil fällen: Der Franz kann keine Abwehr organisieren.«

Während die drei Astronauten Frank Borman, Jim Lovell und Bill Anders mit Apollo 8 in jenen Tagen gerade so weit in den Weltraum vorstoßen wie niemand jemals zuvor und als erste Menschen die Rückseite des Mondes sehen werden, *The Dark Side of the Moon*, zündet Beckenbauer die nächste Stufe. Noch in Südamerika zementiert er seine Forderung auf den Libero-Posten und lamentiert: »In meinem Klub spiele ich Libero, in der Nationalelf muss ich ins Mittelfeld. Meine Leistung leidet unter der ständigen Umstellung. Das ertrage ich auf Dauer nicht. Ich spiele schlechter, als ich kann, und mein Marktwert sinkt. Dafür bin ich mir zu schade. Auf diese Weise spiele ich meinen Ruf zuschanden. Man kann heute nicht mehr mit einem Ausputzer spielen wie vor 30 Jahren. Das ist altmodisch und erfolglos. Der Willi hält hinten seine Schäflein zusammen, keiner darf nach vorne gehen, und tut es trotzdem einer, schreit er gleich: Komm zurück. Das ist doch ein Schmarrn.«

Und mehr noch, Beckenbauer fährt die ganz schweren Geschütze auf und bringt erstmals sogar seinen Rücktritt aus der Nationalmannschaft ins Gespräch. »Wenn die Leute, die es angeht, nicht einsehen, mache ich lieber Schluss mit der Nationalelf. Dann spiele ich nur noch im Verein. Libero ist der Posten für mich, sonst keiner. Soll ich warten, bis Willi Schulz abgetreten ist? Das kann ich nicht. Dann steige ich lieber gleich aus.«

Doch Beckenbauer findet bei Helmut Schön kein Gehör, er wird sich tatsächlich gedulden müssen, auch wenn er in den beiden weiteren Partien der Lateinamerika-Tour zwei weitere Male auf seiner Lieblingsposition spielen darf. Dass den beiden Widersachern neben den permanenten Diskussionen auch das landestypische Essen auf den Magen schlägt, zeigt sich bei der 1:2-Niederlage gegen Chile in Santiago. Beckenbauer bittet wegen seiner Durchfallerkrankung schon nach 26 Minuten um Auswechslung, über Schulz schreibt der *Kicker* in der folgenden Ausgabe in der Einzelkritik: »Er musste sich quälen, übergab sich zweimal auf dem Platz. In Anbetracht dessen spielte er gut.«

Sehr bemerkenswert ist übrigens, was Beckenbauer kurz vor dem trostlosen 0:0 gegen Mexiko zum Abschluss der Reise erklärt. Er habe, so sagt er, bei der Stadt München eine Bewerbung eingereicht. Für ein Ladengeschäft an einer der Haltestellen der neuen Münchner U-Bahn, die für die Olympischen Spiele ab

Herbst 1971 unter der Stadt hindurchrollen soll. Denn mit dem Fußball, sagt Beckenbauer, wolle er nach der Karriere ganz bestimmt nichts mehr zu tun haben, deswegen denke er lieber jetzt schon an seine Zukunft.

Kommen Sie, staunen Sie, kaufen Sie. Kaugummis und Zigarillos, Fahrkarten und Flachmänner, und dazu eine warme Leberkassemmel, ofenfrisch aufgewärmt vom Vortag. Am Kiosk des Kaisers. Eine herrliche Vorstellung. Das Standl im Untergrund braucht er zur Altersvorsorge aber dann doch nicht. Es kommt ja ganz anders.

Die Debatte über den richtigen Libero zieht sich indes weiter in die Länge, bis zur Weltmeisterschaft. Im Januar 1970 meldet sich Beckenbauer wieder zu Wort, genau sechs Tage nach Ausstrahlung des denkwürdigen *Sport-Spiegel.* Vielleicht auch, um nach seiner umstrittenen Polit-Äußerung abzulenken, wechselt er das Thema von Willy Brandt zu Willi Schulz und proklamiert erneut, wo ihn Helmut Schön doch bitte zu positionieren habe, wenngleich die Forderung diesmal vergleichsweise zahm formuliert ist. »Am liebsten würde ich in der Nationalmannschaft Libero spielen wie beim FC Bayern.« Dem erteilt der Bundestrainer für die WM allerdings eine klare Absage und legt sich unwiderruflich fest: »Wir haben da hinten einen, der macht das prima«, sagt er und beordert Beckenbauer wieder endgültig ins Mittelfeld, denn:. »Der Franz muss spielen wie 1966 bei der Weltmeisterschaft.« Als solider Stabilisator mittendrin, aber nicht als entrückter Kreativkopf, dessen ungezähmter Gestaltungsdrang zwar herzerfrischend attraktiv anzusehen sei, der bei Ballverlusten aber zu viel Risiko für eine entblößte Defensive mit sich bringt. Schön will Ordnung haben in seinem Laden, er will Arbeiter, keine Künstler. Einmal sagt er den bezeichnenden Satz: »Sonst geht der Franz spazieren und macht pitschi patschi. Es wäre schlimm, wenn er das Tempo des Spiels bestimmen würde. Er muss sich anpassen.« Beckenbauer muss das tun, was seinem Naturell zeit seines Lebens widerspricht. Er muss sich einreihen. Unterordnen.

Die letzten Freundschaftsspiele vor der WM manifestieren nur noch Schöns Grundstruktur für Mexiko. Auch der *Kicker*, der lange Zeit eher Beckenbauer als neuen DFB-Libero zu favorisieren scheint, schreibt nach einem mauen 2:1 gegen Irland knapp vier Wochen vor dem WM-Auftakt über Beckenbauer: »Er kann zurzeit kein Spiel kitten, das zerrissen und zerfahren ist.« Schulz als Libero sei eine »Nuance wirkungsvoller als Franz Beckenbauer, den sein Ausnahmekönnen am Ball zu leicht verleitet, ständig neue Beweise für seine Kunst anzutreten. Geht es einmal schief, kann eine Partie schon verloren sein.« Und damit sei unzweifelhaft Schulz »der richtige Mann am richtigen Fleck«, denn: Die Abwehr braucht in Mexiko einen »so kompromisslosen, harten, sachlich nüchternen und gerissenen Mann wie den World Cup Willi.« So der Spitzname von Schulz in Anlehnung an seine starken Auftritte in England 1966 und an das dortige erste Maskottchen der WM-Geschichte, den Löwen Willie.

Für Beckenbauer bleiben nur die Enttäuschung und auch großer Frust, als er im finalen Testspiel vor der WM beim 1:0 gegen Jugoslawien über 90 Minuten vom Publikum in Hannover ausgepfiffen wird. Sie haben ihm das Brunnenbuberl noch nicht vergessen.

Und doch kann es Beckenbauer verschmerzen, aufgrund der üppigen Einnahmen, die ihm sein Manager Robert Schwan vor der WM verschafft. Gerade für den Mineralöl-Multi Aral ist er die große PR-Gallionsfigur. Ob im Fernsehen, in Tageszeitungen, Magazinen, als Werbebotschafter tendiert Beckenbauer zielsicher zur Omnipräsenz und propagiert unter anderem ein Preisausschreiben, bei dem die Kunden eine von dreißig Flugreisen zur Weltmeisterschaft gewinnen können. »Schreiben Sie an Aral, Mexiko 70, 46 Dortmund! Freiumschlag beifügen! Und schon stehen Sie mit einem Bein in Mexiko!«

Wer tatsächlich mit zwei Beinen im Land des WM-Gastgebers stehen darf, das verkündet er im Werbefernsehen von ARD und ZDF. Klappe, Franz, die Erste. Im »Aral-Mexiko-Studio« steht dort eine großartige Statistengarde, die Frauen tragen zeitgenössische Kleidermode, die Männer Anzug mit engem Schlips, auf dem Kopf alle Sombreros. Beckenbauer schreitet das Spalier ab wie der Duke of Kent die Ballkinder nach dem Wimbledon-Finale und übersetzt als polyglotter Global Player den intonierten Schlachtruf (»›Aleman‹ heißt im Spanischen ›deutsch‹, claro?«) sehr unfallfrei, dann deutet er auf eine blaue Tafel mit dreißig Namen der Gewinner, darunter etwa E. Walter aus Dudweiler, G. Hirnstein aus Rheindahlen oder auch Dr. Kreutzer aus Lemförde. Es wirkt wie fantastische Realsatire, es fehlt nur noch Erwin Lindemann mit der Herren-Boutique aus Wuppertal, und man wähnte sich endgültig bei Loriot.

Dazu erscheint wenige Tage vor dem Turnierauftakt Beckenbauers eigenes WM-Buch, das eine umfassende Vorschau und viele Antworten des Kaisers auf ungeklärte Sachverhalte verspricht: »Was sind das für Mannschaften, die wir schlagen müssen? Werden die mexikanischen Zuschauer auf unserer Seite stehen? Tausend Fragen!« Das sind zwar genaugenommen nur zwei Fragen, das Werk findet dennoch reißenden Absatz, für vier Mark neunzig an jeder Aral-Tankstelle, ein Schnäppchen. Innendrin zu finden ist auf Doppelseite 48/49 auch ein Einblick in Beckenbauers Privatleben, der Franz mal ganz persönlich. Zusammen mit den Kindern auf einer Sonnenliege im Sollner Garten, mit Frau Brigitte im Wohnzimmer. Runder Marmortisch, schwerer Perserteppich, dunkle Schrankwand, Eiche rustikal. Willkommen bei Familie Biedermann.

In der Vermarktung, aber auch im Kreis der Nationalmannschaft genießt Beckenbauer trotz der ungeliebten Mittelfeld-Position eine Sonderstellung. Als der DFB-Tross mit Lufthansa-Flug LH 474 am 19. Mai ab Frankfurt Richtung Mexiko abhebt, ist Beckenbauer der einzige Spieler, dessen Ehefrau sich mit an Bord der Boeing 707 namens »Duisburg« befindet. Für viel Aufregung sorgt das erstaunlicherweise nicht.

Wenig aufregend ist auch das erste Spiel, ein mageres 2:1 gegen Marokko. Ein Fiasko vor allem für einen der großen Stars vier Jahre zuvor in England, Beckenbauers Mittelfeldgefährten Helmut Haller, dessen Nominierung für den Kader bereits im Vorfeld umstritten ist, der mit Übergewicht zu kämpfen hat und sich nach nur einer Viertelstunde atemlos über den Platz schleppt. Als ihn Helmut Schön in der Halbzeit in der Kabine lässt und den Frankfurter Jürgen Grabowski bringt, ist Hallers Karriere mit seinem 33. und letzten Länderspiel vorbei. Den Rest der WM wird der Legionär von Juventus Turin in den jeweiligen Stadien von der Medientribüne aus verfolgen. Als Co-Kommentator für den italienischen Rundfunk.

Aber auch Beckenbauer, der nach Abpfiff die drückende Schwüle im Spielort León als Grund für die müde Leistung ausmacht, steht in der Kritik. Allen voran der immer noch sehr gefragte Experte Sepp Herberger wütet in seinem Rundumschlag gegen den Kaiser: »Das ärgert mich besonders, dass ein Mann von seinen spielerischen Qualitäten so wenig bietet«, tobt der Weltmeister-Trainer von 1954. »Er ist nicht der Kerl, die anderen zu zwingen, seine Ideen zu verwirklichen, obwohl er dem Talent nach der Kopf der Mannschaft sein müsste. Aber wenn der Ball weg ist, ist das Spiel für ihn erst einmal vorbei.« Ist Beckenbauer also eher nur ein Schönwetter-Spieler, dem zu viel Hitze aber auch nicht bekommt?

Aufhorchen lässt nach der Auftaktpartie aber vor allem der schwache Auftritt von Willi Schulz, der sich zudem leicht verletzt und den Helmut Schön für das zweite Spiel gegen Bulgarien draußen lässt. Mag Beckenbauer auch kurz hoffen, nun endlich auf den Libero-Posten zu rücken, so sieht er sich schnell getäuscht. Stattdessen baut Schön auf Karl-Heinz Schnellinger vom AC Mailand, der die Position ähnlich offensiv auslegt wie der Libero des FC Bayern, gegenüber Beckenbauer aber noch den Bonus des Älteren hat.

In den weiteren Vorrundenspielen steigert sich die gesamte Mannschaft, so wie auch Beckenbauer, der sich nun damit abfindet, erst zurück bei den Bayern in München wieder Libero spielen zu dürfen – auch wenn sein Förderer Dettmar Cramer, in Mexiko unterwegs als Beobachter für die FIFA, heftige Kritik an Schön übt mit den Worten, Franz sei »der beste Libero der Welt«. Für Beckenbauer selbst ist das Thema vorerst erledigt, er wirkt plötzlich befreit und agiert als der souveräne Spielgestalter. Als »König im Mittelfeld« feiert ihn die *Abendzeitung* nach dem 5:2 gegen Bulgarien, als »Kaiser auf dem Platz« nach dem 3:1 gegen Peru. Beckenbauer ist im Spiel der Nationalelf der alleinige Potentat. Und vorn harmonieren nun auch Gerd Müller und Uwe Seeler, dank des Feingefühls des sonst oft so zaudernden Helmut Schön. Für ihn gibt es kein Entweder-oder, für ihn geht es nur mit beiden. Im Teamquartier Hotel Balneario in Comanjilla (für den WM-Reporter der *Süddeutschen Zeitung* eine »Oase inmitten einer kargen Sandwüste, die als Kulisse für Bonanza-Filme gedient haben könnte«) greift Schön schlichtend in den Streit ein und legt die beiden Offensiv-Kontrahenten aufs Doppelzimmer mit der Nummer 15. In der taktischen Aufstellung beordert er Altstar Seeler zurück ins offensive Mittelfeld mit der Aufgabe, von dort den Torhunger des unersättlichen Gerd Müller zu stillen und ihn mit Vorgaben zu füttern. Der Plan geht auf, allein in der Vorrunde erzielt Müller sieben der zehn deutschen Tore, Seeler selbst trifft zweimal, dazu kommt noch ein Tor von Reinhard Libuda, der diesmal bei seinem Dribbling zwar nicht an Gott vorbeikommt, dafür immerhin an der bulgarischen Innenverteidigung.

Im Viertelfinale kommt es zum Wiedersehen mit England, die Neuauflage des WM-Endspiels von 1966. Wembley reloaded. Mit dabei sind noch immer sechs Weltmeister von damals, darunter Kapitän Bobby Moore, der dreifache Finaltorschütze Geoff Hurst – und natürlich auch der große Bobby Charlton, auf den Helmut Schön wie schon vier Jahre zuvor auch diesmal wieder Franz Beckenbauer ansetzt. Es herrscht Skepsis, ob nun funktioniert, was einst nicht gelang, zumal Beckenbauer beim Training nach einem üblen Tritt aus dem Peru-Spiel mit einer dicken Bandage um den geschwollenen Oberschenkel über den Platz humpelt.

Alles läuft gegen die deutsche Elf, alles spricht für den Einzug des Weltmeisters ins Halbfinale, als England Mitte der zweiten Halbzeit durch Tore von Mullery und Peters 2:0 in Front liegt – bis Franz Beckenbauer von der Strafraumkante recht unplatziert und ohne Wucht abzieht und der Ball plötzlich doch im Netz liegt. Ein entsetzlicher Patzer von Torwart Peter Bonetti, der den damals besten Torhüter der Welt vertreten muss. Gordon Banks – über den man wegen seiner Zuverlässigkeit auch sagt: »So sicher wie the Banks of England« – liegt mit Montezumas Rache im Bett. Noch viel fürchterlicher als die Leistung von Chelsea-Keeper Bonetti ist aber der Fehler von Weltmeister-Trainer Sir Alf Ramsey, dem der schlimmste Schnitzer in seinen insgesamt elf Jahren als englischer Teamcoach widerfährt. Unmittelbar nach dem Anschlusstreffer von Beckenbauer nimmt er Spielmacher Bobby Charlton vom Feld, stattdessen bringt er Colin Bell von Manchester City, eine Art Peter Bonetti des Mittelfelds. England verliert das Konzept und das Spiel, nach dem unvergesslichen Tor von Hinterkopfball-Ungeheuer Uwe Seeler schießt Müller mit dem 3:2 in der Verlängerung Deutschland ins Halbfinale.

Ins Jahrhundertspiel!

17. Juni 1970, ein Spiel für die Ewigkeit, am Aztekenstadion von Mexico-City werden sie später diesem Ereignis zu Ehren eine Gedenktafel anbringen, die Fußballwelt schwärmt auch

Jahrzehnte danach noch von diesem Halbfinale zwischen Italien und Deutschland, das seine Dramatik aber einzig dem peruanischen Schiedsrichter mit einem japanischen Namen verdankt. Weil die Azzurri das frühe Führungstor durch Boninsegna mit Spielverzögerung und traditioneller Theatralik über die Zeit spielen wollen, pfeift Arturo Yamasaki nicht wie sonst da noch üblich nach exakt 90 Minuten ab, sondern gibt einiges an Spieldauer obendrauf – bis doch noch der Ausgleich fällt. Ernst Huberty sagt im Fernsehen über den Torschützen vom AC Mailand die berühmtesten Worte seiner Kommentatoren-Laufbahn: »Ausgerechnet Schnellinger.«

Erst jetzt bahnt sich der Irrsinn seinen Lauf, mit fünf Toren in den wohl packendsten 16 Minuten der WM-Geschichte. Nach Treffern von Müller, Burgnich, Riva, Müller steht es 3:3, als Schnellingers Klubkollegen und bestem Freund Gianni Rivera (1969 feiern die beiden noch zusammen Weihnachten) die Entscheidung glückt.

Von den vielen Impressionen, die aus diesem Hochamt des Fußballs hängen bleiben, prägt sich vor allem das Bild des lädierten Franz Beckenbauer ein, dem es nach einer Stunde nach einem garstigen Foul von Pierluigi Cera das rechte Schultereckgelenk wegsprengt. Dick einbandagiert, den rechten Arm mit Leukoplast an das weiße Trikot auf Höhe des Bundesadlers festgebunden, kämpft sich Beckenbauer bis zum Ende durch. Die Freude darüber, in einer der epochalsten Aufführungen auf der Bühne des Fußballs als einer der Hauptdarsteller mitgewirkt zu haben, ist überschaubar. Vielmehr herrscht auch bei Beckenbauer Frust über klare Fehlentscheidungen des Schiedsrichters, allen voran nicht gegebene Elfmeter nach zahlreichen Fouls an Uwe Seeler und Gerd Müller. »Was dieser Kerl in diesem so wichtigen Spiel gepfiffen hat, ist ein Verbrechen. Nein, ich nehme kein Wort davon zurück.« Das wird er auch nicht.

Mag die deutsche Mannschaft das Endspiel auch verpasst

haben, das Spiel bedeutet für Beckenbauer eine Zäsur, gerade in der öffentlichen Wahrnehmung. Wurde ihm anfangs gern unterstellt, er sei kein Kämpfer, er spiele zu glatt und könne nur als Einzelfigur glänzen, aber nicht als Kopf einer Mannschaft, so wird Beckenbauer nun erstmals so richtig als Führungsfigur wahrgenommen, die vorangeht, die sich durchbeißt und die Mitspieler mit großem Durchhaltevermögen und Willen mitreißt – so wie 44 Jahre später der malträtierte und schwer geschundene Bastian Schweinsteiger im WM-Finale von Rio gegen Argentinien. Auch im Ausland verneigen sie sich vor dem neuen, nun unumstrittenen Chef der Mannschaft. Der *Evening Standard* aus London etwa schreibt: »Beckenbauer, den rechten Arm an die Brust gebunden (...) verließ das Feld wie ein verwunderter, besiegter, aber stolzer Offizier. Einer der größten Spieler dieser Weltmeisterschaft.« Eine WM, die die DFB-Elf im belanglosen Spiel um Platz 3 ohne den verletzten Franz mit einem 1:0 gegen Uruguay beendet.

Entsprechend groß ist auch der Jubel in der Heimat. Als Beckenbauer mit Gerd Müller und Sepp Maier am Münchner Flughafen in Riem landet, werden die drei Bayern-Spieler von Tausenden Menschen entlang der Straßen gefeiert, beim Empfang im Rathaus tröstet OB Vogel das Trio, dass man ja schließlich immer noch in vier Jahren die Chance auf den Titel habe – bei der Heim-WM in Deutschland, bei der übrigens erst im Sommer 1971 endgültig das noch im Bau befindliche Münchner Olympiastadion als Final-Spielort bestimmt wird. Ein Turnier, in dem sich Franz Beckenbauer endgültig als überragende Führungsfigur etabliert und als Libero endlich dort spielen darf, wo er schon immer wollte. Und wo er noch mächtiger sein wird als der Bundestrainer.

KAPITEL 9

Als Gockel von Giesing zwischen Richard Wagner und Freddy Quinn: Das gesellschaftliche Parkett als dünnes Eis

Helmut Schön ist nach Mexiko weiter unumstritten, der Trainer des FC Bayern hingegen ist bald schon weg. In der Saison nach dem Gewinn von Meisterschaft und Pokal 1969 ist der erfolgreiche Double-Branko bereits Geschichte. Es ist Zebec selbst, der bereits im November 1969 in einem Brief an Wilhelm Neudecker erklärt, seinen bis Sommer 1970 laufenden Vertrag unter keinen Umständen verlängern und den Verein am Saisonende verlassen zu wollen. »Zwei Jahre sind genug«, sagt er. »Für einen Trainer und den Verein. Ich glaube, dass ich genug getan habe.« Natürlich gibt es aber gute Gründe, warum Zebec nicht mehr mag, denn es ist offenkundig, dass es zwischen ihm und dem fest vereinten Duo Neudecker/Schwan ob mächtiger Dissonanzen kräftig knirscht. Die beiden Klubbosse stören sich vor allem an der unattraktiven Spielweise der Mannschaft, der defensiven Riegeltaktik, die dem sadistischen Catenaccio italienischer Teams alle Ehre erweist und das Münchner Publikum eher abschreckt. Trotz des zweifachen Titelgewinns aus der Vorsaison ist das Stadion an der Grünwalder Straße selten voll, oft entsprechen die 8000 bis 15000 Zuschauer nicht einmal der Hälfte des Fassungsvermögens. Auch wenn es zwischendrin als attraktive Ausreißer furiose Heimsiege gegen Braunschweig (5:1) oder Schalke (6:0) gibt: Die Bayern ziehen nicht mehr so richtig.

Zebec seinerseits ist verärgert darüber, dass er bei Spielertransfers wenig zu melden hat. Forderungen nach mehr Mitspracherecht bei Neuverpflichtungen schmettern Präsident und Manager meist rigoros ab. Naheliegend, dass es aber auch ums Geld geht. Anders als Vorgänger Čajkovski (17500 Mark Monatsgehalt) bekommt Zebec gerade mal 6000 Mark brutto. Mitte März 1970 greift Neudecker dann selbst durch und wirft Zebec vorzeitig raus. Denn der Nachfolger steht ja bereits parat. Udo Lattek.

Schon vor Zebecs Abschiedsbrief im November 1969 halten nämlich auch Neudecker und Schwan bereits Ausschau nach einem neuen Trainer für die kommende Saison. Als Klubboss-Flüsterer hilft ihnen bei der Entscheidungsfindung auch Franz Beckenbauer. Er hat einen guten Draht zu Lattek, der 1966 bei der WM als Assistent von Helmut Schön mit auf der Bank saß und seitdem beim DFB verschiedene Mannschaften trainiert. Lattek soll als Auswahltrainer der Amateur-Nationalelf eine schlagkräftige Mannschaft für die Olympischen Sommerspiele 1972 aufbauen, als er keine Woche nach der Rücktrittsankündigung von Branko Zebec in seiner Wohnung in Köln-Lövenich einen Anruf aus München erhält. Von Wilhelm Neudecker.

Am 2. Dezember 1969 unterschreibt der erst 34-jährige Lattek einen Dreijahresvertrag – und übernimmt die Mannschaft unmittelbar nach dem Rauswurf von Zebec bereits Mitte März. In der verbleibenden Saison sichern sich die Bayern mit ihrem neuen Trainer dank 15 von 20 möglichen Punkten noch die Vizemeisterschaft hinter Borussia Mönchengladbach, der neuen Kraft im deutschen Fußball, die zwischen 1970 und 1977 fünf Meisterschaften gewinnt. Titel gibt es für die Bayern in dieser Saison keine, im Pokal scheitern sie im Viertelfinale an Zweitligist Nürnberg, im Europacup der Meister kommt das Aus bereits in der 1. Runde, einem 2:0 zu Hause gegen AS St. Etienne folgt ein bitteres 0:3 auswärts. Eine letztlich gebrauchte Saison für die Bayern.

Auf der Jahreshauptversammlung wenige Tage nach Lattecks Antritt nutzt Präsident Neudecker das Forum nicht nur, um sich für den Trainerwechsel feiern zu lassen, sondern auch, um drei vielversprechende Nachwuchstalente als Neuverpflichtungen für die kommende Saison anzukündigen. Neben Edgar Schneider vom VfR Pforzheim Uli Hoeneß vom SSV Ulm 46 und Paul Breitner vom ESV Freilassing. Lattek, Breitner, Hoeneß, mit ihnen beginnt eine neue Epoche bei den Bayern. Und auch eine Zeit der Konflikte mit dem Kaiser.

Für den FC Bayern, aber auch für Franz Beckenbauer ist 1970 ein Jahr der Veränderung. Mit seiner Familie, Frau Brigitte und den drei Söhnen Thomas, Michael und Stephan, verlässt er die Sollner Doppelhaushälfte und kauft sich eine Villa in Grünwald, für einen kolportierten Kaufpreis zwischen einer und eineinhalb Millionen Mark. Dass Beckenbauer in jener Zeit noch daran denkt, einmal einen U-Bahn-Kiosk zu eröffnen, mag erstaunen.

Das Anwesen in der Ludwig-Thoma-Straße hat zehn Zimmer, als Gerd Müller einmal gefragt wird, ob er seinen vergleichsweise bescheidenen Bungalow einige Kilometer weiter südlich in Straßlach nicht auch gegen eine solch feudale Herrschaftsresidenz wie die des Kaisers eintauschen möchte, erwidert er in einer phänomenalen Replik, die Karl Valentin nicht schöner hätte formulieren können: »Was brauch ich zehn Zimmer. Ich kann ja immer nur in einem Zimmer gleichzeitig sein.«

Mit dem Umzug nach Grünwald ist Beckenbauer nun noch näher dran an den Kreisen der feinen Münchner Gesellschaft, einer seiner Nachbarn ist TV-Moderator Joachim Fuchsberger, der Blacky. Das ortsansässige Bildungsbürgertum sucht die Nähe zum neu zugezogenen Fußballstar. Menschen aus dem innersten Zirkel der Kunst- und Kulturszene, die ansonsten Maler, Musiker, Sänger und Dirigenten bei sich empfangen, laden die Beckenbauers zu sich nach Hause. Eine Episode besagt, dass der große Sergiu Celibidache einst den renommierten Musikkritiker Hans Göhl in seinem Grünwalder Haus besucht und im Wohnzimmer Platz genommen habe: Als der Kolumnist des *Münchner Merkur* beiläufig erwähnte, dass genau dort schon Franz Beckenbauer gesessen habe, sei der Dirigent mit einem Ruck aufgesprungen und habe den Sessel voll Ehrfurcht betrachtet, sich verneigt und sich woandershin gesetzt.

Beckenbauer taucht nun ein in die Welt der schönen Künste, man sieht ihn bei Smetanas *Die verkaufte Braut* in der Münchner Staatsoper, für die Visite beim Wiener Opernball lässt er sich von Promi-Modezar Peppino Teuschler einen Frack nach Maß schneidern, er besucht die Bayreuther Festspiele. »In die Geheimnisse der Wagner'schen Tonkunst bin ich nicht tief eingedrungen«, schreibt er später einmal. »Ich habe ein bisschen was gelesen und bin dann nach Bayreuth gefahren. Ich wollte das erleben, verstehen lernen, warum diese Opern so viele Menschen faszinieren.«

Es ist eine Welt, die Beckenbauer fremd ist und fremd bleibt, doch er ist interessiert und offen. Er versucht auch gar nicht erst, sich mit lautem Geprahle als Kenner der Materie auszugeben und mit vorgestanzten Floskeln neunmalklug wichtigtuerisches Wissen abzusondern, das er nicht besitzt. Auf dem Grünen Hügel gibt er sich *Tristan und Isolde*, ein Stück, bei dem er weniger mitreden kann als bei einem 0:0 zwischen Kickers Offenbach und Alemannia Aachen. Aber er schaut sich's an, nimmt das Erlebnis mit und, fährt dann eben wieder heim und freut sich, wenn er sich dort dann eine Platte von Freddy Quinn auflegen kann, seinem Lieblingssänger. Das ist dann mehr seine Welt, seine Musik. Doch die Übung, die Erfahrung über viele Jahre hilft ihm, sich auch dank seines in diesen Gefilden zurückhaltend charmanten Auftretens unfallfrei auf gesellschaftlichem Parkett zu bewegen. All das ist nicht zuletzt ein Verdienst seiner Frau Brigitte, die sich nicht nur als reine Spielerfrau darauf beschränkt, ihrem »Gigo«, ihrem »Hasi«, so ihre Kosenamen für ihn, ein- bis dreimal die Woche von der Tribüne aus zuzujubeln. Sie motiviert ihn zu zusätzlicher Horizonterweiterung, sie nehmen Klavierstunden, gehen in einen Tanzkurs, bekommen Englisch-Unterricht.

Beckenbauer ist ein ganz anderer Typ als Gerd Müller, der in seiner Anfangszeit in München nach den Heimspielen am Samstagnachmittag immer noch heimfährt zur Mama nach Nördlingen, Punkt 20 Uhr in der Gaststätte »Auktor« gegenüber seines Elternhauses zum Schafkopfen eintrifft, bevor später im Röhrenfernseher in einem Eck der Wirtschaft das ZDF-*Sportstudio* läuft, und Müller dann immer ruft: »Schauts hi. Jetzt zeigens meine Tore.« Müller will immer nur seine Ruhe, und als er nicht mehr in Nördlingen lebt, fährt er nach den Spielen eben zu seiner Uschi nach Straßlach. Nicht zum Schafkopfen, aber zu Kartoffelsalat und Marmorkuchen. Das mag er besonders gern, das reicht Müller zum Glück. Mit diesem Lebensstil in reduzierter Schlichtheit macht sich Müller aber natürlich auch wenig angreifbar, Beckenbauer hingegen erfährt schnell Hohn und Spott für seine Auftritte in den fußballfernen feinen Kreisen. In jener Zeit ab Ende 1970 manifestiert sich ein Spitzname, mit dem man ihn gern aufzieht, man nennt ihn den »Gockel von Giesing«.

Es sind die Jahre, in denen er sich mit manchen Auftritten auch blamiert und sich der Lächerlichkeit preisgibt, so wie in dem Spielfilm *Libero*, der Ende 1973 in den Kinos zeitgleich mit *Schulmädchenreport 5* und *Die Teufelspiraten von Kau-Lun* um die Gunst der Zuschauer konkurriert und als gewaltiger Flop endet. Ein inhaltsarmer, handlungsbefreiter Streifen, für den er immerhin 15000 Mark Gage einstreicht und in dem er ungeniert Produktplatzierungen setzen darf, für Autofirmen oder Modelabels. Verewigt wird *Libero* in der Tele5-Reihe *Die schlechtesten Spielfilme aller Zeiten*, der Streifen befindet sich dort in illustrer Gesellschaft mit Klassikern wie *Abraham Lincoln vs. Zombies*, *Mega Piranha* und *Dirndljagd am Kilimandscharo*. Eine Liste, auf der garantiert auch ein angedachtes Werk von Peter Schamoni aufgenommen worden wäre, hätte er 1970 sein angedachtes Filmprojekt *Hermann, der Cheruskerfürst* mit Franz Beckenbauer in der Hauptrolle realisiert. Dazu kommt es dann aber doch nicht. Schade eigentlich.

Beckenbauer wirkt zerrissen, er zweifelt und grübelt, wie der *Spiegel* einmal darlegt, ob es nicht sinnvoller gewesen wäre, seine Eltern hätten ihn nach der Volksschule aufs Gymnasium geschickt, um mit dem Abitur später eine akademische Ausbildung anzugehen. Der *Spiegel* ist es auch, der in jener Zeit schreiben wird: »Franz Beckenbauers Biografie ist im Grunde eine Tellerwäschergeschichte. Irgendein Instinkt, irgendeine schwer zu definierende Begabung für bestimmte Bewegungsabläufe hat den Sohn eines Postobersekretärs aus dem Münchner Arbeiterviertel Giesing beizeiten an den Ball gebracht, hat ihn dort festgehalten und damit ferngehalten von einer mittleren und gehobenen Schul- oder Berufsausbildung, hat ihn vielmehr schon als Minderjährigen zum Artisten werden lassen und als solchen hinaufkatapultiert in die mit Geld und Glanz verkleidete Zirkuskuppel des Profifußballs. Da ist er immer noch, relativ ratlos. Er ist gelernter Versicherungskaufmann, von Beruf Fußballer und noch keine 30, aber er ist mindestens so bekannt wie der Bundeskanzler, und er verdient sehr viel mehr. Er hat, sozusagen aus dem Stand, eine oder zwei Stufen auf der sozialen Leiter übersprungen und versucht seither, sich einer gesellschaftlichen Situation anzupassen, die er kaum definieren kann.«

Beckenbauer ist spätestens jetzt ein viel beachtetes Allgemeingut und ein viel kritisiertes. Auch als er sich im Herbst 1970 einen Schnauzbart wachsen lässt, tobt das Volk. In einer telefonischen Fragestunde, in der Beckenbauer gern über seine sportlichen Ziele mit dem FC Bayern in den kommenden Jahren sprechen möchte und über seinen Traum vom Titel bei der Heim-WM 1974, geht es fast ausschließlich nur um seinen Schnurrbart. »Ist das als Abschreckung für den Gegner gedacht?«, fragt eine Anruferin. Von einer alten Münchnerin hört er: »Als Sportsmann sollte sich Kaiser Franz nicht kleiden wie ein Snob. Als Nationalheiligtum gehört er allen Münchnern und nicht seiner Frau allein.« Und noch eine Hörerstimme: »Selbstverstümmelung. Franz macht sich lächerlich.«

Mag er sich den Bart schließlich zwar abrasieren, gut inszeniert von seinem Grünwalder Nachbarn Fuchsberger in einem Werbespot für die Fernsehlotterie *Glücksspirale*, es ist zu spüren, wie dünnhäutig Beckenbauer Anfang der 1970er Jahre wird, auch wegen der permanenten Anfeindungen und Pfiffe bei Auswärtsspielen durch die gegnerischen Fans. Der Ruhm zeigt erste Nebenwirkungen.

KAPITEL 10

Die Krankheit mit den Intellektuellen und Fluchtgedanken nach Holland: Der Aufbruch in die Goldenen Siebziger

Vor dem letzten Spieltag der Saison 1970/71 zeichnet sich ein dramatischer Showdown ab. Mit 48:18 Punkten liegen die Bayern und Gladbach gleichauf, die Tabellenführung verdanken die Münchner nur einem einzigen mehr geschossenen Tor. Das Torverhältnis der Bayern 74:34, das der Gladbacher 73:34. Mit feinem Zwirn im Gepäck reisen Lattek und seine Spieler zum Auswärtsspiel nach Duisburg. Der MSV ist Tabellen-Neunter im graumausigen Niemandsland der Liga, ein Sieg am Niederrhein scheint Formsache, für den Heimflug nach München und den anschließenden Empfang will man sich standesgemäß kleiden. Doch die Anzüge bleiben unbenutzt, die mitgebrachten Sektflaschen verkorkt.

Von Anfang an schlägt gerade Franz Beckenbauer blanker Hass von den Rängen des Wedaustadions entgegen. Der Mob tobt, aufgehetzt durch einen Bericht im Stadionmagazin *Blick*. Darin geht es um das Spiel vom zurückliegenden Wochenende, um das 4:1 der Bayern gegen Braunschweig und ein Foul von Beckenbauer an Eintracht-Spieler Grzyb. Dass er »mit Absicht gegen das Schienbein« des Braunschweigers getreten und nur mit Glück keine Verwarnung bekommen habe, wo das Foul doch eigentlich »nur mit einem Platzverweis geahndet werden konnte«. Fazit des Artikels: »Nicht immer wird Beckenbauer auf so einen humanen Schiedsrichter treffen. Gerade Nationalspieler sollten sich in jeder Phase unter Kontrolle haben, was man gerade von den Bayern-Stars nicht immer sagen kann.«

Wenig unter Kontrolle haben sich an diesem Tag die Duisburger Spieler, die Jagd machen auf Beckenbauer und seine Mitstreiter. Die Atmosphäre auf dem Feld fasst Bayern-Verteidiger Peter Pumm nach Abpfiff treffend zusammen: »Die sind auf uns losgegangen wie die Stiere in der Arena auf den Torero.« Manche Spieler des FC Bayern berichten später davon, der Stadionsprecher habe die Stimmung zudem mit der Verlautbarung eines angeblichen Angebots aus Mönchengladbach aufgeheizt, wonach jeder MSV-Spieler 2500 D-Mark für einen Sieg über die Bayern erhalten würde, das wird noch ein Thema werden. Nach den beiden Treffern des Spiels durch Budde in der zweiten Halbzeit kommt es zum Platzsturm der Fans, Sepp Maier wird umgerannt und zu Boden geworfen, die Bayern spielen unter Protest zu Ende.

Durch Gladbachs 4:1 in Frankfurt bleibt den Bayern nur die Vizemeisterschaft, dazu viel Frust und Enttäuschung. Beckenbauer scheint am Tiefpunkt angekommen. »Ich habe mich daran gewöhnt, es macht mir nichts mehr aus«, sagt er erst noch verbittert über die chronischen Schmähungen, die ihm bei jedem Auswärtsspiel entgegenschlagen. »Ich würde lieber in der Schweiz oder in Holland spielen. Was man zurzeit mit mir macht, ist unmöglich. Die Zuschauer werden systematisch aufgehetzt.«

Es wird in dieser Zeit offenkundig, wie sehr Beckenbauer Anfang der 1970er Jahre die Wertschätzung vermisst, die er auch nach eigenem Empfinden verdienen würde. Stattdessen sieht er sich zu Unrecht in die Rolle des bösen Buben gedrängt, des Bad Boy des deutschen Fußballs. Da klingt es fast wie ein Hilferuf, ein Schrei nach Liebe, als Beckenbauer 1971 ein Buch veröffentlicht, das übrigens in prophetischer Vorahnung ganz treffend den Titel *Halbzeit* trägt. Sechs Jahre nach dem Aufstieg in die Bundesliga, sechs Jahre vor dem Abschied von den Bayern.

Gleich auf den ersten Seiten beklagt er darin die fehlende Anerkennung seitens der Fans und der Gesellschaft überhaupt. Wer sich das Buch nicht kaufen möchte, wird damals durch einen Exklusiv-Vorabdruck im *Kicker* versorgt und kann nachlesen, wie der Autor gleich auf den ersten Seiten Wehklagen als Reaktion auf die vielen und für ihn, in seiner Wahrnehmung, teils falschen und verunglimpfenden Berichte anstimmt: »Liebe Leute, ich bin doch bloß ein Fußballspieler, einer der vielen, die sich in jüngster Zeit in der Bundesrepublik diesen Sport als Beruf gewählt haben und dabei glücklich und zufrieden sind. Das wäre ich auch brennend gerne, wenn man mich ein wenig mehr in Ruhe lassen, meine Privatsphäre mehr beachten und nur ein ganz klein wenig den Beckenbauer Franz als Mitbürger sehen würde. Nicht als den Übermann einer Serie, die als Sporthelden oder Stars bezeichnet werden.«

Was Beckenbauer ganz offensichtlich nicht erkennen möchte und ganz bewusst oder aus grenzenloser Naivität verleugnet: Natürlich hat er schon damals bis dahin selbst am allermeisten das Bild geformt, das die Öffentlichkeit von ihm hat. Durch die Vielzahl von Auftritten im Kreis der feinen Münchner Bussi-Gesellschaft, durch Fotoshootings, die ihn vor einem seiner Autos zeigen, ob ein Benz, ein BMW, ein Jaguar. Durch Einblicke ins Familienleben wie 1970 im Aral-Album.

Dass er sich mit dieser dank Gagen, Honoraren und Exklusivverträgen gut vergüteten Exposition angreifbar macht, das versteht Beckenbauer nicht. Er lebt in seiner ganz eigenen Wahrnehmungswelt.

Für Missstimmung sorgen aber auch die Vorgänge im Verein. Zusammen mit Gerd Müller, der immer wieder mit einem Vereinswechsel kokettiert, geht er auf Konfrontationskurs zu den Bossen Neudecker und Schwan. Beide echauffieren sich über die Transferpolitik, sie würden zu viele Spieler ohne adäquaten Ersatz ziehen lassen. Routiniers wie Ohlhauser und Olk, Maas und Starek. Junge Hoffnungen wie Michl und Schmidt. Mit großem Argwohn vernimmt die nun schon mehr als fünf Jahre eingespielte Garde ab 1970 die Ankunft einer neuen Spielergeneration, einer jungen und sehr selbstbewussten, einer sehr mündigen und sehr aufmüpfigen. Vielversprechende Nachwuchskicker, die nicht nur großes fußballerisches Talent haben, sondern – anders als die gelernten Buchdrucker, Weber und Versicherungskaufleute Schwarzenbeck, Müller und Beckenbauer – auch das Abitur.

Spieler wie Rainer Zobel und Günther Rybarczyk, Edgar Schneider und Jürgen Ey, oder auch Charly Mrosko, ein langhaariger Hippie-Typ. Mrosko wird einmal die Geschichte erzählen, wie ihn Helmut Schön 1971 in die Nationalmannschaft habe berufen wollen, allerdings nur unter der Voraussetzung, er lasse sich die Haare abschneiden. Worauf Mrosko erwiderte: »Wenn das die Bedingung ist, dann lasse ich mir die Haare bis zum Boden wachsen.« Ein unbequemer Typ, der auch im Training aufbegehrt, als er zur Belustigung der Mannschaft einmal Beckenbauer mit einem Beinschuss düpiert. Eine Majestätsbeleidigung, für die er sich vom Kaiser einen Tritt in den Hintern einfängt.

Es gibt ein Interview mit Beckenbauer aus der damaligen Zeit, das man heute noch auf YouTube sehen kann. Darin spricht er darüber, dass es früher ja »noch viel weniger Intellektuelle« gegeben habe, »als es sie zurzeit gibt«, und weiter im Wortlaut: »Vielleicht ist das ja eine große Krankheit, der wir verfallen sind, dass jeder glaubt, oder jeder Elternteil glaubt, sein Kind müsste unbedingt studieren, noch dazu Medizin, womöglich noch Medizin zu studieren, und dass die ganzen handwerklichen Berufe dadurch vernachlässigt werden. Vielleicht ist das mit eine Krankheit, warum es vielleicht wirtschaftlich nicht so gut läuft, wie man sich das vorstellt, weil es zu viele Studenten, zu viele Intellektuelle in Anführungszeichen gibt.« So viel dazu.

Es gibt aber neben den oben erwähnten, in den Annalen des FC Bayern letztlich nur als Statisten und Randfiguren vermerkten Neuzugängen aber noch zwei weitere Gymnasial-Absolventen, die sich anschicken, Hauptrollen zu übernehmen, Paul Breitner und Uli Hoeneß. Zwei Typen, die jeder auf seine Weise bald anecken.

Für große Empörung sorgt das schon ikonische Bild, auf dem sich Breitner daheim im Schaukelstuhl bei der Lektüre der *Peking Rundschau* ablichten lässt, während man hinter ihm an der Wand nicht nur eine schicke Seventies-Blümchentapete erkennt, sondern auch ein großes Poster mit dem Porträt von Mao Tse-tung. Selbstverständlich sehr zum Missfallen des stramm konservativen Wilhelm Neudecker, der einmal schimpft. »Der gibt sich als sozialistisch und verdient bei uns mehr als zehn Arbeiter zusammen.« Es gibt die schöne Anekdote von der Auswärtsfahrt 1971 zu einem Europapokalspiel bei Viktoria Pilsen, als Neudecker wenige Kilometer nach der Grenzkontrolle auf tschechoslowakischem Territorium aufspringt und vor versammelter Mannschaft brüllt: »So, Breitner, jetzt samma da, wo Sie immer hinwollten. Busfahrer: Stopp. Breitner, steigens aus jetzt.« Breitner aber bleibt sitzen. Und Breitner bleibt kantig und ein schmerzhaft roter Punkt in Neudeckers tiefschwarzem Kosmos. Bei Auswärtsspielen wird er als linke Sau beschimpft, bespuckt und angepöbelt, Anfeindungen, die ihn nur noch mehr antreiben, weiter zu provozieren und sein Image als Revoluzzer mit großer Hingabe zu pflegen.

Im Prominenten-Fragebogen einer Zeitung kreuzt er auf »Was wünschen Sie sich am meisten?« nicht die vorgegebenen Antworten Gesundheit oder Geld oder Glück für die Familie an, sondern schreibt darunter: »Eine Niederlage für die Amerikaner in Vietnam.« Und bei der Frage »Wovor fürchten Sie sich am meisten« entscheidet er sich nicht für a) Krieg oder b) Krebs, sondern notiert: »Eine Bundesregierung unter Franz Josef Strauß.« Eine späte Replik fängt sich Breitner übrigens viele Jahre später ein, als Strauß süffisant spottet: »Ich bewundere den Paule. Er hat seine Kapazitäten in den Haxen. Ich habe sie im Hirn.«

Breitners politische Ansichten, die sich auch angesichts eines viel kritisierten Wechsels 1974 zu Real Madrid (dem Lieblingsklub des damaligen Diktators Francisco Franco) zu relativieren scheinen, stehen damals natürlich in diametralem Gegensatz zu Franz Beckenbauers Ansichten. Schlag nach bei Brandt und dem nationalen Unglück.

Noch mehr als mit Breitner hat Beckenbauer aber mit dem Ulmer Uli Hoeneß zu kämpfen, der ihm wie ein schwäbisches Gscheidhaferl daherkommt, ein besserwisserischer Gschaftlhuber, neunmalklug und nassforsch. Beckenbauer behagt es gar nicht, wie vehement Hoeneß vereinsintern Forderungen nach mehr Privilegien stellt, wie er in der Öffentlichkeit erklärt, der Klub wisse seine eigene Bedeutung nicht genug zu schätzen. Beckenbauer tobt, hätte er sich so früher geäußert, hätte man ihn rausgeworfen, und lästert über Hoeneß: »Der glaubt ja, die Welt dreht sich um seinen Nabel.« Zwar kommt es nach so viel Unruhe und Disput bei einer Mannschaftssitzung in der Sportschule Grünwald zu einer Aussprache, mehr als ein Burgfriedensgipfel wird die Zusammenkunft aber nicht. Gerade das Verhältnis zwischen Beckenbauer und Hoeneß bleibt angespannt, zu Eskalationen zwischen den beiden wird es immer wieder kommen. Ob bei der WM 1974, ob viele Jahrzehnte später, als sie schon als ergraute Funktionäre bei den Bayern in Amt und Würden sind.

Immerhin rauft sich die Truppe nach der Enttäuschung über die Vizemeisterschaft noch einmal zusammen, als es im Juni 1971 in einem der hochklassigsten Endspiele in der Geschichte des DFB-Pokals gegen den 1.FC Köln geht – und als sich die Bayern in ihrer Mischung aus Alt und Jung schließlich nun doch langsam gefunden haben. Mit Routiniers wie Beckenbauer, Maier, Müller, Schwarzenbeck. Mit Neulingen wie Mrosko, Zobel, Breitner, Hoeneß.

Es ist Beckenbauer, der im Finale nach der Halbzeit die frühe Führung der Kölner mit einem sehr seltenen Abstaubertor egalisiert. Zwei Minuten vor Ende der Verlängerung erzielt Edgar Schneider das Siegtor für die Bayern. Das große Thema, das Fußball-Deutschland in jenen Tagen beschäftigt, ist allerdings nicht der vierte Pokalgewinn der Bayern innerhalb von sechs Jahren, sondern der bis heute größte Skandal in der Geschichte der Bundesliga: Die Bestechungsaffäre zum Saisonende 1971, die durch Horst-Gregorio Canellas, den Präsidenten der abgestiegenen Offenbacher Kickers, und seine sagenhafte Inszenierung ins Rollen gebracht wird.

Als Canellas am Tag nach dem letzten Spieltag seinen 50. Geburtstag feiert, lädt der schillernde Südfrüchte-Händler nicht nur die Offenbacher Spieler zur Party in den Garten seines Hauses, sondern auch Bundestrainer Helmut Schön, dazu DFB-Funktionäre und auch noch zahlreiche Pressevertreter aus dem Großraum Frankfurt. Dann drückt er auf den Wiedergabeknopf seines Tonbandgeräts.

Zu hören sind Mitschnitte von Telefonaten, in denen es vor den letzten Spieltagen um Spielabsprachen und Schmiergeldzahlungen geht. Unter anderem erkauften sich die Manager der abstiegsbedrohten Arminia aus Bielefeld entscheidende Siege, indem sie die Spieler der gegnerischen Mannschaft üppig entlohnten. Gekauft und verschoben waren acht Begegnungen, verwickelt insgesamt 52 Spieler, die mit teilweise jahrelangen Sperren sanktioniert wurden, darunter als prominenteste Namen auch die Schalker Reinhard Libuda, Klaus Fichtel und Klaus Fischer.

Und auch vom FC Bayern ist plötzlich die Rede, es kommen

Gerüchte auf, wonach die Klubbosse vor dem letzten Spieltag in Duisburg den MSV-Spielern für einen für die Meisterschaft ausreichend hohen Auswärtssieg viel Geld in Aussicht gestellt hätten. Spekulationen, die bei Wilhelm Neudecker für große Empörung sorgen. »Alles Larifari«, wütet der Bayern-Boss, »meine Mitarbeiter und ich haben eine reine Weste. Ich kann das beeiden.« Udo Lattek bekennt sich zwar zu Gesprächen mit Duisburger Spielern vor Spielbeginn, erklärt aber: »Ich habe ihnen nur gesagt, sie sollten sich nicht mehr so reinhängen, da es für sie doch um nichts mehr gehe«, so der Trainer. »Von Geld aber war nie die Rede.«

Oder hatte, wie gemunkelt wird, der Bayern-Konkurrent den Duisburgern einfach mehr geboten? Auch aus Gladbach folgt umgehend ein klares Dementi.

Der Skandal hat aber für die gesamte Bundesliga Folgen, das Zuschauerinteresse in der kommenden Saison 1971/72 geht rapide nach unten. Statt der 6,5 Millionen aus der vorangegangen Spielzeit kommen nur noch 5,7 Millionen in die Stadien. Bei den Bayern schwanken die Zahlen wie in der Vorsaison, zum 2:2 gegen Stuttgart strömen 43000 Zuschauer ins Stadion an der Grünwalder Straße, das 11:1 gegen Borussia Dortmund, bis heute der höchste Sieg in Bayerns Bundesliga-Geschichte, sehen gerade einmal 17000. Aber dann kommt es ganz zum Ende ja noch zum großen Tag. Zum Umzug ins Olympiastadion, das eigentlich erst nach den Olympischen Sommerspielen im September zur neuen Heimat werden soll. Doch als der FC Bayern Anfang Juni ankündigt, schon das Heimspiel gegen Titelkonkurrent Schalke am 34. Spieltag im Olympiastadion auszutragen, liegt das vor allem an den chronisch klammen Kassen des Klubs. Der Verein kämpft immer wieder um die finanzielle Existenz, würde man das Saisonfinale im Grünwalder Stadion austragen, müsste man für die Auszahlung der Spielergehälter einen Kredit aufnehmen.

Es ist naheliegend, dass auch hier Neudeckers enge Verzahnung mit Bayerns Politgrößen nicht hinderlich war, um auf die Schnelle unbürokratisch und unkompliziert die neue, von Günter Behnisch und seinem Architektenteam so einzigartig konzipierte Arena unter dem luftigen Zeltdach beziehen zu dürfen. Tatsächlich sind unmittelbar nach der Ankündigung die 79000 Eintrittskarten zu Preisen zwischen 5 und 25 D-Mark innerhalb weniger Stunden vergriffen. Trotz der Klage von Neudecker (»Wir hätten ein Stadion für 200000 Zuschauer gebraucht«) darf sich der Klub über eine Einnahme von 1,2 Millionen Mark freuen, das erste Mal in der Vereinsgeschichte, dass die Marke über einer Million liegt. Ganz nebenbei erlebt das einen Monat zuvor offiziell mit dem Länderspiel der DFB-Elf gegen die Sowjetunion eingeweihte Stadion einen packenden Showdown, kommt es zum ersten und bis heute einzigen Mal in der Bundesliga zu einem richtigen Endspiel der beiden Titelaspiranten am letzten Spieltag, Bayern liegt nur einen Punkt vor Schalke.

Was an diesem Mittwochabend schließlich folgt, ist eine Gala, die erste von vielen rauschenden Ballnächten, die sich in den folgenden 33 Jahren an dieser Stelle noch ereignen werden. Mit einem unwiderstehlichen 5:1 sichern sich die Bayern den Titel, und es ist ein standesgemäßer Schlusspunkt, dass der einmal mehr überragende Beckenbauer selbst mit seinem Freistoß in der 90. Minute den 101. und letzten Bayern-Treffer der gesamten Bundesliga-Saison erzielt, nie mehr sonst hat bis heute (Stand: Sommer 2023) eine Mannschaft diese Marke erreicht. Beckenbauer krönt sich mit der zweiten Deutschen Meisterschaft und schwärmt vom Zustand des Spielfelds in der neuen funkelnden Arena: »Der Rasen, ein Teppich.«

So schön ausgerollt die frische Spielwiese für die Bayern anmuten mag, woanders tun sie sich schwerer mit der Trittfestigkeit, geraten sie leicht ins Stolpern. Und zwar in Europa.

Seit dem Sieg im Pokalsiegerwettbewerb 1967 läuft es international eher mau. Nach dem frühen Erstrunden-Aus gegen St. Etienne 1969 scheitern die Bayern in der folgenden Saison im Messestädte-Pokal, einem Vorläufer des UEFA-Cups, im Viertelfinale an Liverpool, 1972 geht es in einer Neuauflage des Nürnberger Endspiels im Halbfinale gegen die Glasgow Rangers. Nach einem 1:1 zu Hause erlebt die Lattek-Truppe im Rückspiel beim 0:2 vor 80000 im Ibrox Park eine herbe Enttäuschung. Nun aber wollen die Bayern endlich mehr. Ansprüche und Ambitionen wachsen mit der neuen Spielstätte am Oberwiesenfeld, das nicht nur als architektonisches Meisterwerk gilt, sondern auch als eines der modernsten Stadien der Welt.

Selbstbewusst proklamieren Neudecker und Schwan vor der Saison 1972/73 den Gewinn des Europapokals der Landesmeister, dem Vorgänger der Champions League, als oberstes Saisonziel. Und auch der *Kicker* schreibt – hatte doch bis dahin noch keine deutsche Mannschaft den Landesmeister-Cup gewinnen können – neben einer seitenhohen Abbildung der berühmten Henkelpott-Trophäe fordernd: »Der fehlt uns noch.« In der Liga dominieren Beckenbauers Bayern, verteidigen die Meisterschaft ungefährdet mit elf Punkten vor dem 1. FC Köln. Doch in Europa wartet der nächste Frust.

Im Viertelfinale kommt es zum Kräftemessen gegen Europas Überflieger, das große Ajax Amsterdam, den zweifachen Landesmeister-Sieger der vergangenen beiden Jahre und damit auch zum ersten Aufeinandertreffen der bedeutenden europäischen Spielmacher: Cruyff vs. Beckenbauer. König Johan gegen Kaiser Franz. Ajax ist neben Cruyff gespickt mit großen Namen, Haan, Krol, Suurbier, Rep, Neeskens, der Stamm der Nationalmannschaft, die 1974 zur WM nach Deutschland reist. Immerhin eine torlose Halbzeit leisten die Münchner in Amsterdams Olympiastadion Gegenwehr. Dann gehen sie unter, erleben sie die vielleicht schlimmsten 45 Minuten ihrer Europapokal-Historie und verlieren – auch weil Sepp Maier seine anhaltende

Formkrise eindrucksvoll untermauert – 0:4. Die *Süddeutsche Zeitung* dichtet geschmeidig: »Nullpen aus Amsterdam.« Und dass die »Primaballerina der Bundesliga wohl ausgeträumt« habe im Meisterpokal.

Wenig tröstlich, dass jeder Bayern-Spieler am Rande der Begegnung als nette Geste von Gastgeber Ajax einen edlen Teller aus Delfter Porzellan überreicht bekommt. Dazu raunt Franz Beckenbauer nach der Rückkehr ins Mannschaftshotel: »Damit können wir nun die Suppe auslöffeln, die wir uns selbst eingebrockt haben.« Hmm, schmeckt gar nicht prima.

Nach einem immerhin respektablen 2:1 im Rückspiel verabschieden sich die Bayern für dieses Mal aus Europa trotz der hohen Erwartungen wieder einmal mit der ernüchternden Erkenntnis, dass es international noch nicht reicht – und dass Beckenbauer als Führungsspieler international noch einiges fehlt im Vergleich zu Cruyff. Dass Ajax auch noch Real Madrid rauswirft, im Finale Juventus schlägt und zum dritten Mal in Serie den Pokal gewinnt, tröstet kaum. Bayern scheint noch weit weg von Europas Spitze.

Umso mehr lässt in jenen Wochen Wilhelm Neudecker aufhorchen: mit seiner hochtrabenden Idee von der Gründung einer europäischen Superliga. Der Bayern-Präsident (»Wir spielten jetzt acht Jahre gegen Mannschaften wie Oberhausen, wir wollen nicht noch weitere zehn Jahre gegen Oberhausen spielen«) thematisiert öffentlich den Ausstieg der Bayern aus der Bundesliga und die Neugründung einer eigenen internationalen Meisterschaftsrunde mit den besten Teams des Kontinents. »Der gesamte Fußball würde an Popularität gewinnen, wenn zur selben Zeit Mönchengladbach gegen Juventus Turin und der FC Bayern gegen Ajax spielten.« Sogar ein konkreter Modus schwebt Neudecker bereits vor, »fünf Staffeln mit je 16 Vereinen« aus den Ländern der damals neun Staaten umfassenden Europäischen Gemeinschaft. Man könnte Neudecker einen Visionär nennen, einen Fantasten, einen Vordenker der Champions League. Oder einfach auch einen Größenwahnsinnigen. Nicht einmal die Eigentümer der Topklubs aus Italien, Spanien und England verfolgen fast fünf Jahrzehnte später bei ihren letztlich blamabel gescheiteren Plänen einer Super League das Ziel, die nationalen Ligen zu verlassen.

Die Bayern träumen jedenfalls schon damals ganz groß und müssen sich mühen, die Lücken zwischen Anspruch und Wirklichkeit zu schließen. Ganz besonders im September 1973, als es fast zu einem denkwürdigen Debakel kommt, das den Lauf der Klubhistorie radikal verändert hätte.

In der ersten Runde des Meisterpokals treffen die Bayern auf den schwedischen Provinzklub Åtvidabergs FF, ein Dorf, das man, wie der Sportinformationsdienst in einem Porträt vorab schildert, »wenn man hineinfährt, praktisch schon wieder verlassen hat«. Und in dem es nichts gebe, »keine Industrie und nicht einmal ein Bierlokal«. Dafür wird den Bayern aber doch ganz ordentlich eingeschenkt.

Im Hinspiel zu Hause quält sich die Lattek-Truppe in einem nicht einmal halb vollen Olympiastadion noch zu einem 3:1. Gerade 25000 Besucher quittieren dabei den laut *Süddeutscher Zeitung* »peinlichen Auftritt« mit einem gellenden Pfeifkonzert, in einer Zeit, in der sich ein Jahr nach Eröffnung der neuen Arena im Vergleich zum alten muffigen Grünwalder Stadion auch die Fankultur allmählich verändert – und das später vielzitierte »Champagner-Publikum« Einzug hält beim FC Bayern. Promis, VIPs und Adabeis, die sich gern zurücklehnen und für ihr gezahltes Geld auch von den Darbietungen verwöhnen lassen wollen. Die Tribüne wird schicker in München.

Das Rückspiel bei den schwedischen Amateuren wird für Beckenbauer und seine Mannschaft fast zum Albtraum, nach einem 0:3-Rückstand retten sich die Gäste durch ein Tor von Uli Hoeneß eine Viertelstunde vor Schluss immerhin ins Elfmeterschießen. Als Bernd Gersdorff verschießt, scheint die Blamage festzustehen, erst eine erfolgreiche Parade von Sepp Maier und ein schwedischer Fehlschuss sichern den Einzug in die 2. Runde. Doch die Diskussionen bleiben. Darüber, ob Neudecker und Schwan der Mannschaft mit den wenngleich lukrativen, aber sehr kräftezehrenden Freundschaftsspielen unter der Woche wirklich einen Gefallen tun. Vor dem Heimspiel gegen Åtvidaberg kommen die Bayern auf 31 Partien in 66 Tagen.

Vor allem aber stellt sich die Frage, ob Franz Beckenbauer nicht nur übermüdet, sondern allmählich auch überfordert sei. Ob er von seiner Libero-Position nicht doch wieder ins Mittelfeld aufrücken solle. Ob er es noch allein schaffe, die Mannschaft zu führen. Und ob er nicht Unterstützung brauche – weshalb bald rund um eine Reise von Neudecker und Schwan zu einem Spiel einer Europa-Auswahl nach Madrid Spekulationen die Runde machen, über eine mögliche Verpflichtung von Real-Star Günter Netzer. Ein Gerücht, das Neudecker und Schwan immer wieder dementieren müssen, bis Netzer selbst erklärt, er habe überhaupt kein Interesse an den Bayern.

Beckenbauer muss es allein richten. Und das wird er auch – wenngleich es im Meisterpokal auch in der nächsten Runde dramatisch wird. Im deutsch-deutschen Duell gegen Dynamo Dresden, dem ersten innerdeutschen Bruderkampf im Europapokal seit dem Mauerbau. Nach einem hochklassigen 4:3 der Bayern im heimischen Olympiastadion kommt es vor dem Rückspiel zu Verstimmungen zwischen Ost und West. Denn plötzlich erklären die Bayern, nicht wie üblich schon am Tag vor der Partie am Spielort eintreffen zu wollen, sondern erst am Spieltag wenige Stunden vor Anpfiff. Die sagenhaft bizarre Begründung von Wilhelm Neudecker gegenüber den Medien: »Wegen des Höhenunterschieds.« Demnach wäre eine zu frühe Anreise nicht förderlich für die Produktion roter Blutkörperchen, eine groteske Argumentation, die das *SZ*-Streiflicht dankbar als Steilvorlage verwertet: »Der FC Bayern München ist ein Eliteverband, an dem ein plötzlicher Höhenwechsel von 580 auf 106 Meter über Normalnull nicht spurlos vorübergehen kann. Aus der Luft des Erfolgs und der Münchner Dunstglocke begibt man sich eben nicht ungestraft in die weiche Atmosphäre von Elb-Florenz.«

Natürlich ist Neudeckers Hintergedanke ein anderer, er misstraut dem Essen jenseits der Mauer und befürchtet die Gefahr einer mutwilligen Vergiftungsattacke. Jahre zuvor war es schließlich bei einem UEFA-Jugendturnier in Leipzig zu zahlreichen Magenverstimmungen und Durchfallerkrankungen gekommen, ausschließlich allerdings bei Spielern von Mannschaften aus West-Europa.

Aus diesem Grund quartiert Neudecker die Mannschaft in der Nacht vor dem Spiel kurz vor der Grenze ein, in einem Hotel im unterfränkischen Hof. Auf immerhin noch 500 Höhenmetern.

Tatsächlich werden die Bayern am Spieltag nach der Ankunft in Dresden überwacht und bespitzelt – auch im Quartier, dem Interhotel Newa. So wird die hinter verschlossenen Türen abgehaltene geheime Mannschaftssitzung aus dem freilich rundum verwanzten Salon Pushkin live in die Dresdner Stasi-Zentrale übertragen, von der aus ein Motorradkurier sämtliche Details inklusive der Münchner Aufstellung Dynamo-Trainer Walter Fritzsch überbringt. Hilft aber auch nichts. Ein Tor von Gerd Müller rettet das dramatische 3:3 und den Einzug ins Viertelfinale, wo nicht erneut Ajax wartet, sondern mit ZSKA Sofia jene Mannschaft, die zuvor den dreifachen Cupgewinner sensationell aus dem Wettbewerb geworfen hatte. Diesmal recht unspektakulär erreichen die Bayern gegen den bulgarischen Meister (4:1 und 1:2) das Halbfinale, auch gegen die Ungarn von Újpest Budapest (1:1 und 3:0) gibt es kaum Probleme.

Drama gibt es erst wieder im Finale gegen Atlético Madrid –

im Heysel-Stadion von Brüssel, als die Spanier sechs Minuten vor Ende der Verlängerung in Führung gehen, durch Luis Aragones, den späteren Nationaltrainer. Es läuft die 120. Minute, als Schiedsrichter Vital Loraux schon auf die Uhr blickt und plötzlich Schwarzenbeck mit Ball am Fuß in der gegnerischen Hälfte auftaucht. Katsche Schwarzenbeck, der Putzer des Kaisers, der einst von Beckenbauer die Weisung erhalten hatte, niemals seine Position in der Defensive zu verlassen und die Stellung grundsätzlich zu halten, komme, was wolle. »Der Franz hat mich immer g'schimpft, wenn ich über die Mittellinie gegangen bin«, wird er bei einem persönlichen Gespräch in seinem Haus in München-Harlaching einmal erklären und sagen: »Zum Nachdenken, was ich mit dem Ball anfangen soll, hab ich damals keine Zeit gehabt.« Vor sich hat der Katsche sechs Gegenspieler und dahinter einen Torwart, auch schon egal, also zieht der Katsche eben mal ab, und so kommt es, dass der Ball in letzter Sekunde vorbei an zwölf spanischen Füßen und zwei Händen im linken Toreck landet. 1:1, der Endstand, kurz nach Abpfiff brennen in der Stadionelektrik die Sicherungen durch und erlischt abrupt das Flutlicht, weshalb sich in den folgenden Jahren bei Stromausfällen in München die Redensart einbürgern wird: »Ah. Hod da Katsche wieda d'Liachta ausgschossn.« Die Dunkelheit im Stadion macht weiter nichts, schließlich steht nun kein Elfmeterschießen zur Ermittlung des Siegers an, sondern erst zwei Tage später, am Freitagabend, ein Wiederholungsspiel.

Udo Lattek nutzt die zwei Tage im abgelegenen Quartier Le Grand Veneuer in Keerbergen, 30 Kilometer nordöstlich von Brüssel, auch mit Beckenbauer führt er viele Einzelgespräche, verordnet der Mannschaft eine neue Taktik. Man dürfe sich nicht mehr einlullen lassen von den Spaniern, müsse sich der abwartenden Spielweise anpassen. »Wir müssen sie mit unserem Tempo zermürben«, sagt Lattek, eine Forderung, die die Spieler beherzigen und konsequent umsetzen. In einem furiosen Spiel triumphieren die von einem unermüdlichen Beckenbauer angetriebenen Bayern durch je zwei Tore von Müller und Hoeneß und sichern sich erstmals in ihrer Geschichte den Henkelpott. Drei Wochen bevor sich sein Pflichtspieldebüt Anfang Juni 1964 für die Bayern zum zehnten Mal jährt, ist Beckenbauer nun ganz oben angekommen in Europa, der *Kicker* adelt ihn gleich mal als »besten Fußballer der Welt« und schreibt von einer »Elf, die alle Grenzen sprengt«. Alle Grenzen sprengt auch die folgende Siegesfeier bis in den frühen Samstagmorgen im Mannschaftshotel. Das Kuriose dabei: Wenige Stunden später, am Samstagnachmittag, müssen die Bayern in Gladbach ran. Bundesliga am Bökelberg, der 34. Spieltag.

Dass die Bayern dank eines 1:0 über Offenbach eine Woche zuvor und einer zeitgleichen Gladbacher Niederlage in Düsseldorf bereits uneinholbar und zum dritten Mal in Folge als Meister feststehen, ist eine glückliche Fügung. Als die Bayern am Vormittag in Keerbergen aufbrechen, beziffert Sepp Maier die Siegchancen wie auch seinen Alkoholpegel auf jeweils drei Promille und prognostiziert, dass er später nicht nur doppelt sehen würde. »Wenn drei Bälle auf mich zufliegen, dann schnapp ich mir den mittleren.« Noch auf der 160 Kilometer langen Busfahrt an den Niederrhein wird der mit Schampus gefüllte Meisterpokal herumgereicht, angezählt taumeln die Bayern-Spieler auf den Platz.

Manager Schwan gelingt es immerhin, sein Versprechen (»Wenn wir den Europapokal holen, dann schlage ich in Gladbach einen Purzelbaum«) unfallfrei einzulösen, dann verlieren die Bayern eines der einseitigsten Spiele der Bundesliga-Historie mit 0:5. Ein Spiel, das für die Tabelle keine Bedeutung mehr hat – für Franz Beckenbauer selbst aber schon, was an den Minuten liegt, in denen die Bayern bereits vor Anpfiff bei einer Zeremonie feierlich zum Meister gekürt werden. Als Beckenbauer aus den Händen von DFB-Präsident Hermann Gösmann die Schale entgegennimmt, ertönt nicht wie üblich ein lautes Pfeifkonzert. Stattdessen gibt es großen Applaus, klatscht der Bökelberg Beckenbauer Beifall. Eine völlig neue Erfahrung für den Bayern-Kapitän, der in diesem Augenblick, wenige Stunden nach dem Triumph von Brüssel, das Gefühl verspüren dürfte, angekommen zu sein und nicht nur den Gipfel Europas erobert zu haben, sondern auch die Herzen aller deutschen Fußballfans. Jetzt, da ihm doch nun schon die Erzrivalen aus Gladbach huldigen. Aber es wird wieder ganz anders kommen, wenige Wochen später bei der WM.

KAPITEL 11

Prämienstreit, Lagerkoller und Buhmann vor der Kaiserkrönung: Die Weltmeisterschaft 1974 in Deutschland

Malente, eine Gemeinde an den Ausläufern des Bungsbergs. Der Bungsberg ragt 167 Meter in den Himmel, es ist die höchste Erhebung Schleswig-Holsteins. Zu den Sehenswürdigkeiten von Malente zählen die Maria-Magdalenen-Kirche, ein Wasserturm und die typischen Reetdachhäuser. Es gibt hier auch das Immenhof-Museum, das an die Reihe der seit 1955 gedrehten *Immenhof*-Filme erinnert. Der fünfte und letzte Film *(Frühling auf Immenhof)* kommt 1974 ins Kino – in jenem Jahr, in dem sich hier in der ortsansässigen Sportschule auch die deutsche Nationalmannschaft einquartiert und seitdem Malente nicht nur für provinzielles Holstein-Idyll steht, sondern auch für Prämienstreit und Lagerkoller, für Komplikationen, Reibereien und ein gestörtes Binnenklima. Sondern vor allem auch für den Geist von Malente. Als Grundlage für den WM-Triumph der DFB-Elf. Als Basis für die Kaiserkrönung von München.

Die Stimmung kurz vor der WM ist dabei wesentlich angespannter, gedämpfter, trübsinniger als zwei Jahre zuvor, als die DFB-Auswahl die Europameisterschaft nicht nur einfach gewinnt. Damals ist die ganze Fußballwelt begeistert von einem wundervollen, herzerfrischend kreativen Spielstil, wie man ihn zuvor bei einer deutschen Mannschaft noch nie gesehen hat. Es ist die Vollendung einer Entwicklung, die sich schon bei der WM 1970 abgezeichnet hat, mit dem kongenialen Miteinander hochkarätiger Individualisten. Als fester zentraler Kern der 72er-Mannschaft agieren Franz Beckenbauer und Günter Netzer, die sich im Viertelfinale beim legendären 3:1 in Wembley, dem ersten Sieg einer deutschen Nationalelf in England, in ihrem perfekt abgestimmten Wechselspiel zwischen Abwehr und Mittelfeld ideal ergänzen. Es ist das Spiel, nach dem der Essayist und Literat Karl-Heinz Bohrer in der *FAZ* den später oft zitierten Satz aufschreibt, dass Netzer »aus der Tiefe des Raumes« gekommen sei. Später wird Netzer so auch seine Autobiografie betiteln.

Netzer und Beckenbauer sind zwei völlig unterschiedliche Typen, hier der langhaarig lässige Spielmacher und vielleicht erste Playboy des deutschen Fußballs, der zu Hause in Mönchengladbach nicht nur viele schnittige Sportwagen fährt, sondern auch eine Disko namens Lovers' Lane betreibt, dort der doch eher spießig konservative Beckenbauer. Dass beide eine sehr spezielle und auch eine sehr komplizierte Beziehung verbindet, lässt sich gut an einer Episode aus einem Freundschaftsspiel 1971 gegen Norwegen ablesen. Vor einem Freistoß in aussichtsreicher Position legt sich Netzer den Ball zurecht, wie immer in diesen Momenten, mit Ruhe und Bedacht, tiefenentspannt und doch hochkonzentriert. Netzer ist gesetzt als Freistoßschütze, er braucht dabei dieses Ritual, die gleichen Mechanismen, die Flucht in die innere Emigration. Den Fokus auf sich, den Ball, den Anlauf, den Schuss. Netzer also schickt sich gerade an, wie immer einige Schritte nach hinten zu gehen, als plötzlich Beckenbauer ungefragt in Aktion tritt und mit zwei Schritten Anlauf den Ball über die Mauer hinweg ins Tor versenkt. Der völlig fassungslose und zutiefst gekränkte Netzer spricht später vom »Fehdehandschuh, den Franz mir da hingeworfen hatte«, und: »Fast hätte ich ihm eine runtergehauen.«

Einige Jahre später wird sich Netzer revanchieren, als er seinen alten, 265 PS starken Sechs-Zylinder-Jaguar an Beckenbauer verkauft. Dass das Dach dabei undicht ist, merkt der Käufer erst wenige Tage danach, als er Netzer anruft und wüst beschimpft. »Da regnet's ja rein beim Dach.« Beckenbauer löst das Problem auf seine Weise, er verkauft das Auto einfach weiter an Wolfgang Overath.

Nach dem Sieg in Wembley 1972 stellt die internationale Presse bereits Vergleiche mit der ungarischen Wunder-Elf Anfang der 1950er Jahre an, die *L'Equipe* etwa schreibt vom »Traumfußball aus dem Jahr 2000«, auch im Endspiel verzaubert die Schön-Truppe beim 3:0 gegen die Sowjets. Es herrscht im Land Aufbruchsstimmung, die Studenten protestieren gegen den »Muff von tausend Jahren unter den Talaren«. Wäre Deutschland eine Wohnung, dann machen sie nach Jahrzehnten in stickigem Dunst endlich mal die Fenster auf. Das Land lüftet durch und lässt die Sonne rein. Let the sun shine, the sun shine in.

Und auch im Fußball sind die Deutschen nicht mehr wie unter Herberger ein militärisch getrimmtes, betoniert borniertes Kollektiv. Vielmehr scheint es, als würden sie in Anlehnung an Willy Brandt auch auf dem Rasen mehr Demokratie wagen. Die Elf von 72: herzerwärmender Flower-Power-Fußball. Dazu herrscht Vorfreude auf das nächste Großereignis, auf die Olympischen Sommerspiele in München, die wenige Wochen nach der EM mit der offenen Zeltdacharchitektur des Olympiaparks wie auch in Design und Farbgestaltung einen bewusst heiteren Gegenentwurf zu Hitlers martialischen Berliner Nazi-Spielen von 1936 darstellen.

Es ist natürlich der 5. September 1972, mit dem sich alles ändern wird: Der Überfall palästinensischer Terroristen auf die israelische Delegation im Olympischen Dorf, am Ende sind elf Israelis und ein deutscher Polizist tot. Es steigt die Furcht vor weiteren Anschlägen, die noch junge RAF droht vor der WM 1974 mit dem Beschuss von Stadien durch Flugabwehrraketen, die IRA kündigt ein Attentat gegen die schottische Nationalmannschaft an. Im Bundesinnenministerium herrscht in einem Ausschuss für Gefahrenabwehr und Terrorismusbekämpfung höchste Alarmstufe.

Auch in der Mannschaft kommt in der hermetisch abgeriegelten und von Einheiten der GSG 9 bewachten Sportschule Malente wenig Euphorie auf. Stattdessen gibt es kurz nach der Zusammenkunft gleich einmal Ärger, es geht ums Geld. 30000 Mark pro Mann hatte der DFB als Prämie für den Titelgewinn ausgelobt, doch als sich herumspricht, dass die Verbände Italiens, Brasiliens, Spaniens ihren Spielern mit bis zu 150000 Mark das Fünffache in Aussicht stellen, gibt es Krawall. Die Nationalspieler begehren auf, allen voran die Spieler des FC Bayern, die sich schließlich allein für den Europapokal-Triumph von Brüssel drei Wochen zuvor über 85000 Mark Extragage freuen durften.

Tagelang kommt es zu heftigen Diskussionen zwischen Verband und Spielern, allen voran zwischen DFB-Delegationsleiter Hans Deckert und Franz Beckenbauer, der seit 1971 Kapitän in der Nationalelf ist, seit 1973 Rekordnationalspieler und nun auch die Führungsautorität innerhalb der Mannschaft. In jenen Tagen soll Beckenbauer dem Vernehmen nach immer wieder auch mit Robert Schwan telefoniert haben, um ihn von den Zwischenergebnissen der Verhandlungen zu informieren. Die Ansage des Managers ist eindeutig, nur nicht klein beigeben. Schwan eben.

Und auch die Spieler bleiben hart. Als Beckenbauer nach einem Gespräch mit Deckert seinen Kollegen das auf 50000 Mark Prämie erhöhte Angebot weiterleitet, herrscht einhellige Ablehnung. Die Spieler fordern mehr Geld, ansonsten drohen sie mit Streik oder gar Abreise, es geht zu wie bei Tarifverhandlungen zwischen Arbeitgebern und der Gewerkschaft, das Wort von der Erpressung macht die Runde. Bernd Hölzenbein, der

Flügelstürmer von Eintracht Frankfurt, sagt später einmal über die Truppe von 1974 den sehr treffenden Satz: »Wir waren keine Kameradschaft. Wir waren eine Interessengemeinschaft.« Frei nach der Liedzeile aus »Fußball ist unser Leben«, dem DFB-Song von 1974: Einer für alle, alle für einen, wir halten stets zusammen. Aber nur wenn die Kohle stimmt.

Es ist nur noch eine Woche bis zur WM und wenige Stunden bis zum finalen Meldeschluss des 22-Mann-Kaders, als der DFB bereits eine Bitte um Fristverlängerung bei der FIFA erwägt und es am frühen Morgen des 6. Juni, nach 15-stündigen Gesprächen unter Hochdruck im Beisein von Beckenbauer, Netzer und Overath endlich zur Einigung kommt. 15000 Mark pro Mann Startprämie plus 60000 Mark für den Titel.

Während die *Süddeutsche Zeitung* konstatiert, dass Wilhelm Neudecker den Kompromiss sicher mit Bedauern aufgenommen haben dürfte, hätte er bei einer Abreise der Münchner Nationalspieler aus Malente den Klub doch während der WM wieder auf lukrative Gastspielreisen schicken können, führt das Gezerre um die Prämien bei Helmut Schön zu einer tiefen Sinnkrise. »Wir sind doch Sportsleute, keine Krämer«, klagt er, und dass er »mit diesem Sauhaufen nichts mehr zu tun haben« wolle. Nun wird die Sportschule gar zum Tollhaus. Schön nennt Breitner auf dem Flur der Sportschule einen »Maoisten« und »Rädelsführer«, als der auch auf dem Spielfeld als Linksverteidiger agierende Bayern-Spieler daraufhin aus Protest die Koffer packt, in Anzug und Krawatte Malente schon verlassen will und im letzten Moment von Beckenbauer noch an der Abreise gehindert wird.

Auch Schön will weg, er sucht sich schon den nächsten Zug nach Wiesbaden, am Ende bleibt er natürlich doch. Aber es wird deutlich, dass sich der Bundestrainer von den Auswüchsen des modernen Fußballs, der neuen Welt der hochdotierten Profis immer mehr entfremdet.

Ja, auch Schön verdient gut, und auch er lässt sich für einen PR-Deal einkaufen, als er ein Fertighaus von Neckermann bewirbt. Es ist aber kein Vergleich zu den Verträgen, die die Stars der Nationalmannschaft abschließen. Die Gagen gehen ins Sechsstellige, ob bei Sepp Maier und seiner Schnupftabak-Kampagne oder Gerd Müller, der in Spots und Anzeigen immer in den Schokoriegel einer bestimmten Marke beißt, mit dem Slogan: »Bringt Energie für Bombenschüsse.« Absoluter Krösus ist aber auch hier Franz Beckenbauer, der im Rahmen der WM als Einziger allein mit Werbeeinnahmen weit mehr als eine Million Mark verdiene, wie es heißt. Beckenbauer preist Malzbier an und Stollenschuhe und wirbt dazu auch für einen deutschen Süßwarengiganten, der seine bekanntesten Produkte aus einem pappigen Gemisch aus Gelantine, Zuckersirup und Säuerungsmittel in Tierform vertreibt. Ja, ist denn heut schon Gummibärchen.

Die mediale Ausnahmestellung Beckenbauers zeigt sich auch an der Werbung zweier rivalisierender Mineralölkonzerne. Als Günter Netzer in einem Spot bei Esso an der Zapfsäule vorfährt, um den Wagen von seinen DFB-Mitspielern betanken zu lassen, fehlt Beckenbauer. Der nämlich wirbt wie schon 1970 für das Unternehmen mit der blauen Raute, er lächelt dort ganz exklusiv als der Kaiser von der Tankstelle und wirbt für ein Motoröl, das sich »auf alle Belastungszustände optimal« einstelle, »um sofort alle Schmierstellen zu versorgen«.

Bei der deutschen Mannschaft läuft es hingegen zum Start der WM gar nicht wie geschmiert. Und als Spielmacher, als Antreiber, der mit glänzenden Auftritten dafür sorgen soll, dass die Stimmung im Land in den höchsten Gang schalten soll, leistet sich Beckenbauer bald einen kapitalen Getriebeschaden.

Nach einem mageren 1:0 über Chile zum Auftakt im Berliner Olympiastadion kommt es in Hamburg beim 3:0 über die bestenfalls zweitklassigen australischen Teilzeit-Profis zum Eklat, als das ob der dürftigen Darbietung aufgebrachte Publikum vor allem die beiden Münchner Beckenbauer und Müller wüst auspfeift und beschimpft. Als einige Zuschauer »Bayern-Schweine« skandieren, tickt der DFB-Kapitän aus und spuckt erbost in Richtung Tribüne. Wie sehr Beckenbauer die Contenance verliert und wie blank seine Nerven liegen, erfährt auch der australische Kapitän Peter Wilson, der nach Abpfiff höflich nach einem Trikottausch fragt – wofür er sich vom Franz nur einen Rüffel einfängt und die Ansage bekommt, dass er sich gefälligst schleichen solle.

Beckenbauer, dem vier Wochen zuvor bei der Meisterehrung in Mönchengladbach endlich die wertschätzende Anerkennung widerfahren war, nach der er sich in fremden Stadien so oft vergeblich gesehnt hatte, ist nun wieder der Buhmann. Der Vorfall bestätigt viele Fans im ganzen Land in ihrer Einschätzung, dass Beckenbauer bei Werbeterminen und gesellschaftlichen Auftritten eine glücklichere Figur abgebe als auf dem Platz, wo es ihm zu oft an Größe und Souveränität mangle. Man erinnert sich wieder an das Brunnenbuberl von Hannover oder seine Schimpftirade nach einem verlorenen Pokalspiel in Frankfurt, als er sich angesichts vermeintlicher Fehlentscheidungen des Schiedsrichters echauffierte, man solle dem ganzen DFB »in den Hintern treten«.

Nach dem Australien-Spiel spricht Beckenbauer reuig von »einem Missverständnis« und erklärt, er habe auch mal die Aggressionen abbauen müssen, die sich in der Monotonie von Malente aufgestaut hätten, denn: »Da wirst ja wahnsinnig. Immer wieder derselbe Schmarrn. Man möchte endlich mal raus hier.« Auch Gerd Müller, der übrigens nach den Pfiffen gegen ihn und den »Uwe, Uwe«-Rufen in Hamburg sarkastisch anbietet, er könne seinen Platz für den 1970 aus der DFB-Elf zurückgetretenen Publikumsliebling Seeler gern räumen, schimpft über den Kasernencharme der Sportschule: »Man behandelt uns dort wie kleine Kinder.« Dass Müller bei den täglichen Tischtennisturnieren vermutlich dank der Energie seiner Schokoriegel mit Bombenschmetterbällen grundsätzlich Erster wird, tröstet ihn nur wenig.

Die Stimmung in Malente geht gegen null, auch, weil sich wohl bewahrheitet, was der Sportpsychologe Manfred Steinbach schon vor Turnierbeginn der *Abendzeitung* erklärt: »Fünf Wochen ohne Sex ist eine völlig unnötige Pein für die Sportler.« Viel besser würden es die Holländer regeln, die in ihrem Quartier zweimal pro Woche ihre Partnerinnen empfangen dürften. Steinbach (»Es gibt keinen Grund für überdimensionale Askese«) verweist auch auf die vorbildliche Offenheit des Olympischen Dorfes 1972 in München: »Wer dort Not litt, war selbst schuld.«

Für Helmut Schön ist das alles kein Argument. »Wir sind hier nicht für Ferien in einem Erholungsheim«, sagt er und kündigt nach dem Spuck-Eklat an, mit seinem Kapitän »ein ernstes Wort reden« zu müssen, denn: »So etwas kann sich nicht einmal ein Franz Beckenbauer leisten.« Wenige Tage später ist es dann umgekehrt. Dann spricht Franz Beckenbauer Tacheles mit Helmut Schön.

Wieder spielt Deutschland in Hamburg, diesmal gegen Deutschland, es ist das mit Spannung erwartete Aufeinandertreffen der bereits für die Zwischenrunde qualifizierten BRD mit der DDR. Durch das Tor von Sparwasser gewinnt der Osten das Bruderduell gegen den Westen mit 1:0, und mag es für die DFB-Kicker auch eine blamable Niederlage sein, so wird dieser Abend doch zu einem entscheidenden Meilenstein auf dem Weg zum WM-Titel. Nach dem Finalsieg in München gut zwei Wochen später wird Franz Beckenbauer sagen, dass man aus Dank auch Jürgen Sparwasser eine Medaille überreichen müsse. Ohne sein Tor für die DDR, so seine Ansicht, wäre die BRD 1974 nie Weltmeister geworden.

Was der Niederlage nämlich folgt, ist die ominöse Nacht von Malente, in der Schön und Beckenbauer hinter verschlossenen Türen über die nötigen Konsequenzen diskutieren. Dass die Gespräche später gern auch als jene Stunden bewertet werden, in denen Beckenbauer Helmut Schön entmachtet und die alleinige Führung in der Nationalmannschaft übernimmt, liegt auch an einer gemeinsamen Pressekonferenz von Trainer und Kapitän nach dem Umzug von Malente ins Zwischenrunden-Quartier nach Kaiserau. Während Schön über allerlei Banalitäten redet wie etwa die angenehme Busfahrt oder ein aufmunterndes Telegramm von Sepp Herberger, spricht der Kaiser Tacheles und kündigt für das anstehende Spiel zum Auftakt der Zwischenrunde gegen Jugoslawien einen radikalen Umbau der Mannschaft an. »Die Spieler, die jetzt ausgewechselt werden«, sagt er, hätten sich das »selbst zuzuschreiben.« Namentlich nennt er vor allem den gegen die DDR enttäuschenden Jürgen Grabowski und sagt in die Mikrofone: »Ich will ihn nicht abwerten. Aber er ist einfach überfordert, wenn man ihm die Rolle zudenkt, die ein moderner Flügelstürmer spielen muss, wenn's drauf ankommt.«

Abserviert wird auch Vereinskollege Uli Hoeneß, als Doppeltorschütze im Meistercup-Wiederholungsfinale noch der große Held von Brüssel, dem Experten wie Dettmar Cramer vor der WM den Durchbruch zum Weltstar prophezeiten. Beckenbauer raunt, auch Hoeneß müsse seine »Leistung um 100 Prozent steigern«. Auch ihn schickt Schön so wie Bernd Cullmann und Heinz Flohe in Absprache mit Beckenbauer auf die Bank. Gerd Müller dazu später: »Der Uli brauchte diesen Schuss vor den Bug.« Dafür kommen Bonhof, Wimmer, Herzog, Hölzenbein. Und Deutschland siegt in Düsseldorf souverän 2:0.

Beckenbauer sieht sich bestätigt und endlich angekommen in seiner Funktion als Kapitän. Als einer, der nicht nur über eine elegante Ballbeherrschung verfügt, sondern wie auch im

Prämienstreit über resolutes Durchsetzungsvermögen einer Führungspersönlichkeit. Einer, der nicht nur nörgeln, pöbeln, schimpfen und spucken kann, sondern seine Mannschaft auch mit zwar teils drastischer, aber Hauptsache zielorientiert konstruktiver Kritik weiterbringt. Beckenbauer scheint seine Rolle gefunden zu haben, und er scheint darin aufzugehen. »Es ist eine undankbare Aufgabe, sich zu exponieren«, sagt er nach dem Spiel gegen die Jugoslawen, »aber wenn ich es nicht tun würde, könnte man mir mit Recht Vorwürfe machen. Ich bin zwar meistens der böse Bube. Aber wenn es nötig ist, halte ich meinen Kopf für alles hin, damit wir den Titel holen.« Schließlich gehe es hier ja auch um die Weltmeisterschaft. »Und nicht um irgendein Freundschaftsspiel im Kongo.« Es ist bezeichnend, dass er bei Interviews im Quartier in Kaiserau Sätze oft mit den Worten beginnt: »Ich weiß ja nicht, wie sich Herr Schön entscheidet, aber meine Meinung ist ...« Meistens ist dann Schön auch Beckenbauers Meinung.

Einig sind sie sich auch in ihrer Einschätzung von Günter Netzer, dem großen Star der EM 1972, der nun während der gesamten WM nur zu einem Kurzeinsatz kommt, in den letzten 20 Minuten gegen die DDR. Der 1973 zu Real nach Madrid gezogene Spielmacher steckt in einer tiefen Formkrise, kümmert sich zu viel um die eigene Selbstvermarktung. Nach einem Rüffel von Helmut Schön muss er vor der WM eine geplante Autogrammstunden-Tour durch 33 deutsche Städte für eine Gage von jeweils 5000 Mark absagen. Die Sonderschichten im Training, zu denen er verdonnert wird, helfen aber auch nichts, Netzer spielt keine Rolle für das Tandem Beckenbauer/Schön.

Stattdessen springt nun Wolfgang Overath ein, jener Kölner Mittelfeldmann, der sich von Beckenbauer Netzers kaputten Jaguar andrehen ließ. Anders als der wilde und kühne, zu seinen besten Zeiten im positiven Sinne auf dem Platz auch unberechenbar irre Netzer, über den einmal gesagt wird, »seine

Pässe atmeten den Geist der Utopie«, ist Overath eher ein kühler Pragmatiker, der im Mittelfeld nicht mehr das Unmögliche versucht, aber dafür die Umsetzung des Machbaren versteht wie sonst kaum einer. Uli Hoeneß wird später einmal in einer schönen Analogie das Duo Netzer und Overath mit den beiden Bundeskanzlern jener Jahre vergleichen. Netzer und Willy Brandt, couragierte Vordenker mit atemberaubenden Ideen und großen Visionen. Overath und Helmut Schmidt, zwei rational agierende Vertreter einer neuen Vernunft.

Overath spielt auch im richtungsweisenden Spiel gegen Schweden eine entscheidende Rolle, als er mit seinem Tor kurz nach der Halbzeit den wichtigen Ausgleich zum 1:1 erzielt. Mit einem überragenden Uli Hoeneß, der nach seiner kaiserlichen Strafversetzung gegen Jugoslawien nun wieder mitspielen darf, gewinnt man schließlich 4:2. Im entscheidenden letzten Spiel der Zwischenrunde ringt die DFB-Elf dann Polen in Frankfurt durch ein Tor von Gerd Müller 1:0 nieder, wegen der gewaltigen Regengüsse vor Anpfiff waten die Spieler auf dem Platz dabei durch Schlamm und Morast, man nennt das Spiel auch die »Wasserschlacht vom Waldstadion«. Nun steht Deutschland also im Finale. Gegen Holland, eine Mannschaft, die nur dank einer krassen Fehlentscheidung in der letzten Minute des letzten Qualifikationsspiels zur WM fahren durfte, als der Schiedsrichter dem Gegner Belgien einen regulären Treffer wegen einer vermeintlichen Abseitsposition fälschlicherweise aberkannte.

Die Niederlande, erst zum dritten Mal nach 1934 und 1938 bei einer Weltmeisterschaft, stürmen mit ihrer bezaubernden Offensivphilosophie vom »Totaalvoetbal« ins Endspiel. Das aus der Amsterdamer Ajax-Schule entwickelte System steht für eine noch nie da gewesene Variabilität, bei der in Ballbesitz alle zehn Feldspieler zusammen angreifen und bei Ballverlust allesamt verteidigen. Zudem erfordert das System höchste Flexibilität, verlässt ein Spieler seine Position, wird die Lücke von einem Mitspieler sofort geschlossen. Im Idealfall ist jeder Akteur als kompletter Spieler überall gleichwertig einsetzbar, ob als Rechtsverteidiger, Linksaußen oder Mittelstürmer. Mit ihrem temporeichen Kombinationsspiel überrollen die Oranjes Mannschaften wie Argentinien und Titelverteidiger Brasilien, Holland wird zur Publikumsattraktion, und so ähnelt vor dem Endspiel in München vieles an die Konstellation 20 Jahre zuvor, als sich eine fleißige deutsche Nationalmannschaft mit altbewährten Tugenden ins Finale kämpfte und dort als Außenseiter auf eine spielerisch überlegene und auch klar favorisierte Mannschaft traf. Damals Ungarn, diesmal Holland.

Im deutschen Finalquartier in der Sportschule Grünwald herrscht in jedem Fall große Vorfreude, für einen kurzen Stimmungsdämpfer sorgt bei einer spontanen Stippvisite Bayern-Manager Robert Schwan, als er den Münchner Spielern Beckenbauer, Maier, Müller, Hoeneß, Breitner und Schwarzenbeck mitteilt, sie sollten am Sonntag nach dem Endspiel (Anpfiff 16 Uhr) nicht zu lange feiern und sich gefälligst beeilen, für 19 Uhr habe er schließlich ein Privatspiel der Bayern beim TSV Großhadern vereinbart. Dass er natürlich nur einen Scherz gemacht habe, schiebt Schwan hinterher, was das Münchner Sextett mit Erleichterung zur Kenntnis nimmt. Oder meint er es vielleicht doch ernst? So sicher kann man sich bei ihm da nicht sein, Schwan trauen sie ja schließlich alles zu.

Für Franz Beckenbauer ist es nach 1966 das zweite WM-Finale, und anders als damals im Mittelfeld im Duell mit Bobby Charlton muss er sich nun als Libero nicht mehr mit dem Superstar des Endspielgegners herumschlagen, muss er diesmal nicht Johan Cruyff neutralisieren – und damit auch sich selbst. Dafür habe man ja Berti Vogts, sagt Beckenbauer. »Er ist der richtige Foxterrier, um Cruyff in seiner Wirkung einzudämmen.« Vogts, der den Terrier als Spitznamen nie mehr losbekommt, sagt: »Cruyff muss meinen Atem spüren und meine Beine.«

Im Münchner Olympiastadion ist aber noch keine Minute gespielt, als Cruyff erst einmal die Beine von Uli Hoeneß spürt. Kurz vor der Strafraumlinie säbelt ihn der Münchner um, aber weil sich Hollands Superstar weit in den Sechzehner hineinfallen lässt, pfeift Schiedsrichter Taylor auf Strafstoß. Die Sache mit dem Videobeweis und Zwischenrufen aus einem Kölner Keller lässt man sich erst viele Jahrzehnte später einfallen. Nach der frühen Führung durch den Strafstoß von Neeskens stellen die Holländer, die schon vor Anpfiff siegestrunken mit freudigen Liedern in ihrer Kabine den sicher geglaubten Titel als »Wereldkampioen« feiern, das Spielen ein und scheitern letztlich an ihrer eigenen Arroganz.

Nach einer Schwalbe von Hölzenbein verwandelt Breitner per Elfer zum Ausgleich, kurz vor der Pause erzielt Gerd Müller das berühmteste Tor seiner Karriere, ein Schuss aus der Drehung ins lange Eck. Dann macht es bumm, Deutschland ist Weltmeister, aus den Händen von Bundespräsident Walter Scheel nimmt Beckenbauer den WM-Pokal entgegen. Es ist der Höhepunkt seiner Laufbahn als Spieler, ein Freudentag, dem am Abend aber noch der große Ärger folgt. Beim Eklat auf dem Siegerbankett im Münchner Hilton.

Die Spieler sitzen bereits bei Tisch, als sie sich über die Absenz ihrer Partnerinnen wundern und sich langsam herumspricht, dass sie wohl gar nicht rein dürften. Als es Susi Hoeneß gelingt, vorbei an kernigen Ordnungskräften zu ihrem Mann vorzudringen, fordert ein Kellner sie barsch zum Verlassen auf. Wütend stellt Uli Hoeneß Delegationsleiter Deckert zu Rede und fragt ihn, warum denn dann die Funktionärsgranden des DFB alle mit ihren Gemahlinnen anrücken dürften. Worauf Deckert erwidert: »Das sind die Damen der Offiziellen, das ist etwas ganz anderes. Hier herrscht noch Zucht und Ordnung. Maßen Sie sich nicht Rechte an, die Ihnen nicht zustehen.« Mit seiner weinenden Susi im Arm verlässt Hoeneß unter Protest den Raum, solidarisch folgen ihm zahlreiche weitere Nationalspieler.

Ähnlich geht es den Spielern Hollands und Polens, die als Vizeweltmeister und Drittplatzierte ebenfalls geladen sind. Als Johan Cruyff erklärt, ohne seine Frau werde er gleich zurückfahren ins Teamquartier, dem Hotel Bachmair in Rottach-Egern, herrscht ihn WM-Organisationschef Hermann Neuberger herablassend an: »Setzen Sie sich.« Cruyff setzt sich nicht und fährt an den Tegernsee. Auch die DFB-Kicker erleben mit ihren Frauen eine lustige Nacht und ziehen durch Lokale und Clubs der Stadt. Es ist bemerkenswert, wie sich die Verantwortlichen auch am Tag danach rechtfertigen. Der spätere DFB-Boss Neuberger erklärt, »dass die Frauen durchaus bis zum Ende des Banketts warten konnten. Fußballspielen ist schließlich der Beruf ihrer Männer. Und die Frauen wussten ja, wen sie heiraten.« Hermann Joch, der Direktor des Organisationskomitees poltert, so ein Bankett sei ja »keine Tanzveranstaltung«. Und auch Hans Deckert sieht gar keinen Grund, sich zu entschuldigen, und ergänzt ob der öffentlichen Empörung, dass Drohbriefe an die Stadtwerke Schweinfurt sinnlos seien, schließlich habe er dort vor der WM als Kaufmännischer Direktor gekündigt.

Es sind Ereignisse, die die große Kluft offenbaren, zwischen den selbstgerechten und erzreaktionären Funktionären auf der einen sowie der neuen Generation selbstbewusster Fußballprofis auf der anderen Seite, junger Menschen, die sich von den alten weißen und sehr weltfremden Männern nichts mehr vorschreiben lassen möchten. Zucht und Ordnung, Drill und Gehorsam, das waren Schlagworte aus der Zeitrechnung Herbergers. 1954 mag das noch gegolten haben. 1974 tut es das längst nicht mehr.

Noch in der Nacht erklärt Uschi Müller, ihr Mann werde nun nie mehr für die Nationalmannschaft spielen, später wird die Aussage als Reaktion auf die Vorfälle beim Bankett interpretiert. Wahr ist aber vielmehr, dass Gerd Müller Helmut Schön bereits drei Tage vor dem Endspiel darüber informiert, nach der WM nicht mehr für Deutschland auflaufen zu wollen.

In den Medien spricht man bei den Würdigungen in den Tagen danach vom »goldenen Jahrzehnt«. Zehn Jahre nach Amtsantritt von Helmut Schön, zehn Jahre nach dem ersten Profispiel von Franz Beckenbauer ist der deutsche Fußball ganz oben angekommen. Die DFB-Elf ist auch die erste Mannschaft, der es in der 44-jährigen WM-Geschichte gelingt, bei drei aufeinanderfolgenden Turnieren unter die letzten Vier zu kommen, und so freut sich der *Kicker* schon auf 1978: »Niemand zweifelt daran, dass Franz Beckenbauer selbst bei der nächsten WM in Argentinien noch eine dominante Rolle spielen kann.« Das wird er jedoch nicht. Trotz seiner erst 28 Jahre ist diese dritte Weltmeisterschaft dann auch schon seine letzte. Zumindest als Spieler.

KAPITEL 12

Der Hausmüll als Kunstobjekt und die guten Vitamine von Dr. Spritz: Absturz ins Mittelmaß und das böse Thema Doping

Das so schillernd leuchtende 1974, dieses blitzblank strahlende Erfolgsjahr mit dem Gewinn des Meisterpokals und der Weltmeisterschaft geht dann für Franz Beckenbauer auf eine gewisse Art doch recht schmutzig zu Ende. Es ist an einem frühen Herbstmorgen, als der Aktionskünstler HA Schult nach Grünwald in die Ludwig-Thoma-Straße fährt und kurz vor dem Eintreffen der örtlichen Abfallentsorgung zur Tat schreitet. Er entleert die vor dem Anwesen positionierte Mülltonne der Familie Beckenbauer und braust mit dem eingesammelten Inhalt zurück nach München.

In seinen Werken und Aktionen behandelt Schult vor allem ökologische Aspekte, den Raubbau des Menschen an der Natur, Verschmutzung der Umwelt, Zerstörung unseres Lebensraums. Im wilden Jahr 1968 erregt er in München bereits großes Aufsehen, als er in der Schackstraße einen riesigen Berg aus Altpapier, Fußabstreifern und reichlich anderem Unrat auf dem Asphalt anleimt. Schult, ein legitimierter Altvorderer der Klimakleber.

In seiner neuen Ausstellung mit dem Titel »Unwelt« im Münchner Lenbachhaus ist dem Gesellschaftskritiker und Naturschützer Schult 1974 nun die Thematisierung des ausufernden Konsumüberflusses und der gedankenlosen Wegwerfmentalität ein Anliegen, es soll ein Plädoyer sein für mehr Nachdenklichkeit und Nachhaltigkeit. Und so wird, inmitten verstörend anmutender Panoramen von Schutt, Schmutz und

Abfall als zentrales Exponat der Schau auch der auf schwarzem Samt ausgebreitete Müll von Franz Beckenbauer ausgestellt. Zu sehen sind dabei unter anderem Verpackungsmaterial für kernlose, gewaschene Rosinen, ein Kleiderbügel und welke Rosen. Die Ausstellung sorgt für mächtig Furore und lockt 12000 Besucher an, mindestens 9000, so Schults Schätzung später, seien wegen des Drecks des Kaisers gekommen.

Kostenlose PR erfährt die Ausstellung auch durch die Berichte in den Zeitungen und im Fernsehen, und dann nimmt auch Franz Beckenbauer Stellung. Auf die Frage, was er von der Zurschaustellung seines Mülls als Installation halte, erwidert er schulterzuckend: »Ich bin mehr ein romantischer Typ, mir liegt die abstrakte Kunst nicht so.« Dafür empört sich schließlich seine Frau Brigitte, sie stellt mit stichhaltigen Argumenten die Echtheit des Kunstwerks infrage, schließlich finde sich in dem zur Entsorgung bestimmten Haufen auch eine Verpackung der Käsemarke »Rambol«, die bei Beckenbauers noch nie auf den Tisch gekommen sei. Ob Schult, so ihre Mutmaßung, vielleicht versehentlich den Müll des Hausmeisters erwischt habe? »Der Müll bekam somit plötzlich auch noch ein soziales Gefälle«, sagt Schult dazu später.

Dass sich natürlich bald auch Robert Schwan beim Künstler meldet und eine prozentuale Beteiligung an etwaigen Erlösen fordert, versteht sich von selbst. Schult verkauft den Unrat später für 20000 Mark an einen Kunstsammler, Provisionen für Beckenbauer und seinen Manager gibt es nicht.

Als Franz Beckenbauer Jahre später einmal in ein Papiertaschentuch schnäuzt, sagt Sepp Maier zu ihm: »Ned wegwerfen, Franz. Des könnt' Kunst sein.«

Es sind in dieser Zeit Ende 1974 aber nicht nur die Ingredienzien aus Beckenbauers Abfall, auch fußballerisch ist ziemlich viel Trash bei Beckenbauer und den Bayern zu finden. Zum in die Tonne treten.

Sieben Wochen nach dem Triumph gegen Holland setzt es für die Bayern zum neuen Saisonauftakt ein monströses Debakel, als sie sich im Frankfurter Waldstadion der Lächerlichkeit preisgeben. Bei einem aberwitzigen 0:6 gegen die Offenbacher Kickers unter ihrem jungen, erst 36 Jahre alten Trainer Otto Rehhagel. Es ist die bis dahin höchste Pleite der Bayern in ihrer Bundesliga-Geschichte, erstmals sind sie außerdem Tabellenletzter. Nimmt man das 0:5 vom letzten Spieltag der Vorsaison in Gladbach hinzu, ist es bis heute ein Allzeit-Negativrekord. 0:11 Tore in zwei Liga-Spielen hintereinander, einzigartig in der Bayern-Historie.

Dabei stehen nach Paul Breitners Wechsel zu Real immerhin noch fünf Helden vom Münchner WM-Triumph in der Startelf, Maier, Beckenbauer, Schwarzenbeck, Hoeneß, Müller, dazu auch ein Neuzugang aus Lippstadt, das hoffnungsvolle Nachwuchstalent Karl-Heinz Rummenigge. Es ist ein Fiasko, das auch gleich zu großen Spannungen zwischen Trainer und Präsidium führt. Während Lattek grummelt, 17 Freundschaftsspiele in 22 Tagen seien vielleicht nicht ganz optimal für die Vorbereitung auf den Saisonstart gewesen, kontert Neudecker, er habe in den letzten Tagen vor dem Liga-Auftakt die Mannschaft vor solchen Auftritten extra geschont. Er vergisst dabei freilich das Gastspiel beim BSC Sendling in der Woche vor Offenbach.

Einen Tag nach der Pleite gegen die Kickers fliegt der FC Bayern übrigens zum Privatspiel am Sonntagabend beim AC Cesena, zwei Tage später geht es gegen den AC Bologna. Das bringt immerhin auch wieder 140000 Mark in die chronisch klamme Klubkasse. Äußerst wechselhaft setzt sich die Saison fort, nach vier Siegen in Serie gibt es wieder drei Niederlagen am Stück, gegen Wuppertal, Schalke, Braunschweig. Nach einem indiskutablen 2:5 daheim gegen Kaiserslautern im November denkt man an Paul Breitner, der vor seinem Abschied nach

Madrid meinte: »Die Bayern sind satt und brauchen vom Zeugwart bis zum Schuhputzer eine neue Motivation.« Auch Beckenbauers Geduld ist am Ende, es klingt wie ein Zerwürfnis mit dem Rest des Teams, als er über seine Mitspieler schimpft: »Ich möchte nur wissen, warum wir eine Mannschaftsbesprechung abhalten, wenn eh nur jeder macht, was er will.« Beckenbauer ist gereizt, auch weil er Intrigen innerhalb der Mannschaft gegen sich wahrzunehmen glaubt.

War er 1970 noch wesentlich an der Verpflichtung von Udo Lattek beteiligt, baute sich anfangs ein enges Vertrauensverhältnis auf, so wächst gerade 1974 die Distanz zwischen dem Kapitän und seinem Trainer immer mehr. Beckenbauer ist es suspekt, dass Uli Hoeneß die Nähe zu Lattek sucht, ihn seiner Meinung nach aufhetzt gegen seine Ausnahmestellung als unumstrittener Führungsspieler. Von »Neid und Missgunst«, die sich »in der Mannschaft wie eine ansteckende Krankheit« verbreitet hätten, spricht Beckenbauer später, auch von »Feindseligkeiten«. Die große Harmonie beim Europapokalsieger ist dahin. Beckenbauer wird später auch erzählen, dass Lattek Alkoholprobleme gehabt habe (»Er neigte dazu, beim Trinken das Maß zu verlieren«), dass er vor einem Gastspiel in Liechtenstein die Hoteldirektorin in den Swimmingpool geworfen oder dass er in einem Hotel in Düsseldorf nachts in der Lobby mit Bananen, Äpfeln und Orangen auf ein Kunstwerk gezielt habe. »Es sah am nächsten Morgen aus wie ein an die Wand geklebter Obstsalat.«

An Silvester 1974 beendet Beckenbauer das Jahr in Begleitung seiner Brigitte mit einem Besuch der *Fledermaus* in der Münchner Staatsoper, bevor drei Tage später für Lattek bei den Bayern der Vorhang fällt. Die Differenzen auch zum Präsidium werden immer deutlicher, Neudecker düpiert Lattek schon in den Wochen zuvor in der Öffentlichkeit mit abfälligen Kommentaren, mischt sich in die Mannschaftsaufstellungen ein

(»Herr Lattek, morgen spielen wir so«) oder harscht ihn bei einer Diskussion rüde an: »Jetzt haltens den Mund.« Als Lattek – so wird er es selbst immer wieder in den folgenden Jahrzehnen erzählen – angesichts von Tabellenplatz 14 Anfang Januar in Neudeckers Büro geht und sagt: »Wir müssen etwas ändern«, entgegnet ihm der Präsident: »Sie haben recht, Sie sind entlassen.« Die *Süddeutsche Zeitung* unterstellt Neudecker auf ihrer Meinungsseite »mittleren Cäsarenwahn«, wobei man sich ja nicht wundern müsse, dass der gelernte Maurer nicht gerade »der Großmeister des psychologischen Feingefühls« sei, denn: »Er kommt vom Bau.«

Während Breitner später einmal über den Kaiser lästert (»Der Franz hat Lattek gestürzt, ständig aufgestachelt durch seine Clique, darunter auch seine Frau Brigitte«), kontert Beckenbauer zornig: »Breitner lügt. Der größte Neidhammel, den es gibt. Charakter war noch nie seine Stärke.«

Aufhorchen lässt Udo Lattek eine Woche später, als er bei seinem ersten öffentlichen Auftritt nach dem Rauswurf am Rande einer Veranstaltung in Bad Segeberg über die Hintergründe der Bayern-Krise spricht, und dass vor allem die Grüppchenbildung in der Mannschaft zu chronischem Misserfolg geführt habe. Dass es Konflikte gegeben habe »zwischen den Abiturienten und den anderen Teilen der Mannschaft um Beckenbauer«. Und dass Beckenbauer als die klare Nummer eins in der Hierarchie eifersüchtig darauf bedacht sei, dass ihm niemand zu nahe komme. Als hätte der Kaiser auf dem Zenit seiner Macht nun Angst vor seinem Sturz.

Als Nachfolgekandidat für Lattek ist unter anderem Gladbachs Hennes Weisweiler im Gespräch, auch über eine Rückkehr des inzwischen in Braunschweig angestellten Branko Zebec wird spekuliert. Die Wahl fällt dann auf einen Trainer, der gerade als Headcoach bei der US-amerikanischen Olympiamannschaft engagiert ist. Auf Dettmar Cramer.

Wie schon bei Lattek ist Beckenbauer auch an dieser Entscheidung maßgeblich beteiligt, kennt er den früheren Herberger-Assistenten doch noch als einen seiner ersten Förderer in seiner Zeit als Jugend-Nationalspieler, und natürlich auch aus dem Doppelbett. Cramer ist im Umgang zwar ein schwieriger Charakter, aber er ist belesen und hoch gebildet. Als er 1966 als FIFA-Trainer einmal einen Vortrag vor Akademikern und Wissenschaftlern hält, fragen ihn die Professoren anschließend voller Bewunderung für seinen Intellekt und seine Eloquenz: »Warum beschäftigen Sie sich eigentlich nur mit Fußball?«

Doch auch unter Cramer setzt sich die Misere erst einmal fort, zum Rückrundenauftakt gibt es zu Hause gegen die Rehhagel-Kickers aus Offenbach eine erneute Niederlage, immerhin diesmal nur mit 2:3. Es ist das Spiel, in dem Beckenbauer Schiedsrichter Redelfs als »schwarzen Plattfuß-Indianer« beschimpft und nach dem der neue Trainer erklärt, ab sofort kämpfe man nur noch gegen den Abstieg. Am Ende einer verstörenden Bundesliga-Saison retten sich die Bayern in der Liga immerhin auf Platz 10 – und gewinnen zum zweiten Mal in Folge den Europapokal der Landesmeister.

Es ist eine Spielzeit, in der sich erstaunliche Diskrepanzen offenbaren, in der die Bayern den Eindruck erwecken, als sei ihnen die Bundesliga zu klein und in der sie die Vision ihres Präsidenten (»Nie mehr Oberhausen«) auch spielerisch zu untermauern scheinen, als zähle für sie nur noch die große europäische Bühne. Als könnten sie sich nicht mehr begeistern für den grauen Alltag in Spielen gegen Bochum, Duisburg, Düsseldorf, alles Vereine, gegen die sie in dieser Saison verlieren. Großartige Leistungen zeigen sie nur noch international wie schon im Achtelfinale – da noch mit Trainer Lattek – bei einem Duell zweier amtierender Titelträger. Der FC Bayern als Champion der Landesmeister gegen den 1. FC Magdeburg als Gewinner im Europapokal der Pokalsieger, der einzigen Mannschaft, die jemals eine europäische Trophäe für die DDR gewinnt. Das nächste innerdeutsche Duell, der nächste Bruderkampf, das nächste Duell der Superstars. Beckenbauer vs. Sparwasser.

Diesmal lässt Neudecker nach dem 3:2 im Hinspiel nicht mehr in Hof das Quartier beziehen, er beruft sich in seiner panischen Angst vor der ostdeutschen Hotelküche nun auch nicht mehr auf den gravierenden Höhenunterschied. Dafür gelingt es ihm, auf ganz andere Weise bei den Gastgebern in Sachsen-Anhalt Sympathiepunkte einzubüßen. Als die Bayern nämlich am Tag vor dem Spiel in Magdeburg ankommen, rollen zwei Münchner Busse vor dem Hotel »International« vor. Ein Bus mit den Spielern und einer mit Gerd Käfer, dem Promikoch aus dem gleichnamigen Feinkostladen, der mit seinem Catering die Mannschaft vor möglicherweise verunreinigtem Essen bewahren soll. Bayerns eigener Foodtruck der Siebzigerjahre.

Und so suchen die hungrigen Bayern nach der Ankunft nicht das Hotel-Restaurant auf, sondern wechseln einfach den Bus und gehen rüber zum Käfer. Auf einen Kaffee und ein belegtes Sandwich. Bei den Gastgebern kommt das freilich gar nicht gut an. Überhaupt ist die Stimmung wesentlich angespannter als noch im Jahr zuvor in Dresden. »Eines ist schon raus, Bayern scheidet aus«, skandieren einheimische Fans vor dem Münchner Hotel oder auch: »Hi ha ho, Bayern geht k. o.« Unbestrittener Höhepunkt der lyrischen Dichtkunst aus der Magdeburger Zeilenschmiede: »Magdeburg schafft die nächste Runde, Bayern geht bei uns zugrunde.«

Nach sanft diplomatischer Kritik von Staatssekretär Günter Gaus, dem ständigen Vertreter der Bundesrepublik in Ost-Berlin (»Mir hat das Essen in diesem Hotel hervorragend geschmeckt«), knickt Neudecker doch ein und lässt – natürlich unter Oberaufsicht von Gerd Käfer – von den Hotelköchen Toskanische Tomatensuppe und Filetsteak mit Sauce béarnaise zubereiten. Die Spieler kommen gesundheitlich ungeschoren davon und gewinnen dank zweier Müller-Tore 2:1. Hi, ha, ho, Bayern schafft die nächste Runde.

Nach Siegen über Eriwan und St. Etienne geht es im Finale gegen Leeds United, es wird mit allen Begleiterscheinungen eines der hässlicheren Endspiele. Franz Roth, der Bulle, sagt bei einem persönlichen Treffen in seiner Heimat Bad Wörishofen einmal im Rückblick: »Die hatten schon beim Warmlaufen Schaum vorm Mund.« Nach vier Minuten muss Münchens Björn Andersson nach einem üblen Tritt von Terry Yorath mit Innen- und Kreuzbandriss vom Platz, so wie kurz vor der Halbzeit auch Uli Hoeneß mit einer Zerrung von Kapsel und Außenband. Beckenbauer wird nach Abpfiff sagen: »Das war die schmutzigste Mannschaft, gegen die ich je gespielt habe.« Wer jedoch später wütet, sind Leeds-Trainer Jimmy Armfield und Kapitän Billy Bremner, und das zu Recht. Als Beckenbauer Allan Clarke im Strafraum sehr unstrittig rigoros umsenst, lässt der französische Schiedsrichter Kitabdjian weiterspielen, zudem wird ein klares Tor der Engländer aberkannt. Wegen einer Abseitsposition, die keine ist. Kurz vor Schluss treffen Roth und Müller zum 2:0-Endstand, auf der Ehrenrunde fliegen den Bayern aus dem Leeds-Block Dosen, Flaschen und Sitzschalen entgegen, es sind die ersten Vorboten des englischen Hooliganismus, der Europa im kommenden Jahrzehnt heimsuchen wird. Gipfelnd in der Heysel-Tragödie 1985.

Zumindest teilweise schlechte Stimmung herrscht auch beim feierlichen Empfang am Münchner Marienplatz. Als die versammelt wartenden Rathaus-Honoratioren erfahren, dass die Kicker trotz zweistündiger Verspätung der Maschine nach der Landung in München-Riem erst mal eine Brotzeitpause einlegen wollen, schimpft CSU-Stadtrat Winfried Zehetmeier: »Des ist des Letzte«, sein Parteifreund Anton Fingerle grantelt: »Mit uns kamma's ja machen.« Auch unter den 20000 harrenden Fans auf dem Marienplatz sinkt die Stimmung, es kommt zu Schlägereien, im Stützpunkt des Roten Kreuzes in der Rathauskantine herrscht Hochbetrieb.

Als die Helden von Paris endlich vom Rathausbalkon herunterwinken, brandet Jubel auf, und doch sehen die Menschen dort oben eine Mannschaft, die allmählich ins Altern kommt. Zitat Dettmar Cramer nach einigen Wochen beim FC Bayern: »Ich habe eine sterbende Mannschaft übernommen, die steht nur, da läuft keiner. Kurz, ein Trümmerhaufen.«

In diesen Haufen Ordnung zu bringen, das Gefüge zusammenzubringen, Risse zu kitten, da tut sich wie Vorgänger Lattek auch Cramer schwer. Zu groß der Graben zwischen den Routiniers und dem Rest der Mannschaft, zu groß auch weiterhin die Angst der Platzhirsche vor dem drohenden Verlust ihres Reviers. Cramer will gerade den jungen Rummenigge stärker in die Mannschaft einbinden, ihn integrieren. Doch Beckenbauer brummelt nur: »Er könnte vom Talent her ein guter Spieler werden, aber er ist noch jung und weiß nicht immer, was er zu tun hat.«

Dass sich die Bayern mit dem zweiten Meisterpokal automatisch für die kommende Saison den Startplatz im Europacup sichern, verhindert vorerst noch den Sturz ins Mittelmaß und in die internationale Bedeutungslosigkeit. Es garantiert auch weitere Millioneneinkünfte und damit die Grundlage für die künftige, ansonsten arg bedrohte Existenz des Klubs. Allein 1974 kann Bayern die Ausgaben von üppigen 10,5 Millionen Mark für die Lizenzspielerabteilung nur durch die Einnahmen aus Bundesliga, Europapokal und Privatspielen gerade eben so decken. Ein Jahr ohne Europapokal würde Verluste von bis zu vier Millionen Mark ergeben und damit gravierende Konsequenzen nach sich ziehen, und so droht Neudecker den Spielern schon vor dem Endspiel in Paris mit Gehaltskürzungen. »Man hat es in der Presse so hingestellt, dass ich ihnen dann den Geldhahn zudrehe«, sagt er, um dies im nächsten Satz damit gleich zu bestätigen: »Als ob das nicht die logische Konsequenz wäre.« Die Mannschaft würde ohne Europa-Millionen zerfallen, fraglich, ob selbst Topstars wie Beckenbauer zu halten wären. Auch Dettmar Cramer weiß während der gesamten Rückrunde, dass er auf dem Schleudersitz Platz genommen hat, dass ihm nur der Europapokal den Job sichert. Neudecker ist Cramer zu theoretisch, zu feinsinnig intellektuell. »Am End hamma alle das Abitur, aber keine Punkte«, stichelt der Bayern-Boss, dem bereits im Fall einer Finalniederlage gegen Leeds ein prädestinierter Kandidat für die Nachfolge vorschwebt, der frühere Trainer des Lokalrivalen 1860, Max Merkel.

Es zählt vor diesem Hintergrund daher sicher zu einer der bedauernswertesten Fügungen der Menschheitsgeschichte, dass damals nicht Leeds United den Europapokal gewinnt. Die cholerisch streitbaren und zu zügellosem Jähzorn neigenden Alpha-Hansln Neudecker und Merkel im Intrigantenstadl FC Bayern aufeinander loszulassen, das wäre wahrlich ein unterhaltsames und garantiert großes Kino geworden.

So können die Bayern den Zusammenbruch zumindest noch etwas hinauszögern, doch sie wurschteln sich auch ab Sommer 1975 weiter durchs Liga-Mittelmaß. Geschwächt ist die Mannschaft vor allem durch den Langzeitausfall von Gerd Müller, der sich im September im Europacup-Spiel bei Jeunesse Esch in Luxemburg einen zunächst nicht erkannten Muskelriss im Oberschenkel zuzieht. Als sich das Gewebe entzündet, bekommt Müller hohes Fieber, im Klinikum rechts der Isar erkennen sie die Gefahr gerade noch rechtzeitig und schneiden ihm ein Stück abgestorbenes Fleisch aus dem Schenkel, Dettmar Cramer sagt, zwei Tage später, und man hätte ihm das Bein amputieren müssen.

Auch Beckenbauer kämpft mit Abnutzungserscheinungen, es zwickt überall. Im Training steht er manchmal im Tor, der

Kaiser wirkt müde. Zum Ende der Hinrunde verlieren die Bayern vier Mal in Serie, gegen Bochum, Köln, die Hertha, dazu in Frankfurt 0:6.

Wie groß die Alarmstimmung ist, zeigt sich an Wilhelm Neudecker, der die für die Winterpause traditionelle und sehr profitable Gastspielreise, die diesmal durch die USA und Mexiko führen soll, kurzerhand absagt, es gelte sich auf die Rückrunde vorzubereiten. Statt nach New York, Los Angeles und Mexiko-Stadt geht es ins Trainingslager nach Herzogenaurach. Und tatsächlich erlebt Beckenbauer mit seinen Bayern noch einmal erfreuliche Monate, klettern sie in der Tabelle wieder unbeirrt nach oben, wenngleich Beckenbauer fünf Spieltage vor Saisonende bei fünf Punkten Rückstand auf Spitzenreiter Gladbach nicht mehr an den Titel glaubt. Auf die Frage, ob die Bayern noch Meister werden könnten, antwortet er: »Hausmeister vielleicht noch.« Vielleicht sogar der mit dem Rambol-Käse.

Als beste Rückrundenmannschaft sichern sie sich in der Liga schließlich noch Platz 3, und auch im Meisterpokal erlebt das Münchner Olympiastadion noch einmal große Sternstunden der alten Garde. Im Viertelfinale beim 5:1 gegen Benfica Lissabon, im Halbfinale beim unvergessenen 2:0 gegen Real Madrid mit Paul Breitner und Günter Netzer, dem für lange Zeit letzten magischen Europacup-Abend unterm heimischen Zeltdach. Zum Finale gegen AS St. Etienne reisen die Bayern nach Glasgow, wo Präsident Neudecker mit seiner Frau Magdalena am Tag des Spiels in einer katholischen Kirche mit der Bitte nach himmlischem Beistand vier weiße Kerzen anzündet. So wie er es immer tut, wenn seine Mannschaft im Ausland spielt. Und wie so oft hilft der Herrgott auch diesmal, die Bayern gewinnen das zähe Finale gegen den französischen Meister durch ein Freistoßtor von Bulle Roth mühsam 1:0 und sichern sich zum dritten Mal in Serie den Europapokal. Doch das große Glücksgefühl bleibt aus, auf Geheiß von Klubboss Neudecker verzichtet man auf eine Feier vor den Fans am Rathaus-Balkon, eine Ehrung drei Tage später vor dem nächsten Liga-Heimspiel gegen Bochum muss reichen.

Die Veranstaltung gerät zum Desaster, im Olympiastadion verlieren sich nur 26000 Zuschauer, bei den angekündigten Ansprachen von Neudecker und OB Kronawitter versagt das Mikro. Auf eine Ehrenrunde verzichten sie, wieder einmal denkt man an Worte des Fußballweisen Paul Breitner, der schon nach der Meisterschaft 1972 einmal geraunt hatte: »Bei diesem Scheißverein kann doch keiner feiern.«

Später nach dem Spiel schmollt auch noch Uli Hoeneß, weil er beim Empfang am Abend im Rathaus bei Trüffelklößchensuppe, Kalbslendchen und Kirschstrudel nicht wie Beckenbauer, Maier und Müller als erste Sportler in der Stadthistorie die Goldmünze »München leuchtet« überreicht bekommt. Für ihn wie die übrigen Mitspieler gibt es nur ein Münchner Kindl aus Porzellan. Auch das ein Beleg der Zwei-Klassen-Gesellschaft, die in jener Zeit bei den Bayern herrscht.

Das Achsen-Trio Sepp, Franz und Gerd erhält schließlich auch von Neudecker neben den 30000 Mark Siegprämie für ihre Verdienste noch einen Sonderbonus, wenngleich der Klubboss schon wieder das Wehgeschrei zu den hohen Ausgaben, vor allem aber zur Belastung durch die Körperschaftssteuer anstimmt. »Wir sind der einzige Verein, der Gewinn erwirtschaftet, werden dafür aber noch bestraft«, klagt er. »Werden wir von Bund und Land steuerlich nicht entlastet, dann siegen wir uns noch zu Tode.« Die Gefahr besteht nicht, Siege sind ab nun Mangelware.

Denn das Jahr 1976 markiert mit dem dritten Europapokal-Triumph in Serie nicht etwa einen weiteren Schritt zur unantastbaren Alleinherrschaft, zur Manifestierung des Imperiums in Europa. Es ist das letzte Aufbäumen, ein finales Zucken des längst dem Untergang geweihten Kaiserreichs. Und auch die

Hoffnung von Neudecker, seinen Superstar Beckenbauer halten zu können, wird sich zerschlagen. Immer wieder gibt es Angebote, unter anderem von einem erst 1970 neu gegründeten französischen Klub, dem FC St. Germain aus Paris, der sein Geld damals noch nicht von katarischen Investoren bekommt, dafür aber von Modeschöpfer und Vereinsmäzen Daniel Hechter. Als eine französische Delegation nach München reist, um den Bayern drei Millionen Franc Ablösesumme und Beckenbauer für einen Dreijahresvertrag ein ebenso hohes Handgeld anzubieten, beendet Manager Schwan die Gespräche nach ganzen fünf Minuten. »Ich glaub, die verwechseln Franc mit D-Mark.« Für einen Franc gibt es damals nämlich nur rund 30 Pfennige.

Einen allerletzten Erfolg wird Beckenbauer mit den Bayern aber noch feiern, bei den Finalspielen um den Weltpokal. Das Duell mit dem Kontinentalmeister aus Südamerika hat seit jeher einen deutlich geringeren Stellenwert als der Europapokal, so frösteln im Hinspiel gegen Cruzeiro Belo Horizonte Ende November ganze 22000 Zuschauer im Olympiastadion vor sich hin, als die Bayern auf tiefgefrorenem Boden bei Eis und Schnee durch Tore von Müller und Kapellmann 2:0 gewinnen. Im Rückspiel drei Tage vor Heiligabend reicht vor der imposanten Kulisse von 117000 Zuschauern im Estádio Mineirão ein torloses Unentschieden, als amüsante Randnotiz bleibt der Umstand, dass die Bayern nach Abpfiff vergeblich auf eine Siegerehrung und die feierliche Überreichung des Weltpokals warten. Denn einen Weltpokal als physische Trophäe, so zum Anfassen und Hochstemmen und Schampusreinschütten wie den Henkelpott im europäischen Meistercup, den gibt es damals überhaupt nicht.

Weniger lustig klingen andere Begebenheiten rund um dieses Spiel. Es geht um die Hintergründe der Leistung der Bayern, die auch insofern beeindruckt, da die Mannschaft nach Flügen um die halbe Welt erst vier Stunden vor Anpfiff am Austragungsort eintrifft. Gegen die Reisestrapazen verabreichen Dettmar Cramer und die Vereinsärzte, wie der *Kicker* damals eher beiläufig im Spielbericht schreibt, »Eisen- und Kalziumpräparate«, dazu »Vitamin B12-Tabletten«, in der Pause nehmen die Spieler einen »speziellen Mineraliendrink« gegen den Schweißverlust.

Sepp Maier wird später einmal das böse Wort erwähnen, als er in seiner Autobiografie erklärt, er habe den Eindruck gehabt, dass manch ein Mitspieler gedopt gewesen sei, er erwähnt dabei ein Spiel in Brasilien. Bei Maier, dem lustigen Gaudibursch, weiß man ja, dass er gern ein wenig übertreibt, es sind dann aber Aussagen von Franz Beckenbauer zum Thema Doping, die einige Monate später aufhorchen lassen und auch die medizinische Versorgung mit besagten Präparaten und Tabletten noch einmal in einem anderen Licht erscheinen lassen.

Denn im *Stern* erklärt Beckenbauer: »Medizinisch ist in der Bundesliga praktisch noch alles erlaubt, was den Spieler zu Höchst- und Dauerleistungen antreibt, es wird gespritzt und geschluckt.« Dass »wir da bei bei Bayern noch relativ altmodisch« seien, schreibt er, und dass man sich »im wesentlichen auf biologische Mittel« beschränken würde. Dann beschreibt er plötzlich ganz offen die Methodik, mit der er sich durch seinen Grünwalder Nachbarn Manfred Köhnlechner, einen Pionier der deutschen Naturmedizin und Heilpraktikerkunde, gesund halte: »Die Eigenblut-Injektion. Mehrmals im Monat nimmt mir (…) Köhnlechner Blut aus einer Armvene und spritzt es mir in den Hintern.« Dadurch entstehe eine künstliche Entzündung, daraus resultierend eine vermehrte Produktion von weißen und roten Blutkörperchen zur Erhöhung der Widerstandskraft. Heute würde mal dazu wohl sagen, der Resilienz. Schon im nächsten Absatz erklärt Beckenbauer aber auch: »Die Grenzen des Dopings sind fließend.« Und: »Natürlich wäre es unsinnig, vor jedem Spiel zu dopen. Der folgende Leistungsabfall ist viel zu groß. Aber was machen Trainer und Manager vor entscheidenden Spielen im Europacup, wo es um Millionen geht – wenn man glaubt, dass die anderen nicht nur Vitaminpillen schlucken?«

Es sind Aussagen, die für einen großen Aufschrei sorgen, für Empörungen wie auch schnelle Beteuerungen, wie etwa von Helmut Schön, der lapidar erklärt: »Im Fußball hat doch Doping keinen Sinn.« Aber dann spricht auch noch Erich Spannbauer, der Mannschaftsarzt des FC Bayern, als er zur Einordnung erklärt, »die Eigenblut-Injektion, die an Franz praktiziert wird, wirkt ja nicht konditionsfördernd«. Und daher sei sie auch nicht zu vergleichen mit dem »echten Blutdoping, wie es die DDR-Skilangläufer bei den Olympischen Spielen in Innsbruck angewendet haben«. Spannbauer, Spitzname »Dr. Spritz« oder auch »Spritzenpapst«, wird später selbst zu einem Experten für Nordischen Wintersport. Im Deutschen Skiverband betreut er etwa die Biathleten, bis 1986 bei der WM in Oslo Peter Angerer und Franz Wudy positiv auf Testosteron getestet werden: Zwei Sportler, die beteuern, von der Verabreichung des seit 1982 auf der Dopingliste stehenden Hormons durch den »Spanni«, wie man den Doc auch gern nennt, nichts gewusst zu haben. Spannbauer wird lebenslang von allen Biathlon-Veranstaltungen ausgeschlossen, später berichtet die *Süddeutsche Zeitung* von einem DSV-Biathleten, der in Spannbauers Praxis in einem unbemerkten Moment aus dem Papierkorb eine Verpackung des Anabolikums Megagrisevit herausgefischt habe, dessen Inhalt aus zwei Ampullen bestand. Eine mit dem Steroid, eine andere mit Vitaminen B12/B6. Spannbauer beteuerte dabei, nur die Vitamin-Ampulle verabreicht zu haben.

Nur die Vitamine? B12 wie damals in Brasilien?

Restlose und endgültige Aufklärung, was im Fußball in München, in Deutschland, Europa und der Welt geschluckt, gespritzt und sonst noch verabreicht wurde, der finale Beweis des systematischen Dopings im Fußball bleibt letztlich aus. Es bleibt bei Mutmaßungen, Spekulationen, plausiblen und nachvollziehbaren Rückschlüssen und den Aussagen von Franz Beckenbauer, der nach der Krönung zum weltpokallosen Weltpokalsieger vor dem Rückflug von Rio aus mit den Mannschaftskollegen im Atlantik noch baden geht. Bald wird er schon wieder auf Reisen sein, eine gute Woche später ist er als Ehrengast in Kairo geladen, bei der Hochzeit der Tochter des ägyptischen Staatspräsidenten Anwar el-Sadat, auch das ein Beleg für sein großes internationales Renommee.

Und bald wird er auch wieder eine Fernreise antreten. Dann nach Nordamerika. Denn zum Zeitpunkt der Brasilien-Reise erwägt Beckenbauer bereits ernsthaft einen Wechsel zu Cosmos New York.

Zwei Tage nach der Rückkehr aus Brasilien erhält Beckenbauer in seiner Grünwalder Villa Besuch von einem Kurier.

KAPITEL 13

Ärger mit dem Fiskus und den Frauen – und ein Helikopterflug über Manhattan: Der Abschied von München nach New York

Die Geschichte des langen Abschieds von Franz Beckenbauer von seinem FC Bayern beginnt 1976 an einem denkwürdigen Septembernachmittag im Bochumer Ruhrstadion. Nach 53 Minuten führt der heimische VfL mit 4:0, als Karl-Heinz Rummenigge für die Bayern trifft. Was eher wie ein bedeutungsloser Ehrentreffer als Ergebniskosmetik wirkt, wird der Beginn einer einzigartigen Aufholjagd. Am Ende gewinnen die Bayern noch mit 6:5, es ist bis heute das einzige Mal in der Geschichte der Bundesliga, dass eine Mannschaft nach einem Vier-Tore-Rückstand noch als Sieger vom Platz geht.

Ein Augenzeuge des Spektakels auf der Tribüne ist ein Amerikaner namens Clive Toye, der Präsident von Cosmos New York, der mit seinem Klub gerade zwei Wochen durch Belgien tourt und der ein klares Ziel hat: »Ich bin ausgezogen, um einen Fisch zu fangen.« Im Landhotel Krummingen in Ratingen, dem Mannschaftshotel der Bayern, trifft Toye zusammen mit Cosmos-Cheftrainer Gordon Bradley noch vor dem Spiel in Bochum Dettmar Cramer. Ein entspannter Plausch, in dessen Verlauf Toye höflich fragt, ob der Gordon im kommenden Monat mal vier Wochen bei den Bayern hospitieren dürfe. Um einmal die Abläufe zu sehen, die Strukturen kennenzulernen, zu verstehen, wie so ein ruhmreicher europäischer Topklub eben so tickt. Das Ziel von Toye ist freilich ein ganz anderes.

Er will den Kaiser. Als zweiten Superstar seiner Mannschaft. Pelé hat er schon seit 1975.

Und so gilt Bradleys Aufmerksamkeit in seinen vier Wochen an der Säbener Straße weniger der Trainingsmethodik von Dettmar Cramer als vielmehr dem Kontakt zu Franz Beckenbauer. Bei den vielen gemeinsamen Gesprächen, oft bei sehr späten Abendessen, wird Beckenbauer immer hellhöriger, im November reist dann Toye selbst nach München, um seinem Werben Nachdruck zu verleihen. Seine späteren Schilderungen über die höchste Geheimhaltungsstufe lesen sich wie aus dem Drehbuch eines schlechten Agentenfilms, man habe sich »in den Wäldern von München« getroffen, Autos und Häuser dreimal am Abend gewechselt. Mission Beckenbauer, Zielobjekt: The Kaiser, Kategorie: top secret.

Als Beckenbauer und Schwan um ein konkretes Angebot bitten, klingelt Heiligabend ein Kurier an der Villa in der Ludwig-Thoma-Straße und überreicht dem Bayern-Star ein Kuvert mit einer Millionen-Offerte und einem vielfach höheren Gehalt als dem, das er bei den Bayern bekommt. Eine schöne Bescherung zum Christkind.

Am 1. Weihnachtsfeiertag, in den USA Christmas Day, wird Clive Toye in New York frühmorgens um fünf Uhr Ortszeit durch den Anruf von Robert Schwan aus dem Schlaf geklingelt. Man sei sehr interessiert, sagt der Manager, doch bis zur endgültigen Entscheidung werden noch viele Monate vergehen. Beckenbauer ist hin- und hergerissen, er hört davon, dass Ausrüster Adidas nach ersten Gerüchten um einen möglichen Abschied die Aufstockung seines Honorars bei den Bayern auf das Doppelte übernehmen möchte, dann sagt er im März 1977 bereits dem DFB zu. Verbandspräsident Neuberger bietet ihm die Stelle als Assistent von Jupp Derwall an, der – wie bereits feststeht – Helmut Schön nach der WM 1978 als Bundestrainer beerben wird. »Mit 31 muss ich mich schon langsam entscheiden, was ich später einmal machen will«, sagt Beckenbauer und macht immerhin klar: »Fest steht schon, dass ein Versicherungsgeschäft nicht infrage kommt.« Und auch vom U-Bahn-Kiosk ist keine Rede mehr. Derwalls Co-Trainer zu sein würde ihn sehr reizen, und außerdem: »Mein Fernziel ist, einmal Bundestrainer zu werden.«

Doch so leicht lässt sich Clive Toye nicht abservieren, er bleibt hartnäckig und lädt Beckenbauer nach New York ein. Dort trifft der Franz auch die mächtigen Entscheider im Klub, drei Männer, die den Verein 1971 als überzeugte Fußballfans wie auch als profitorientierte Unternehmer gegründet haben: die beiden Brüder Ahmet und Neshui Ertegün, Musikproduzenten und Eigentümer des legendären Jazz- und Soul-Plattenlabels Atlantic Records. Und Steven Ross, den CEO des mächtigen Medienkonzerns Warner Communications. 2010 wird Beckenbauer in einem Interview mit dem *SZ-Magazin* über die entscheidenden Minuten erzählen, die ihn endgültig zu einem Wechsel bewogen hätten: ein Helikopterflug vom Dach des PanAm-Buildings über Manhattan. Über den Hudson, raus nach New Jersey zum Giants Stadium, dem damals modernsten Stadion der Welt, der Spielstätte von Cosmos. »Das war für mich der Flug in eine andere Welt«, so Beckenbauer im Rückblick, nachdem ihn das hartnäckige Triumvirat um die Ertegün-Brüder und Mr Ross allmählich weichgeklopft hatte. »Während wir übers Stadion fliegen, habe ich ihnen zugebrüllt: ›Also gut, hört's auf, ich komme.‹«

Aber der pittoreske Panorama-Flug mit dem Hubschrauber ist nicht einzig und allein ursächlich für die Entscheidung. Denn zu Hause in München gibt es Ärger und schlechte Presse. Wegen der Finanzen. Und wegen der neuen Freundin.

An einem Tag im Januar 1977, frühmorgens um 8, klingelt die Steuerfahndung an Beckenbauers Villa. Nachzulesen sind die Einzelheiten bald darauf in der *Bild*: »München-Grünwald.

Villenviertel. Rühmann wohnt hier, Fuchsberger, Köhnlechner. Und ›Kaiser‹ Franz Beckenbauer. Montagmorgen, Frühstückszeit. Die Haushälterin druckst verlegen: ›Herr Beckenbauer, drei Herren steh'n draußen. Von der Steuer sans.‹« Dass Beckenbauer daraufhin seinen Anwalt angerufen habe, ist zu lesen, und dass die Finanzbeamten bis zu dessen Eintreffen »im schönen Wohnzimmer von Franz (35 Quadratmeter, Hausbar, Kamin)« gewartet hätten, und: »Frau Brigitte bot Kaffee an.« Schließlich hätten die Fahnder (»Herr Beckenbauer, des nehma mit, des aa, und des, gell.«) dann gegen elf Uhr zahlreiche Akten und Abrechnungen eingepackt.

Doch welchen Hintergrund hat die Razzia? Warum will ihm der Fiskus ans Zeug? Einblicke gibt Beckenbauer dazu in seiner Autobiografie von 1992, in der er die Nähe zu Bayerns Finanzminister Ludwig Huber (»Franz, wenn was ist, nur melden …«) schildert, der ihm und Robert Schwan wertvolle Tipps gegeben habe, »wie wir unsere Geschäfte über eine Firma in der Schweiz abwickeln und Steuern sparen könnten«. Lange geht das Modell auch gut, lange sorgt Schwan über Jahre erfolgreich dafür, dass ein Teil der Einnahmen auf dem Konto einer Schweizer Bank landet. Dass das nicht ganz legal sein könnte, das will Beckenbauer damals nicht erahnt haben. »Wir waren nicht die Einzigen, nicht die Ersten und nicht die Letzten, die für ihr Geld den Umweg über die Schweiz wählten«, schreibt Beckenbauer in seinem Buch. »Viele Schauspieler und Sänger, auch Schriftsteller und Journalisten machten es so.« Und weiter: »Nie und nimmer hätten wir damit gerechnet, dass etwas nicht in Ordnung sein könnte. Schließlich hatten wir den Tipp ja nun wirklich aus erster Hand.«

Im Bayerischen Finanzministerium gibt es dabei aber auch ganz unbestechliche Mitarbeiter wie den Leiter des Referats für Steuerfahndung, Wilhelm Schlötterer. Der Beamte ist verwundert, dass ihm Minister Huber und sein Ministerialdirektor, der

Steuerabteilungsleiter Lothar Müller, zwar generell freie Hand bei seinen Ermittlungen lassen. Nur nicht bei dem anhängigen Steuerfahndungsfall Franz Beckenbauer, wie Schlötterer später in seinem Buch *Macht und Missbrauch – Franz Josef Strauß und seine Nachfolger* schildert: »Hier behielt er [Müller; Anm.] sich die Entscheidung selbst vor. Zudem war über jeden Schritt dem Minister zu berichten [...] Die Steuerfahndung hatte stillzuhalten. Es war unglaublich.« – »Vor Schreck fast vom Stuhl« sei er gefallen, als ein jüngerer Kollege bei einer Unterredung lapidar einwarf, man wisse schon, dass »der Beckenbauer (...) unter der Protektion des Ministers Huber stehe«. Schlötterer weiter: »Zu den ihm unterstellten Geldflüssen über die Schweiz gab es im Finanzministerium wiederholt Gespräche mit Beckenbauer und seinem Manager Robert Schwan, jedoch ohne Ergebnis. Dabei führte Schwan ins Feld: ›Unsere politische Gesinnung kennt man ja.‹ Von dieser Plumpheit war ich peinlich berührt.«

Als Schlötterer laut eigener Schilderung seinem Vorgesetzten eine Fahndungsvorlage gegen Beckenbauer zum Unterzeichnen vorlegt, verweigert Müller die Unterschrift. »Der Minister habe ihm eröffnet, er könne nicht zustimmen, weil er selbst früher Beckenbauer bei der Steuerhinterziehung über die Schweiz geholfen habe«, schreibt Schlötterer einmal in einer *taz*-Kolumne. »Als ich ihm daraufhin eine zweite, sehr energische Fahndungsvorlage zuleitete, zeichnete er diese ab – mit einer wütenden Anmerkung.«

Die Durchsuchungen der Akten selbst nennt Schlötterer allerdings »einen völligen Fehlschlag«, schließlich habe Schwan ungeniert erklärt, er »habe aus der Finanzverwaltung eine Vorwarnung erhalten«. Zeit genug, um womöglich Unterlagen und belastende Belege rechtzeitig noch verschwinden zu lassen. Beckenbauer kommt letztlich mit einer Nachzahlung von 1,8 Millionen Mark davon. Ein Strafprozess, gar eine Gefängnisstrafe wie später bei Uli Hoeneß, droht Beckenbauer nicht.

Wilhelm Schlötterer hingegen erfährt wenige Tage nach der Fahndung beim Kaiser von seiner Versetzung in ein anderes Referat, da ihm laut Müller die »nötige Fortune« gefehlt habe, außerdem das »taktische Geschick und Fingerspitzengefühl«, Fälle »geräuschlos« abzuwickeln. Der Beamte bleibt aber weiter unbequem, 1993 hat er maßgeblichen Anteil an der Aufdeckung der Amigo-Affäre, die zum Rücktritt von Ministerpräsident Max Streibl führt. Bis ins hohe Alter schreibt der 1939 geborene Verwaltungsjurist höchst lesenswerte Bücher, unter anderem: *Wahn und Willkür – Strauß und seine Erben oder wie man ein Land in die Tasche steckt.* Oder auch: *Staatsverbrechen – der Fall Mollath. Das vorsätzliche Verbrechen an Gustl Mollath zwischen Schwarzgeld-Millionen, Vertuschung und der Rolle der CSU.*

Es ist aber nicht nur Beckenbauers Ärger mit dem Fiskus, der in jenen Monaten unschöne Schlagzeilen generiert, dafür sorgt auch sein Privatleben. Anfang April erscheint in der *Welt* ein Bericht über Beckenbauers Auswanderungsgedanken, darin steht unter anderem zu lesen: »Unglücklicherweise ist gerade zu diesem Zeitpunkt Beckenbauers Privatleben belastet. Der Münchner hat sich in eine Münchner Fotografin verliebt. Um den privaten Schwierigkeiten zu entfliehen, so vermuten Mannschaftskameraden, sei Beckenbauer offenbar geneigt, das USA-Angebot etwas voreilig zu akzeptieren.«

Ein kleiner Absatz mit einer großen Wirkung.

Bereits einen Tag später titelt die Münchner *Abendzeitung* auf Seite 1: »Lässt Beckenbauer sich scheiden?« Dass unter Berufung auf Eingeweihte bereits Promi-Anwalt Josef Heindl mit dem Fall befasst sei, steht geschrieben, und natürlich gibt es auch Informationen zu besagter Fotografin, dass »die blonde Dame« als enge Freundin von Robert Schwans Ehefrau Marlies und Trauzeugin bei deren Hochzeit Beckenbauer näher kennengelernt habe. Später wird es heißen, Schwan habe den beiden seine Junggesellenwohnung in der Sollner Paul-Klee-Straße immer wieder »als Liebesnest« zur Verfügung gestellt. Namentlich genannt wird die damals 28-jährige Diana Sandmann da noch nicht.

Wochenlang ist die mögliche Ehekrise und die Affäre mit der neuen Liebschaft das Thema bunter Blätter mit vielen Bildern, zwischendrin garniert mit vermeintlichen Enthüllungen zu einer angeblichen Affäre des Kaisers mit der Schauspielerin Heidi Brühl rund um die WM 1974.

Sollte Beckenbauer jedenfalls nach seiner New York-Visite samt Helikopterrundflug immer noch letzte Restzweifel über die Sinnhaftigkeit einer Emigration in die Staaten gehabt haben, so werden sie unmittelbar danach endgültig ausgeräumt. Wenige Tage nach der Rückkehr aus den USA blamiert sich der FC Bayern beim akut abstiegsgefährdeten 1. FC Saarbrücken mit 1:6, schmerzhafter als die Niederlage sind aber die Rufe, die unentwegt durch das Ludwigspark-Stadion hallen. »Beckenbauer, Hurenbock!« Der Franz ist zum Freiwild geworden.

Sich von gegnerischen Fans beschimpfen zu lassen, das ist er seit Jahren gewohnt. Warum aber sollte er sich die nun unter der Gürtellinie verorteten Pöbeleien weiter antun, warum sollte er sich bei der Aussicht auf ganz neue Hochgefühle rund um die imposante Skyline-Silhouette von Manhattan weiter den tumben Niederungen und Abgründen in fremden Stadien aussetzen? Beckenbauer sieht sich als Opfer einer medialen Hetzjagd, im *Stern* wird er noch im selben Jahr ausführlich über die *Bild* herziehen, bis sich das Springer-Blatt bemüßigt fühlt, eine Gegendarstellung zu erwirken, wonach man nicht, wie von Beckenbauer behauptet, »Tag für Tag Schlagzeilen aus den Betten Beckenbauers, natürlich mit Fotos« publiziert habe, sondern innerhalb von drei Wochen lediglich »drei Mal Schlagzeilen, die auch auf die Ehekrise Franz Beckenbauers eingingen.« Es tobt eine veritable Schlammschlacht zwischen dem Kaiser und der *Bild*, die sich Jahre später in der Zeit des Exklusiv-Kolumnisten Beckenbauer dann doch aber wieder ganz wohlgesonnen sind.

Doch schwierige Zeiten durchlebt Beckenbauer auch im Sport, der FC Bayern hat seinen Reiz verloren, nach zwölf Jahren Erfolgsgeschichte seit dem Bundesliga-Aufstieg ist die Mannschaft endgültig im Zerfall begriffen. Im Europacup ist im Viertelfinale gegen Dynamo Kiew Endstation, auch in der heimischen Liga sind die Bayern als Siebter zum Saisonende nur noch Mittelmaß.

Und natürlich geht's auch ums Geld. In München verdient Beckenbauer rund 400000 Mark pro Jahr, Cosmos lockt da mit ganz anderen Dimensionen, Klubboss Clive Toye bietet ein Gehalt von 2,8 Millionen Dollar, damals umgerechnet 6,5 Millionen Mark, für drei Jahre. Dettmar Cramer weiß um das Dilemma: »Sportlich wäre es das Ende für den Franz, es geht dem Klub in Amerika nur darum, ihn vor den Reklamekarren zu spannen. Aber bei so viel Geld hört die Vernunft auf. Wenn Beckenbauer an seine Zukunft denkt, kann er so einen Vertrag kaum ausschlagen.« Die Frage ist nur: Wann kann Beckenbauer gehen? Wann lässt ihn Präsident Neudecker ziehen? Nach Vertragsende 1979? Nach der WM 1978? Oder so, wie es Beckenbauer fordert, jetzt, sofort?

Es entspinnt sich ein zähes Gezerre und Gefeilsche wie auf dem Basar, Neudecker pocht auf einer Ablösesumme von drei Millionen Mark, geht danach auf 2,5 Millionen runter. Die Nerven liegen blank, auch bei den Fans, die Robert Schwan als Urheber allen Übels ausmachen, als Hauptschuldigen, der als »Mister 20 Prozent« auch aufgrund eigener Profitgier Beckenbauer zum zahlungskräftigen US-Klub nach New York treiben möchte. »Hängt's ihn auf«, schallt es ihm an der Säbener Straße entgegen, bevor es zum endgültigen Bruch kommt, als Neudecker Schwan Ende April 1977 als Klubmanager feuert.

Bei den finalen Verhandlungen zehn Tage später werden

sich die Parteien einig, die Bayern geben sich mit einer Ablöse von 1,75 Millionen Mark zufrieden, weil Cosmos aber mehr als 1,4 Millionen nicht zahlen will, legt Beckenbauer die verbleibenden 350000 Mark selbst oben drauf. Das ist es ihm wert, München und Deutschland nach dem Ende der Saison endlich zu verlassen. Clive Toye und die Klubbosse sind am Ziel. Mission accomplished.

Beckenbauer bricht die Zelte ab. Seine Grünwalder Villa hat er für 1,6 Millionen Mark bereits an eine Baubetreuungsgesellschaft verkauft, die nach dem Abriss der Immobilie Souvenirjägern noch ein besonderes Angebot unterbreitet: Original Ziegelsteine des Kaiser-Palasts zum Preis von nur zwei Mark das Stück. Einst wurde aus dem Müll des Kaisers Geld gemacht. Nun aus dem Schutt.

Auf dem Grundstück plant die Firma derweil den Bau von drei Landhausdoppelvillen in einer Größe von 180 bis 215 Quadratmetern zu einem Kaufpreis von 750000 bis 795000 Mark, in Zeitungsinseraten wirbt die Immobilienfirma: »Wohnen wie ein Kaiser – auf dem Grundstück von Franz Beckenbauer: Ihr Villenfachmann macht's möglich.« Noch vor dem Abbruch seines alten Domizils macht sich Beckenbauer dann selbst aus dem Staub – er verlegt seinen Hauptwohnsitz in die Schweiz und kauft eine Sechs-Zimmer-Wohnung in Sarnen im Kanton Obwalden. Ein Ortsname, der übrigens auch knapp vier Jahrzehnte später wieder in Erscheinung treten wird – bei den Enthüllungen zu den Vorgängen rund um die Vergabe der WM 2006.

Und doch kommt Wehmut auf bei Beckenbauer, zweieinhalb Wochen nach seiner Vertragsunterschrift strömen zur allerletzten Trainingseinheit an der Säbener Straße Hunderte Fans mit der Bitte um ein letztes Autogramm, einen finalen Händedruck der großen Legende. Beckenbauer spricht von unzähligen Briefen und Zuschriften, die er in den vergangenen Tagen »aus ganz Deutschland« erhalten habe. Er sagt: »Ich habe erfahren, dass mir sehr, sehr viele Sympathien gelten. Das versöhnt.« Es klingt, als habe er seinen Frieden gemacht. Als sei der Kaiser mit seinem Volk im Reinen. Tags darauf, am letzten Bundesliga-Spieltag, der letzte Auftritt für die Bayern. Ein Heimspiel gegen den Dauerrivalen Gladbach, das bei einer Niederlage noch den Meistertitel an Schalke 04 verspielen könnte. Doch die Bayern belassen es bei einem 2:2-Unentschieden.

Tosender Applaus schallt dem Kaiser von den Rängen entgegen, mit Ausnahme vereinzelter Schmährufe aus der Südkurve (»Schwan, du Drecksau«) ein friedlicher letzter Nachmittag im Olympiastadion. Während sich Udo Lattek nun als Gladbach-Trainer über die Meisterschale freut, sitzt Beckenbauer lange noch in der Kabine, ein Spieler nach dem anderen verabschiedet sich von ihm, der Kaiser geht als Letzter. Er sagt den Journalisten Lebewohl (»Dann hättmas. Servus beinand.«), dann trifft er in den Katakomben noch einmal Sepp Renn, die gute Seele des Klubs, der Beckenbauer seit 1958 kennt, als er von den Sechsern rüberwechselte zu den Roten. Sepp ist ein Universalgenie bei den Bayern, er ist Schuster, Zeugwart, und vor allem ist er der Beichtvater, dem die Spieler in den Jahrzehnten so viele Geheimnisse anvertrauen, Eskapaden, Verfehlungen, Frauengeschichten, weil sie wissen: Der Sepp sagt nix. An diesem Tag sagt der Sepp schon etwas, der Sepp sagt zu Beckenbauer: »Traurig is scho, Franz.« Famous last words des alten Freundes und Weggefährten.

KAPITEL 14

Pavarotti in der Met, Nomaden in der Bronx und ein Date mit Nurejew: Glückliche Jahre in der Neuen Welt

Traurig und sentimental wird's auch drei Tage später am Flughafen Riem, vor dem Abflug nach New York. Neben Hunderten Schaulustigen warten auch Papa Franz und Mama Antonie auf ihren Sohn, der sich auf dem US-Konsulat auf den letzten Drücker noch das Arbeitsvisum für die Staaten abholt. Unter Tränen verabschieden sich die Eltern (»Mach's gut, Franzl«), dann hebt Beckenbauer mit Flug LH 408 ab und bricht auf in die Neue Welt. Mit dabei sitzen in der letzten Reihe der First Class auch Manager Schwan und Frau Brigitte, die die drei Söhne bei ihrer Schwester lässt und die zu diesem Zeitpunkt noch auf eine glückliche Fortsetzung der Ehe in neuer Umgebung hofft, in der luxuriösen Doppel-Suite im 11. Stock des St. Regis-Hotels mit den Nummern 1105 und 1106, Robert Schwan logiert im Apartment nebenan, Zimmer 1104.

In Deutschland wird der Abschied natürlich nicht nur wie in den an ihn geschickten Briefen mit wohlwollenden Sympathiebekundungen quittiert, es hagelt auch Häme. Voll des Spotts schreibt Hellmuth Karasek im *Spiegel* in seinem schon berühmten Nachruf mit dem Titel »Libero auf der Flucht«: »Seit Heinrich IV. in Canossa sich seine bloßen Füße im Schnee wundstand, seit Ludwig II. im Starnberger See umnachtet baden ging und Wilhelm der Zwote im holländischen Exil Bäume zersägte, ist keine Majestät im Bewusstsein der Nation so tief gesunken wie Kaiser Franz. Sein Wechsel vom internationalen Fußballparkett des Münchner Olympiastadion-Rasens in die Hillbilly-Prärie wirkt auf die verstörte deutsche Fußballgemeinde so, wie es Ballettomanen schockieren würde, wenn Nurejew auf einen Reeperbahn-Tingeltangel herunterstiege oder Opernfans, wenn die Callas im Duett mit Heino aufträte.« Zu Nurejew gleich noch mehr.

Auch international findet der Wechsel von München nach Manhattan großes Echo. Die Turiner *La Stampa* erkennt als Ursache für den Abschied die »Verfolgung durch den Fiskus, die Krise von Bayern München und besonders die schmutzige Kampagne, die von ein paar Boulevardzeitungen veranstaltet wurde«, gemeint sind die »pikanten Einzelheiten von galanten Abenteuern des Sportlers und guten Familienvaters«. Der Züricher *Sport* hingegen findet den Neuanfang gerade richtig für »den größten Fußballer in der ersten Hälfte der Siebzigerjahre, doch die Zeit bleibt nicht stehen. Beckenbauer wird wahrscheinlich am längsten vermisst, aber kaum betrauert.« Demnach ist er also ganz gut aufgehoben in der North American Soccer League, in der weitgehend ausgemusterte und abgesattelte Altstars für ein üppiges Gnadenbrot noch vor sich hin traben dürfen. Das sportliche Niveau der NASL ist natürlich überschaubar, in einer Liga, die in manch einer Spielzeit Ende der 1960er Jahre auf nicht einmal 3000 Zuschauer im Schnitt kam, bevor Investoren Geld in die Klubs steckten und mit gutem Gehalt große Namen in hohem Alter anlockten. George Best in Los Angeles, Gordon Banks in Fort Lauderdale, Eusebio in Toronto, später Las Vegas, Bobby Moore in San Antonio. Die ganz große Nummer, das absolute Zugpferd ist aber Cosmos New York, der Klub des Warner-Konzerns um Mr. Ross und die Brüder Ertegün. Mit Brasiliens Weltmeister Carlos Alberto, mit dem Italiener Giorgio Chinaglia und natürlich mit dem absoluten Weltstar Pelé, der bereits seit 1975 dort spielt, und nun also auch mit dem großen Franz Beckenbauer.

Der Klub ist die Attraktion der Liga, kommt der Circus Cosmos in die Stadt, gehen sie alle hin. Zu seinem Debüt, einem 2:4 in Tampa Bay, strömen 45000 Menschen ins Stadion, das Playoff-Viertelfinale gegen die Fort Lauderdale Strikers Mitte August sehen im Giants Stadium 77691 Zuschauer. Als Beckenbauer gefragt wird, wie er die Kulisse empfindet, sagt er: »It was Stimulanz.« Es ist alles neu und alles große Show. Vor Anpfiff laufen die Spieler nicht wie in Europa als Mannschaft, sondern wie im US-Sport üblich einzeln auf den Platz, mit viel Brimborium angekündigt vom Stadionsprecher: »And here is Franz, the Kaiser from Germany.«

Die New Yorker *Daily News* analysiert das neue Phänomen Soccer soziologisch, klassifiziert den durchschnittlichen Besucher zwischen Mitte 20 und Mitte 30, liberal, gebildet, eher pazifistisch linksintellektuell, mit deutlicher Ablehnung gegenüber Krieg, Militär und Befehlshierarchien. Fußball als Sport des alternativen Anti-Establishments, das auch das uramerikanische Kerngeschäft Baseball und Football als zu angestaubt und zu reaktionär tendenziell ablehnt. Fußball, so heißt es, sei das neue Symbol von Leichtigkeit, Spontaneität, Kreativität – und dass niemand diese Tugenden so sehr verkörpere wie Franz Beckenbauer. Ausgerechnet, der konservativ biedere CSU-Sympathisant. Ausgerechnet er ist nur der Anti-Star, Prototyp einer jungen Generation mit einer kritisch rebellischen Grundhaltung, als stünde er Fidel Castro näher als Franz Josef Strauß. So weit hat's kommen müssen.

Aber Beckenbauer gefällt sich in dieser neuen Rolle, und natürlich genießt er auch das neue Leben inmitten der schicken New Yorker Society. Er trifft auf Liza Minelli und Muhammad Ali, die er beide auch im Madison Square Garden sieht, sie im Musical, ihn im Boxring. Mit Robert Redford schlendert er durch den Central Park, er besucht Baseballspiele der New York Yankees und in Greenwich Village ein Konzert der Songwriterin

Carly Simon, nach einem Spiel gesellt sich zu ihm an den Rand des Ermüdungsbeckens ein früherer US-Außenminister. Es ist ein oberbayerisch-mittelfränkisches Gipfeltreffen, der Giesinger Beckenbauer und der gebürtige Fürther Henry Kissinger. Zwischendrin kommt auch mal seine Mutter trotz ihrer Flugangst über den Teich, mit ihr spaziert er durch den Zoo.

Zusammen mit Pelé und den anderen Mitspielern ist er Stammgast im Studio 54, dem exzentrisch exzessiven, bemerkenswerterweise der Schwabinger Großraumdisco Blow Up aus den 1960er Jahren nachempfundenen Nachtclub in Midtown Manhattan, in dem die Cosmos-Profis sogar einen eigenen Tisch haben. Immer wieder geht er in die Met, eines Abends sieht er Luciano Pavarotti in *L'elisir d'amore* von Gaetano Donizetti, die berührende Darbietung der Arie »Una furtiva lagrima«, sagt Beckenbauer später einmal, werde er nie vergessen. Genauso wenig wie den Moment nach der Aufführung, als er Pavarotti auf dessen Wunsch hin in der Garderobe besucht und der Startenor vor ihm auf die Knie sinkt, mit den Worten: »Maestro.«

Jascha Silberstein, erster Cellist an der Met, wird zu einem engen Freund, der ihm eine neue Wohnung vermittelt. Im Apartment-Hotel Navarro, Central Park South, 21. Stock, 360-Grad-Rundumblick, Monatsmiete 6000 Mark. Einer seiner Nachbarn dort ist Rudolf Nurejew, dessen Sekretär Luigi Beckenbauer immer Karten für die Aufführung der Ballett-Legende vorbeibringt, im Gegenzug bekommt der Luigi Tickets für Cosmos. Nurejew geht nie ins Giants Stadium, er interessiert sich nicht für Fußball.

Aber er interessiert sich für den Franz.

Eines Tages lädt der Tänzer den Nachbarn ins River Side Café nach Brooklyn ein. Als Beckenbauer kurz vor der Nachspeise eine Hand auf seinem Knie spürt und die Absichten der zweisamen Verabredung begreift, erwidert er, wie er später sagt: »Du, Rudolfo, lass gut sein. Ich bin von der anderen Fakultät.«

Dankbar ist Nurejew dennoch, als er eines Tages ohne weitere Absichten seine geschundenen Füße zeigt, die Beckenbauer als »verkrüppelt und völlig entstellt« wahrnimmt. Er vermittelt ihm Cosmos-Masseur Joel Rosensteen, der den Tänzer behandelt und richtig bandagiert. »Danach«, sagt Beckenbauer einmal, »ist der Rudolfo wieder drei Meter hoch gesprungen.« Mit den guten Vitaminen vom Dr. Spannbauer wäre er sicher auf vier Meter gekommen.

Zu Beckenbauers Stammlokal wird das Restaurant im Four Seasons von Gastro-Ikone Paul Kovi, Besuche aus der Heimat nimmt er immer mit ins Windows on the World, oben auf dem World Trade Center. 107. Stock, Nordturm.

Doch Beckenbauer interessiert sich auch für das wenig Glamouröse, für die runzlige Seite des Big Apple. Einmal lässt er sich von einer Journalistin durch die Bronx führen und trifft auf einem mit Scherben übersäten Streetballplatz auf eine berüchtigte, latent gewalttätige Straßengang, die »Lonely Nomads«. Als die Jungs den prominenten Gast erkennen (»Hello Franz«), spielen sie sich entspannt den Ball zu, man kickt locker gegeneinander, zum Abschied winken sie ihm noch hinterher, natürlich mit ihren Baseballschlägern. Zurück in Manhattan erzählt er den entgeisterten Cosmos-Managern von seiner unangemeldeten Exkursion, die ihn nur fragen, ob er denn übergeschnappt sei, sich auf solch gefährliches Terrain zu wagen.

Aber Beckenbauer ist nicht übergeschnappt, er ist rundum happy, oft geht er mit Carlos Alberto, dem engsten Kumpel unter den Mitspielern, in den Central Park, manchmal liegen sie den ganzen Nachmittag einfach nur auf der Wiese. Ins Training können sie natürlich auch fahren, müssen sie aber nicht. Es herrscht ein sehr lockeres Arbeitsklima, die Jahre in New York nennt Beckenbauer in der Rückschau einmal »die schönste Zeit meines Lebens«. In diese Zeit fällt aber auch ein tragischer Schicksalsschlag.

Beckenbauer beendet seine erste Saison im August 1977 mit dem Meistertitel, mit einem 2:1 im Playoff-Finale gegen die Seattle Sounders, als er im anschließenden Karibik-Urlaub in einem Telefonat mit seiner Mutter von der Erkrankung seines Vaters erfährt. Bauchspeicheldrüsenkrebs, unheilbar, die Ärzte geben ihm nicht mehr lang. Täglich sind Mutter und Sohn im Austausch. Als sich der Zustand rapide verschlechtert, fliegt Franz zurück nach München, besucht seinen Vater täglich im Schwabinger Krankenhaus. Die Hoffnung aufs Wunder bleibt aus, Ende November stirbt Franz Beckenbauer senior mit 72 Jahren, zur Beerdigung am Perlacher Friedhof kommt auch Brigitte Beckenbauer mit den drei Söhnen. Sie reisen aus Sarnen in der Schweiz an. Ihre Hoffnung auf ein Aufflammen der alten Liebe in New York, es bleibt eine Illusion.

Während Bayern-Boss Wilhelm Neudecker wegen der Turbulenzen um den eben erfolgten Rauswurf von Dettmar Cramer und die Verpflichtung von Nachfolger Gyula Lóránt unabkömmlich ist, sieht man unter den rund 100 Trauergästen dafür auch Erich Riedl. Den CSU-Bundestagsabgeordneten und Präsidenten des TSV 1860, den auch eine heute kaum mehr bekannte, sehr persönliche Beziehung zur Familie verbindet. Einst war er nämlich als Personalchef in der Postdirektion München II der Vorgesetzte des verstorbenen Postobersekretärs Franz Beckenbauer und immer wieder bei der Familie zu Hause zu Gast. Zeit seines Lebens schwärmt Riedl noch von den großartigen Apfelkücherln von der Antonie.

Als sich Franz Beckenbauer in den Tagen nach der Beerdigung mit Erich Riedl trifft, sprechen sie weniger über Erinnerungen an alte Zeiten und die formidablen Kochkünste der Mama. Sondern über die kurzfristige Zukunft. Über einen möglichen Sensations-Coup. Über ein Engagement beim TSV 1860. Zumindest für einige Spiele.

Beckenbauer will sich nämlich bis zum Trainingsstart in

Amerika Ende Februar mit regelmäßiger Spielpraxis in der Bundesliga fit halten. Bei den Bayern anzufragen, das verbietet ihm sein Stolz. Die 350000 Mark, die er für den Cosmos-Transfer aus eigener Tasche zahlen musste, fuchsen ihn schließlich noch immer. Wird Franz Beckenbauer, die größte Bayern-Legende aller Zeiten, nun plötzlich ein Löwe? Geht er 20 Jahre nach der berühmten Watschn seines Gegenspielers jetzt doch noch zu den Blauen?

Riedl fliegt zu Gesprächen nach New York, das Cosmos-Management erteilt bereits die Zusage, es geht nur noch um die Höhe der Versicherungssumme – und natürlich auch um das Honorar für Beckenbauer, dem Riedl 20000 Mark Gage pro Spiel bietet, in der sicheren Erwartung, die Unkosten allein durch die Einnahmen aus den Ticketverkäufen decken zu können. Der blaue Kaiser, so seine Kalkulation, sorge doch garantiert für ein ausverkauftes Olympiastadion. Doch die Rechnung geht nicht auf, der DFB stellt sich quer. Mit klarer Mehrheit lehnt der Ligaausschuss die Kurzzeit-Verpflichtung ab, die Begründung: Wer schon bei einem Verein (Cosmos) unter Vertrag steht, darf nicht für einen anderen (Sechzig) auflaufen. Ein Einspruch der Löwen bleibt erfolglos.

Und auch ein anderer Plan scheitert. Das Comeback in der Nationalmannschaft für die WM in Argentinien.

Im Februar 1977 bestreitet Beckenbauer gegen Frankreich beim 0:1 in Paris sein 103. und letztes Länderspiel. Als sein Wechsel nach New York feststeht, erklärt Helmut Schön, künftig nicht mehr mit ihm zu planen. »Tief betroffen, ja geradezu bestürzt« sei er, sagt er in einem Interview. Dass »Beckenbauer, der dem deutschen Fußball und auch mir gegenüber immer so loyal handelte«, nun Deutschland in Richtung Amerika verlasse, empfinde er als eine schwere Kränkung, als Vertrauensbruch seines Ziehsohns, der seit der WM 1966 über all die Jahre zu einem engen Verbündeten geworden ist. Und selbst wenn Cosmos während der laufenden Saison einer kurzfristigen Freigabe für das Turnier in Südamerika zustimmen würde: »Die Bedingungen, die Beckenbauer in Amerika antrifft, entsprechen nicht den Vorstellungen unseres Fußballs«, so der indignierte Schön, der erkennt, dass man in Amerika Beckenbauer neben Pelé als werbeträchtiges Zugpferd einer ansonsten sportlich uninteressanten Liga sieht. »Da kann auch der beste Fußballspieler der Welt seine Form verlieren.« Im Frühjahr 1978 lassen aber doch noch einmal Spekulationen über eine WM-Teilnahme aufhorchen, Cosmos sei angeblich bereit, seinen deutschen Star für das Turnier inklusive Trainingslager im Mai freizustellen. Am Ende bleibt Franz aber doch in New York, während Deutschland sein Córdoba erlebt und sich als Titelverteidiger mit einem blamablen 2:3 gegen Österreich aus Argentinien verabschiedet.

Beckenbauer genießt auch seine weiteren zwei Jahre in Amerika. Bei den Spielen ist alles wesentlich unaufgeregter, vor allem weniger feindselig. Auch in fremden Stadien applaudiert ihm das wohlgesonnene Publikum, das sich bei Hot Dog, Popcorn und Budweiser recht entspannt in den Sitzschalen zurücklehnt, er hört keine Buhrufe und Beschimpfungen mehr, was er hört, sind bei Spielunterbrechungen live eingespielte Jingles wie beim Hockey oder Basketball. Gewöhnungsbedürftig, aber der Sound der Hammondorgel in Detroit und Dallas ist dann doch erträglicher als das Pfeifkonzert in Gelsenkirchen und Kaiserslautern.

Zum ersten Jahrestag seiner Ankunft in Amerika ehrt ihn die Liga mit einem »Franz Beckenbauer Day«, vor Anpfiff singt der extra eingeflogene »750-voice Fisher Choir from West Germany«, wie die *New York Times* schreibt. Im Mai 1978 besucht ihn der wunderbare *AZ*-Reporter Bernd Hildebrandt. Als er in der Suite im Navarro eintrifft, erwischt er den Franz gerade beim Frühstücken. Zusammen mit Diana Sandmann, die nun endgültig den Platz an seiner Seite eingenommen hat. Brigitte ist Vergangenheit.

Immer wieder kehrt Beckenbauer auch nach München zurück, im September 1978 etwa für ein Gastspiel gegen den FC Bayern, es ist der erste Auftritt im Olympiastadion seit seinem Abschied. Bayern deklassiert die Beckenbauer-Truppe mit 7:1, Bayern-Rückkehrer Paul Breitner meint angesichts der Qualität des Gegners aus Amerika: »Der Franz kann einem nur leidtun.« Einige Monate später sieht man den bedauernswerten Franz im Platzl, einem Traditionslokal neben dem Hofbräuhaus, in dem Wirt Paul Inselkammer bei einer einmaligen Aktion 2000 geladene Gäste mit Gerichten zu Preisen um die Jahrhundertwende verköstigt. Die Leberknödelsuppe für neun Pfennig, die Schweinshaxn für 57. Und 44 Pfennig für die Mass Bier. Städtische Beamte und Ministerialdirektoren greifen in die Vollen und schlemmen nach Herzenslust, während Beckenbauer mittendrin fast deplatziert wirkt, als sei ihm dieses München als manchmal charmante Weltstadt und beizeiten aber auch provinziell spießiges und engstirniges Millionendorf zu klein geworden. Als passe das Filet Mignon von Paul Kovi im Four Seasons an der 57th Street besser zu ihm als das saure Züngerl für 17 Pfennig vom Paul Inselkammer.

Wie unbeschwert und leicht ist das Leben doch in New York, wo ihm niemand Böses will, anders als, ganz nebenbei, in der Schweiz, wo ihm eine Gefängnisstrafe droht. Wegen der »Wilden Ehe«, wie die *Tribune de Lausanne* schreibt, mit Diana Sandmann. Schließlich hätten die Kantonsbewohner das uralte Konkubinatsgesetz nie abgeschafft. Wie albern und kleinkariert, wie belanglos ihm das alte Europa doch vorkommen muss. Und wie bald er dann doch wieder zurückkehrt.

KAPITEL 15

The Kaiser und das stille Farewell – der Wechsel vom Hudson zu Hagenbeck: Karriere-Ausklang beim Hamburger SV

Nach der Titelverteidigung in der NASL 1978 und dem Halbfinal-Aus im folgenden Jahr kehrt Beckenbauer Ende Dezember 1979 für ein Spiel nach Dortmund zurück. Ein Benefizkick im Westfalenstadion zugunsten von Unicef, die heimische Borussia gegen eine Weltauswahl um Kevin Keegan, Bruno Pezzey und einen glänzend aufspielenden Franz Beckenbauer. Dass es vielleicht sein allerletztes Spiel in einem deutschen Stadion sein könnte, munkeln manche, wenige Tage vor dem Ende des Jahrzehnts ein passender Abschied zum Ausklang der für ihn glorreichen 1970er Jahre.

Nach Abpfiff gibt es viel Lob. »Der Franz könnte in jeder Bundesliga-Mannschaft noch mithalten«, sagt Ex-Bundestrainer Schön, und der eckige Manfred Kaltz vom Hamburger SV hat beim Bankett im Hotel Römischer Kaiser die Lacher auf seiner Seite, als er schmunzelnd einwirft: »Der Franz ist immer noch absolute Klasse. Er wäre was für unseren HSV, vielleicht können wir ihn überreden.« Der Kaiser in Hamburg, es klingt da noch wie ein völlig grotesker Witz, zumal Beckenbauer selbst erklärt: »Körperlich würde ich es mir schon noch zutrauen, aber Bundesliga kommt nicht mehr infrage.« Seinen im kommenden Sommer endenden Vertrag in New York würde er gern noch mal um ein Jahr verlängern, dann sei aber garantiert Schluss mit der aktiven Karriere.

Als ihn im Frühling 1980 eine Oberschenkelverletzung zu

einer Pause zwingt, scheint das Ende ganz nah. »16 Jahre im Profifußball sind genug«, sagt Beckenbauer und kündigt den Abschied vom Fußball mit dem Abschluss der Saison an. Doch schon wenig später erfolgt ein Umdenken, Ende April sorgt er für großes Aufsehen, als er von einem Angebot aus der Bundesliga spricht: »Die Chancen stehen 50:50.« Er meint damit die Chancen für einen Wechsel zum Hamburger SV. Der Sinneswandel liegt am beharrlichen Buhlen zweier alter Weggefährten, mit denen ihn unterschiedliche Epochen seiner Schaffensphase verbinden: Branko Zebec, Ende der Sechzigerjahre Trainer bei den Bayern, nun beim HSV unter Vertrag. Und sein kongenialer Mitstreiter aus der ruhmreichen DFB-Elf von 1972, Günter Netzer. Nun der Manager in Hamburg.

Es ist tatsächlich jener Abend des Unicef-Spiels in Dortmund, als sie ihn das erste Mal fragen, ob er es sich nicht doch vorstellen könne: seine Karriere bei ihrem Verein fortzusetzen. Beckenbauer winkt erst ab, fühlt sich aber immer mehr geschmeichelt. Das Duo Netzer/Zebec lässt nicht locker, eines Tages ruft Beckenbauer bei Robert Schwan in Kitzbühel an, mit der Bitte, die Verhandlungen aufzunehmen. Die erste Reaktion des Managers klingt ähnlich wie damals, als sein Schützling für einen Werbevertrag nur 800 statt 8000 Mark verlangt: »Franz, du spinnst.«

Als sich die Gerüchte verdichten, lästert Uli Hoeneß noch, das werde nie und nimmer passieren. »Ich gehe jede Wette ein, dass der Franz nicht zum HSV geht.« Die Wette verliert Hoeneß mit Karacho, Pauken und Trompeten, im Juli 1980 unterschreibt Beckenbauer einen Zweijahresvertrag. Doch die Vorfreude hält sich in Grenzen, noch vor der endgültigen Entscheidung halten es HSV-Fans am letzten Bundesliga-Spieltag beim Heimspiel Ende Mai gegen Schalke wie die Grünen mit der Atomkraft. Auf Transparenten steht: »Kaiser Franz – Nein danke.« Auch die künftigen Mitspieler zeigen sich mäßig begeistert. »Beckenbauer ist nicht bei allen gerne gesehen«, brummelt Libero Ivan Buljan, und der im Dezember noch so freudige Manni Kaltz raunt: »Was er noch leisten kann, weiß ich erst, wenn er neben mir gespielt hat.« Dass sie den Franz in etwa so ungern mitkicken lassen wie einst die Bowazus auf den Straßen rund um den Münchner Ostfriedhof, liegt freilich weniger am Zweifel an seinen Fähigkeiten als am lieben Geld. Beckenbauer, das wird noch vor seinem Debüt bekannt, soll mit 1,1 Millionen Mark Jahressälar mehr als das Doppelte der Spitzenverdiener beim HSV rund um die Europameister Kaltz und Hrubesch verdienen. Dabei zahlt der Klub nur 200000 Mark, 250000 Mark schießt Adidas zu, der größte Batzen kommt vom Hauptsponsor des Vereins, dem Mineralölkonzern BP. Der Kaiser tankt jetzt also nicht mehr bei Aral, und es stellt sich die Frage, ob er sich für das Engagement in Hamburg nicht mindestens genauso vor jenen Reklamekarren spannen lässt, den Helmut Schön einige Jahre zuvor in New York verortet hatte.

Nach dem dritten Meistertitel mit Cosmos in vier Jahren bekommt Beckenbauer Ende September noch ein großes Abschiedsspiel im Giant-Stadium vor 71413 Zuschauern gegen ein Allstar-Team der NASL. Mit knappen Worten (»A sad moment im my life, I love you.«) sagt er den Zuschauern Farewell und erkennt, dass doch nicht er die Attraktion des Abends ist, sondern der reaktivierte Pelé, der nach dem Meistertitel 1977 die Karriere beendet hatte und für einen einmaligen Auftritt noch einmal einfliegt. Während der brasilianische Topstar vom Publikum bejubelt und gefeiert wird, hat Beckenbauer einen eher stillen Abgang. Dass er in seinem letzten großen Spiel noch einmal realisieren muss, in seinen gut drei Jahren dann doch nicht zum absoluten Helden der Massen aufgestiegen zu sein, zum Publikumsliebling, zum Spieler der Herzen, dass er mit seiner eleganten, aber doch auch nüchternen Spielweise weniger Emotionen weckte als der extrovertierte und auf herrliches Spektakel konditionierte Pelé, das kann er verschmerzen. Als Beckenbauer nach 62 Minuten ausgewechselt wird, geht er noch auf eine letzte Ehrenrunde, ein letztes Shakehands mit den Fans, dann verschwindet er in der Kabine. Ein stilles Bye-bye des Kaisers.

Nach einer vertraglich verpflichtenden Cosmos-Klubtournee mit zwölf Freundschaftsspielen trifft Beckenbauer Ende Oktober in Hamburg ein. Beim ersten Training tummeln sich 1000 Schaulustige auf dem HSV-Gelände in Hamburg-Ochsenzoll, Manni Kaltz resümiert danach staubtrocken: »Normalerweise gehen die Menschen sonntags in den Zoo zu Hagenbeck. Heute kommen sie halt zu uns.«.

Schon bald wird deutlich, wie sehr sich Beckenbauers einst professionelle Einstellung zum Fußball auf europäischem Spitzenniveau geändert hat. Schließlich war allein das Training bei Cosmos weniger eine Pflichtveranstaltung, sondern eher eine unverbindliche Empfehlung. So konnte Hollands Vizeweltmeister Johan Neeskens, Beckenbauers Mitspieler in seinem letzten US-Jahr, tagelang unentschuldigt im wilden Leben des New Yorker Großstadtdschungels abtauchen, ohne Konsequenzen fürchten zu müssen.

Beckenbauer will sich in Deutschland erst einmal wieder einleben und das Wochenende rund um den Feiertag Allerheiligen lieber daheim in München verbringen. Doch da kommt er beim knorrigen Branko Zebec genau an den Richtigen, er macht Beckenbauer mit einer Null-Toleranz-Ansage klar, dass er Extratouren und Sonderwünsche nicht duldet – und scheucht den neuen Topstar wie alle anderen um den Platz. Bis er wieder einmal alle Kieselsteine aus der Hand hat fallen lassen, einen für jede Runde. So wie einst in München.

Und auch das Debüt kommt für Beckenbauer völlig unerwartet. Eigentlich rechnet er wie die gesamte Öffentlichkeit mit seinem Einstand erst Ende November, die Klubführung und der zahlungskräftige Sponsor wollen die Rückkehr in die Bundesliga bei einem Heimspiel feierlich zelebrieren und im Volksparkstadion den roten Teppich ausrollen. Die Begegnung gegen Neuling und Abstiegskandidat Karlsruhe scheint prädestiniert für einen Einstand, bei dem der Kaiser nur glänzen kann. Doch Zebec durchkreuzt die Pläne – und wirft ihn schon zwei Wochen früher aufs Feld. Beim Auswärtsspiel in Stuttgart sitzt Beckenbauer nach eigenem Bekunden nur deswegen auf der Bank, weil er die Mannschaft kennenlernen und die Atmosphäre in der Bundesliga wieder aufsaugen möchte, als ihm Zebec beim Stand von 1:1 in der Halbzeitpause sagt: »Du spielst.« Beckenbauer ist völlig überrumpelt und läuft unter großem Raunen des Publikums mit Verspätung aus der Kabine, als die zweite Hälfte bereits eine halbe Minute läuft. Es passt als Sinnbild ganz gut, dass ihm alles zu schnell geht, dass er doch nicht mehr ganz mithalten kann. Mit Beckenbauer verliert der HSV schließlich 2:3.

Abgesehen vom fristlosen Rausschmiss von Trainer Zebec aufgrund seiner Alkoholkrankheit Mitte Dezember sind die folgenden Wochen dennoch vor allem geprägt von großen Debatten über eine mögliche Rückkehr in die Nationalmannschaft. Bundestrainer Derwall lässt den Spekulationen freien Lauf, als er Beckenbauers Comeback im Hinblick auf die WM 1982 in Spanien nicht ausschließen will. Nach einer blamablen Vorstellung mit Niederlagen gegen Argentinien (1:2) und Brasilien (1:4) Anfang 1981 bei der Mundialito, einem nachgeholten Jubiläumsturnier anlässlich des 50. Jubiläums der ersten WM in Uruguay, werden die Rufe lauter. In einer Umfrage der *Welt am Sonntag* spricht sich die überwiegende Mehrheit der Nationalspieler für eine zeitnahe Nominierung aus. In derselben Zeitung meldet sich gar Franz Josef Strauß zu Wort, in einem Gastbeitrag fordert er die Rückkehr Beckenbauers als Führungspersönlichkeit in die Nationalmannschaft.

Doch bei allen romantisch verklärten Hoffnungen, mit ihm als Libero wieder in den Kreis der WM-Favoriten aufzusteigen, zeigt sich bald, dass die aktive Zeit Beckenbauers dem Ende entgegengeht. Bei Auswärtsspielen pfeifen ihn die Fans wie einst bei seinen Auftritten mit den Bayern aus. Und als er sich und der Öffentlichkeit nach einem Spiel in Bremen einredet, mit dem Wechsel die richtige Entscheidung getroffen zu haben und weiterhin glücklich zu sein beim HSV, entgegnet ihm sein Mitspieler Horst Hrubesch: »Wirklich, Franz?« Im Mai 1981 erklärt Derwall seinen Verzicht auf Beckenbauer, für das Turnier im folgenden Jahr in Spanien bestimmt er Uli Stielike zu seinem Abwehrchef.

Nach der Vizemeisterschaft mit seinem Klub 1981 beginnt für Beckenbauer eine letzte Leidenszeit als Spieler. Ob Adduktorenabriss, Achillessehnenreizung oder Bauchmuskelzerrung, die Verletzungen ziehen sich durch die gesamte Saison. Nach einer erneuten fünfwöchigen Spielpause gibt er Ende März gegen Stuttgart ein Comeback: Als er zu einem Kopfball ansetzt, rauscht von hinten Ungetüm Hrubesch heran und rammt ihn zu Boden. Beckenbauer liegt mit einem Nierenriss zehn Tage in der Klinik. Für einen Einsatz am 34. Spieltag reicht es noch, in seinem 424. und letzten Bundesligaspiel hat er noch Kraft für 41 Minuten. Mit dem 3:3 gegen den Karlsruher SC sichert sich der HSV die Meisterschaft, als Beckenbauer samt Schale mit auf die Ehrenrunde darf, weiß er, dass sein persönlicher Anteil an seinem fünften Deutschen Meistertitel nur verschwindend gering war. Dass seine Zeit vorbei ist, sieht er auch wenige Tage später an der Resonanz bei seinem Abschiedsspiel mit dem HSV gegen die Nationalelf, den Weg ins Volksparkstadion finden nur 30000 Zuschauer. Beckenbauer erzielt zwei Treffer, einmal ins eigene Netz, dazu den Treffer zum 2:4-Endstand. Dann hat sich in Hamburg der Kreis geschlossen: 18 Jahre nach seinem ersten Pflichtspiel sechs Kilometer südöstlich am Millerntor beim FC

St. Pauli, in der Aufstiegsrunde 1964, beendet Beckenbauer nun seine Karriere. Die ARD blendet sich nach Abpfiff rasch aus, im Anschluss rangeln sich J. R. und Bobby in einer weiteren Folge von Dallas um das Ewing-Imperium, parallel zur kaiserlichen Abschiedsgala interviewt Dieter Kronzucker im ZDF US-Präsident Ronald Reagan. Willkommen in den Achtzigern.

»Wehmut ist schon dabei, aber 18 Jahre reichen«, sagt Beckenbauer beim anschließenden Festbankett im Hotel Atlantic, auch von der Bitte von Trainer Ernst Happel, noch ein Jahr dranzuhängen, lässt er sich nicht erweichen. Beckenbauer freut sich auf die Zeit nach dem Fußball und gründet als erste Tat mit dem Nettoerlös aus dem Abschiedsspiel (die 800000 Mark rundet er aus eigener Tasche zu einer Million auf) nach der Karriere die Franz-Beckenbauer-Stiftung für kranke, behinderte und unverschuldet in Not geratene Menschen. »Ich wollte etwas Nachhaltiges schaffen, es war mir ein Bedürfnis, langfristig Menschen in Not zu helfen«, sagt er später in einem Interview, in dem er an seine eigene Kindheit im Nachkriegs-Giesing erinnert. »Niemand hatte wirklich viel, aber gerade bei uns im Viertel haben alle immer irgendwie zusammengeholfen. Das Leben funktioniert nur, wenn man zusammenhält.« Aus privaten Geld- und Sachspenden wie auch aus Erlösen von Benefizveranstaltungen wie Beckenbauers berühmten Promi-Golf-Turnieren nimmt die Stiftung in den ersten 40 Jahren rund 20 Millionen Euro ein, mit denen rund 10000 Menschen unterstützt werden, ob mit behindertengerechten Fahrzeugen und barrierefreien Zugängen, ob mit der Übernahme der Kosten von Therapien und Behandlungen – oder einem entsprechenden Zuschuss. Einmal erfährt Beckenbauer unmittelbar vor einem Golfturnier vom Schicksal eines schwer erkrankten drei Monate alten Babys aus der Mongolei, dessen Leben nur mit einer kostspieligen Operation gerettet werden kann. Kurzerhand deklariert Beckenbauer den Event zu einer Benefizveranstaltung, sammelt Geld ein und spendet den fehlenden Rest für die für den medizinischen Eingriff nötigen 20000 Euro aus eigener Tasche.

Ansonsten genießt Beckenbauer sein neues Leben nach dem Fußball, setzt sich auf einen entspannten Plausch zu Ex-Nachbar, Moderator und Schnurrbart-Abrasierer Blacky Fuchsberger in dessen Talkshow, gibt bei der Auslosung zum DFB-Pokal die Glücksfee, lässt sich in Kaufhäusern bei gut dotierten Autogrammstunden blicken und freut sich über Ehrungen durch die hohe Politik, OB Erich Kiesl überreicht ihm den Goldenen Ehrenring der Stadt München, Ministerpräsident Strauß den Bayerischen Verdienstorden. Zwischendrin mischt er sich auch selbst wieder in die Politik ein, signiert bei einer Wahlkampfveranstaltung des Starnberger Landrats Rudolf Widmann bei Brezen und Wiener Würstl Fußbälle, Bilder und Trikots.

Mit der *Bild* schließt er einen Vertrag als Exklusiv-Kolumnist ab, ausgerechnet mit jener Zeitung, mit der er 1977 rund um die Berichte zu seiner neuen Freundin Diana Sandmann so im Clinch lag. Doch die schmutzigen Scharmützel von damals, was interessieren sie noch angesichts eines doch sehr verlockenden Angebots. Beckenbauer bekommt viel Geld und die *Bild* den Kaiser für sich allein, später würde man im Neudeutschsprech sagen: eine Win-win-Situation. Der *Spiegel* taxiert sein Vermögen auf mittlerweile 23 Millionen Mark, Beckenbauer verlegt seinen Lebensmittelpunkt nach Österreich und zieht um nach Kitzbühel, frönt seiner neuen Leidenschaft, dem Golfspielen, verbessert bei gemeinsamen Runden mit Ski-Legende Toni Sailer am Fuß des Wilden Kaisers sein Handicap und lässt sich abends in den einschlägigen Promi-Hotspots der Gegend blicken, in der Tenne im Zentrum Kitzbühels oder beim Stanglwirt in Going.

Tatsächlich geht er auch noch mal zum Fußballspielen, 1983 kehrt er für eine Gage von einer halben Million Mark für ein kurzes Gastspiel zu Cosmos nach New York zurück, im Vorfeld des Comebacks rührt er kräftig die Werbetrommel für die Bewerbung der USA um die Austragung der Weltmeisterschaft 1986. Nach dem Rückzug des bereits 1974 von der FIFA zum Ausrichter gewählten, inzwischen aber von Korruption, Misswirtschaft und Drogenkriegen krisengebeutelten Kolumbien gelten die Vereinigten Staaten als einer der aussichtsreichsten Ersatzkandidaten. Beckenbauers zweite US-Mission hat jedoch wenig Erfolg, in der Meisterschaft fliegt er mit Cosmos im Play-off-Viertelfinale raus, und auch sein Einsatz als prominenter Botschafter für die WM bleibt glücklos. Im Mai 1983 vergibt die FIFA das Turnier 1986 nach Mexiko.

Dass Beckenbauer dort drei Jahre später selbst als Teamchef die deutsche Nationalmannschaft betreuen wird, daran denkt er zu diesem Zeitpunkt wohl selbst noch nicht. Bei einem Turnier, das auch dank ihm recht denkwürdig wird.

KAPITEL 16

Nichtschwimmer, Oberhirsch, Suppenkasper – und mit Furor ins Finale: Die Weltmeisterschaft 1986 in Mexiko

Die Europameisterschaft 1984 in Frankreich wird für den deutschen Fußball zum Fiasko. Der Titelverteidiger und Vize-Weltmeister von 1982 blamiert sich mit ganz schwachen Auftritten, ein spätes Gegentor beim Kräftemessen mit Spanien im letzten Gruppenspiel besiegelt das Aus in der Vorrunde.

Es ist auch das Aus von Jupp Derwall als Bundestrainer. Nach der WM 1978 hatte der redselig-joviale Rheinländer und frühere Assistent von Helmut Schön dessen Nachfolge angetreten, ein gemütlicher Kumpeltyp, der die Journalisten gern mit einem Pils in der Hand (»Prösterchen«) begrüßte und der bei den Medienschaffenden immer für Angst und Schrecken sorgte, wenn er an gemeinsamen Abenden vor den Reportern zu später Stunde noch zur Gitarre griff und meinte, die Runde mit altem Volksliedgut beglücken zu müssen. Derwall wurde in seiner Zeit nie zur Autoritätsperson. Hatte schon der oft zaudernde Helmut Schön immer mit seiner Chefrolle zu kämpfen, schien er sich an der Spitze der hierarchischen Pyramide unwohl zu fühlen und machte er sich mit zögerlichen oder gar keinen Entscheidungen immer wieder angreifbar, so hatten die Spieler vor ihm wenigstens Respekt und Hochachtung. Schön nahmen sie zumindest ernst. Jupp Derwall nicht.

Während der Mundialito Anfang 1981 machten die Nationalspieler das Rotlichtviertel von Montevideo unsicher, im Trainingslager vor der WM 1982 im Schwarzwald beschränkten sich manche DFB-Kicker – sofern sie nicht gerade Damenbesuch auf ihrem Zimmer empfingen – auf nächtelange Gelage beim Kartenspielen um fünfstellige Beträge, dazu gab es reichlich Zufuhr von Nikotin und Alkohol. Sodom und Gomorrha wirkten dagegen wie ein Kindergeburtstag. Die Umbenennung des Quartiers am Schluchsee in Schlucksee ist heute noch eng mit dem Zustand verbunden, in dem sich die Nationalmannschaft in jenen Jahren befand.

Das 0:1 gegen Spanien 1984 markiert nun mit dem frühzeitigen Ausscheiden bei der EM in Frankreich den Tiefpunkt eines schleichenden Niedergangs. Nach dem Spiel geht Derwall mit Nationaltorwart Toni Schumacher vor dem Pariser Prinzenparkstadion zum Rauchen, beide wissen, es wird ihre letzte Zigarette in der gemeinsamen Zeit beim DFB. Am Tag darauf schreibt die *Süddeutsche Zeitung* von einer »Bankrotterklärung« und widmet sich auf einer ganzen Seite dem Zustand des deutschen Fußballs. Sehr versteckt, in der rechten Spalte ganz unten, findet sich eine recht unscheinbare Zwölf-Zeilen-Meldung. Sie trägt den fragenden Titel: »Beckenbauer zum DFB?« Demnach erkläre sich der Rekordnationalspieler und Ehrenspielführer der Nationalmannschaft bereit, als Technischer Direktor einzuspringen, eine Stellenbeschreibung, die recht vage und undefiniert klingt und unter der sich Beckenbauer wohl selbst noch nicht viel vorstellen kann. »Man müsste sich natürlich noch genau über die Aufgabenteilung unterhalten«, sagt er noch.

In den folgenden Tagen entwickelt sich eine ganz eigene Dynamik, als Beckenbauer via *Bild* seine Ansichten zu den möglichen Kandidaten kundtut, die für den Bundestrainer-Posten als Favoriten gehandelt werden. Und es wird klar, er hält von ihnen nicht viel. Ob Erich Ribbeck (»A geh.«), Berti Vogts (»Bist wahnsinnig.«) oder Helmut Benthaus (»Da habens alle das Abitur, bloß Fußball spielen könnens ned.«), der Kaiser senkt über alle Namen den Daumen – und auch über seinen eigenen.

Dem Kommentar eines Zeitungsreporters, ob er es sich nicht selbst zutraue, entgegnet er: »Jetzt bist komplett wahnsinnig wordn.« Als hielte er von sich selbst noch weniger als von Berti Vogts.

Zu den Umständen, wieso er schließlich doch übernimmt, gibt es unterschiedliche Versionen. Beckenbauer wird die Geschichte so erzählen, dass er eines Morgens in Kitzbühel davon erfahren habe, als er bei der morgendlichen Lektüre der *Bild* mit Entsetzen die Schlagzeile »Franz: Bin bereit« gelesen habe. Ohne seine Kenntnis hätte Robert Schwan demnach mit dem Springer-Verlag einen Doppelpass eingefädelt, eine Nummer, aus der er nicht mehr herausgekommen sei. Eine andere Variante liest sich Jahre später im *Spiegel*. So habe Exklusiv-Kolumnist Beckenbauer kurz vor der Abreise aus Frankreich bei einem Glas Wein im Schlosshotel von Saint-Germain-en-Laye gesessen, als ein *Bild*-Reporter aufkreuzte und ihn bedrängte, der bereits druckfertigen Schlagzeile seinen Segen zu geben. Beckenbauer habe sich lange gesträubt, dann aber doch eingewilligt.

So tritt Beckenbauer also die Nachfolge von Jupp Derwall an, allerdings nicht als Bundestrainer, sondern als Teamchef. Denn einen Trainerschein hat er ja gar nicht – ein Umstand, der bei der Gilde der lizensierten Fußballtrainer gar nicht gut ankommt. Man ist pikiert und indigniert, äußert großes Unverständnis, schließlich fehle Beckenbauer doch die Ausbildung und damit auch die fachliche Kompetenz. Der Bund Deutscher Fußballlehrer wütet: »Für alle gelten die gleichen Gesetze, es darf auch für den Franz keine Ausnahme geben.« Der gewohnt markige Uwe Klimaschefski vom 1. FC Saarbrücken meint: »Von mir aus können sie dann gleich Willy Brandt zum Bundestrainer machen.« Was für Beckenbauer aber wohl einem nationalen Unglück gleichkäme.

Auch alte Weggefährten äußern sich skeptisch. »Der Franz kann nur verlieren, nicht gewinnen«, raunt Udo Lattek. »Der

Franz hatte einen Namen, der durch nichts kaputt zu machen war. Aber durch diese Geschichte kann er sogar seine Glaubwürdigkeit als großer Fußballer verlieren.« Und Paul Breitner weiß von Anfang an: »Der Franz ist auf dem Holzweg.« Kritisch sieht das Engagement auch der *Spiegel*, Beckenbauer riskiere den »Sturz des eigenen Denkmals«, nur wenige Stimmen klingen so frohlockend und hymnisch wie die lyrische Analyse im *Fußball-Magazin*, das zur Beckenbauer-Verpflichtung in diesen schweren Zeiten schreibt: »Es muss immer erst dunkle Nacht werden, ehe die Sonnenstrahlen einen neuen Morgen künden.« Halleluja.

Auch Beckenbauer selbst übt sich als Erwartungsdämpfer in Tiefstapelei. »Wer Wunderdinge von mir erwartet, der soll sich beim Zirkus Krone einen Zauberer holen«, erklärt er und legt auch in einem *Kicker*-Interview noch mal nach: »Ich bin kein Wunderheiler.« Das nicht, aber er ist ein neuer starker Mann, der gern auch durchgreift und den Spielern verdeutlicht, wer ab nun das Sagen hat. Zu spüren bekommt das unter anderem Bernd Schuster, der unmittelbar nach Amtsantritt Beckenbauers einfordert, künftig als Libero in der Nationalelf gesetzt zu sein. Beckenbauer schimpft über das »große Mundwerk« des Barcelona-Legionärs und lästert: »Menschlich wird er noch dazulernen müssen. Im Moment ist er 24, langsam müsste Schuster erwachsen werden. Wenn er eine gewisse Führungsrolle in der Mannschaft hat, dann erwarte ich von ihm ein gewisses Niveau und einen gewissen Anstand.« Das reicht für Schuster, um umgehend seinen Rücktritt aus der Nationalmannschaft zu erklären.

Dem Kölner Toni Schumacher, der sich in heimischen Medien abfällig über Beckenbauer äußert und unter anderem bemängelt, bei Trainingslagern und Lehrgängen künftig wohl wieder in Sportschulen zu hausen und nicht mehr in Hotels zu residieren, droht Beckenbauer vorsorglich mit Rauswurf: »Wer mich nicht kapiert, der kann sich künftig wieder voll und ganz auf seinen Verein konzentrieren.« Dass er sich darüber echauffiert, die Meinung vieler Spieler nicht in direkten Gesprächen, sondern aus den Boulevardzeitungen zu erfahren, ist im Nachhinein insofern amüsant, als dass genau das viele Jahre später eine von Beckenbauers Lieblingsbeschäftigungen sein wird. Nicht mit den Spielern zu sprechen, sondern in Presse, Funk und Fernsehen über sie.

Unter Beckenbauer weht für die Nationalspieler nun ein eisiger Wind, ungemütlicher als das gemütlich lauwarme Lüftchen unter Jupp Derwall. Konnten sich vor der WM 1982 Karl-Heinz Rummenigge und Paul Breitner jeden Morgen im Doppelzimmer ungestraft darum duellieren, wer länger im Bett bleibt und als Letzter zum Frühstücken kommt, fordert der neue Teamchef minutengenaue Pünktlichkeit und strenge Disziplin ein, auch bei der Kleiderordnung. Reisten die Spieler bis dahin in Freizeit-Outfit gern auch mit ausgewaschenen Hemden und löchrigen Jeans zur Nationalelf, führt Beckenbauer den obligatorischen Mannschaftsanzug ein.

Die bedeutendste Personalie wird in seinen ersten Wochen die Reaktivierung des 1982 nach der WM zurückgetretenen Felix Magath, den 31-jährigen Hamburger sieht er in einer tragenden Rolle als Führungspersönlichkeit in Richtung Mexiko 1986. Doch auch mit Magath geht das Debüt ziemlich daneben, in Düsseldorf gibt es im September 1984 gleich zum Einstand ein deutliches 1:3 gegen ein weit überlegenes Argentinien, das Beckenbauer gleich zu Beginn die großen Defizite seiner Truppe aufzeigt. Das erste Fazit des neuen Teamchefs: »Bei der WM 1974 hatten wir die letzte große Mannschaft, und es wird wohl wieder zehn Jahre dauern, bis wir international wieder top sind.« Es werden am Ende dann doch nur sechs.

Langsam stellen sich die ersten Erfolge ein, der Auftakt zur WM-Qualifikation für Mexiko, ein schmuckloses 2:0 gegen

Schweden im Oktober 1984 in Köln, der erste Sieg im zweiten Spiel. Es ist die Zeit, in der Beckenbauer eine spielerisch limitierte Mannschaft ohne Glanz und Fulminanz im Rahmen ihrer Möglichkeiten auf Kurs Richtung Mexiko bringt – und in der er anfängt, sich mit gefürchteten und bald berüchtigten Tiraden wütend in Rage zu reden, der grimmige Groll des wilden Kaisers bestimmt schon bald die Tonalität der kommenden Jahre rund um die Nationalmannschaft. Für den neutralen Beobachter und Zuhörer liefert der Furor des Franz oft sogar zur besten Sendezeit großen Unterhaltungswert und formidables Entertainment, für die von Beckenbauer jeweils gemeinten Personen und Institutionen weniger.

Schon im Herbst 1984 bekommen die Fußballprofis an sich im Kollektiv von Beckenbauer eine übergebraten. Als »satt« sieht er die Bundesligaspieler in einem Interview mit dem *Playboy*, die meisten Spieler seien »überbezahlt und kennen ihre Grenzen nicht. Wenn ein Klaus Augenthaler beim FC Bayern für seine 60-Meter-Pässe 400000 Mark im Jahr kassiert und sagt, das ist zu wenig, dann verstehe ich die Welt nicht mehr«. Dass man »international nur noch die zweite Geige« spiele, sei ja auch kein Wunder bei so einer Generation, die »ein Cartier-Kettchen am Hals, die Sonnenbrille im Seidenhemd-Ausschnitt und den Porsche auf dem Stadion-Parkplatz« habe. Rumms.

Bei anderer Gelegenheit schießt er sich auf das miserable sportliche Niveau einer aufgeblähten Bundesliga ein. »Die Hälfte der Vereine hat da oben doch nix zu suchen«, wettert er, »eine Abmagerung« auf 14 Vereine erachte er als dringend angebracht. Das auf Kraft und Kondition ausgelegte Training in den Nachwuchsabteilungen sind ihm ein Gräuel (»Wir müssen wieder die Technik und den Ball in den Mittelpunkt stellen, die Rennerei kannst ja jedem Ochsen beibringen.«), und auch die DFB-Granden sind Ziel von Beckenbauers verbalen Giftpfeilen, wie etwa der Spielausschuss-Vorsitzende Walter Baresel, eine

TV-Legende des deutschen Fußballs, der bei sonntäglichen DFB-Pokal-Auslosungen immer die Zettel mit den gezogenen Vereinen (»Sieger aus KSV Baunatal und FK Pirmasens gegen Wormatia Worms«) in die Sportschau-Kamera zittert, ein knochentrockener Fußballfunktionär wie aus dem Lehrbuch. Wenn Baresel also wie bei der Fahrt zum Auswärtsspiel nach Malta Lothar Matthäus kritisiert, kontert Beckenbauer, der DFB-Mann »solle gefälligst seinen Mund halten, sonst bleibt er das nächste Mal zu Hause«.

Kritik an der Mannschaft darf nur er selbst üben, und das tut er natürlich nicht zu knapp. Nach dem dürftigen 3:2 auf der Mittelmeer-Insel zum Abschluss des Spieljahrs 1984 schimpft er über seinen Drei-Mann-Sturm Rummenigge, Allofs, Völler (»Solange die da vorn herumgestanden sind, war es Scheiße. Erst als sie sich bewegt haben, wurde es gut.«) oder hüllt sich vielsagend in Schweigen, etwa zur Leistung von Hans-Peter Briegel: »Erspart mir eine Antwort.« Dass er nach der Rückkehr aus Malta im Parkhaus am Flughafen Riem den Diebstahl seines Audi Quattro registriert, steigert seine Laune auch nicht wirklich.

Großartig wird seine 1985 einsetzende Fehde mit den Journalisten. Bei einer Mexiko-Reise als WM-Generalprobe ein Jahr vor der Endrunde blafft er die mitgereisten Reporter an: »Schreibts doch, was ihr wollt«, etwas später holt er zum generellen Rundumschlag aus (»Ein Großteil der Presse ist unfähig, den internationalen Fußball beurteilen zu können, weil sie ihn nicht kennt.«) und schießt sich gerade auf die Berichterstatter des ZDF ein, denn die seien »geistige Nichtschwimmer«. Im *Sportstudio* legt er später nach, nimmt er die Kommentatoren Michael Palme und Günter-Peter Ploog ins Visier und macht noch einen ganz jungen Neuzugang als Unruhestifter aus: »Jetzt habts ja noch so einen Zauberer, wie heißt der, Reif, oder? Der spricht wunderbare politische Kommentare, aber bittschön lassts ihn vom Fußball weg.« Marcel Reif bleibt beim Fußball und wird zu einem der besten deutschen Sportreporter seiner Zeit.

Überhaupt gehören Beckenbauers Auftritte im *Sportstudio* mit seinem im Nachfragen beharrlichen und gern auch süffisanten Münchner Landsmann Harry Valérien zum großen Kino, Samstagabend live im Zweiten. Sternstunden des Sportjournalismus, immer wieder gern gesehen auf YouTube.

Und selbst verheerende Katastrophen und deren unmittelbare Auswirkungen scheinen Beckenbauer nicht zu bekümmern. Anfang Mai 1986 trainiert die deutsche Nationalmannschaft in Vorbereitung auf Mexiko mal wieder im hohen Norden im altbekannten Malente, als im Radio wie auch in Zeitungen plötzlich Alarmmeldungen zu hören und zu lesen sind. Die Landesregierung in Schleswig-Holstein warnt vor direktem Hautkontakt mit dem Boden, Grund: Der Fallout der radioaktiven Wolke nach dem von sowjetischen Behörden zunächst lange vertuschten GAU im Kernkraftwerk Tschernobyl. Die Messung des holsteinischen ABC-Zugs, einer auf atomare, biologische und chemische Substanzen spezialisierten Einheit des Katastrophenschutzes, ergibt zwar auf dem Rasen der Sportschule eine doppelt so hohe Strahlenbelastung wie üblich, und auch Nationalspieler Dieter Hoeneß äußert sich in Sorge: »Das schwirrt einem schon im Kopf rum. Man macht sich schon Gedanken, wenn man im Regen rumrennt.«

Gedanken, die sich Beckenbauer jedoch nicht im Geringsten macht. Er sieht die nukleare Apokalypse von Tschernobyl schlicht als »politische Angelegenheit. Die linksorientierten Länder schießen's hoch, die rechtsorientierten untertreiben's. Da sollst dann den richtigen Mittelweg finden. Das kann man sowieso nicht. Die bescheißen sich doch alle selbst.« Aussagen, die in diesem Zusammenhang etwas verstrahlt wirken.

Auch im fernen, von atomarem Niederschlag verschonten Mexiko tritt Beckenbauer auf, als dränge er im deutschen Fußball auf die finale Kernschmelze. Bei einem kurzfristig anberaumten Termin mit den WM-Reportern im Journalistenhotel schießt er sich zunächst auf das mäßige Niveau vermeintlich hoffnungsvoller Nachwuchstalente wie Kroth, Falkenmayer, Kögl, Waas und Frontzeck ein: »Mir hamms ja alle probiert, und was ist übrig geblieben: der Thon und der Berthold. Und die anderen alle, mit denen kannst ja ned amal Jugendweltmeister werden.« Überhaupt sei die ganze WM »doch ein echter Scheiß«, und: »Weltmeister werden wir eh ned.« Schön ihr Fett weg bekommen einmal mehr auch aufgrund der seiner Ansicht nach fehlenden Unterstützung für die Nationalelf die Trainer der Bundesliga (»Sollens ihren Mist doch alleine machen und weiterwursteln«) und natürlich auch noch mal die Bundesliga (»Da ist so viel Schrott dabei, da gehört ausgemistet.«). Die Rückmeldungen der Vereinsbosse in der Heimat lassen nicht lange auf sich warten, von Kaiserslauterns Klubchef Jürgen Friedrich (»Starker Tobak, unkluge Äußerungen«) über Manfred Kursawa als Präsident des Kurzzeit-Bundesligisten Blau-Weiß 90 Berlin (»Eine Reduzierung der Liga ist sinnlos, ich möchte Abwechslung und esse auch nicht jeden Tag Gänsebraten.«) bis hin zu Ottokar Wüst, dem Vorsitzenden des VfL Bochum: »Ich vermisse bei Herrn Beckenbauer die Sachlichkeit.«

Aber Sachlichkeit und Beckenbauer, das ist in jener Zeit schon per Definition ein Paradoxon, ein Widerspruch in sich. Den deutschen Reportern unterstellt er während der WM übrigens »Schweinejournalismus«. Wenig verwunderlich übrigens auch die Wortmeldung von Robert Schwan: »Ja mei, so ist er halt. Wie der Franz Josef Strauß, der schaut auch lange zu, und dann geht er in die Luft. Und wenn der Franz narrisch wird, dann nicht aus Laune, sondern aus Sorge.« Demnach sorgt er sich in Mexiko um sehr viel.

Noch empörter als von den meisten deutschen Vereinsvertretern freilich fallen die Reaktionen auf den Eklat rund um den mexikanischen Journalisten Miguel Hirsch aus. Ein Vorfall, der belegt, wie wenig sich Beckenbauer beherrschen kann, wie wenig Kontrolle er damals hat über sich selbst. Hirsch residiert – heute längst undenkbar – als Kolumnist der mexikanischen Zeitung *Excelsior* mit rund 50 anderen Kollegen im DFB-Mannschaftsquartier Mansion Galindo in Queretaro. Auch seine hochschwangere Frau ist mit dabei, jeden Abend kommt Karl-Heinz Rummenigge an der Hotelbar vorbei und legt ihr mit guten Wünschen seine Hand auf den Bauch – eine auch von Familie Hirsch als freundlich und nach eigener Auskunft keineswegs aufdringlich-übergriffig interpretierte Geste.

Plötzlich machen Gerüchte die Runde, dass einige Spieler sich bis spät nachts in der Stadt mit Alkohol und Prostituierten vergnügt hätten. Weil es nur Spekulationen bleiben, schreibt Hirsch im Excelsior nur von einem um bis zu zwei Stunden überzogenen Zapfenstreich, näher ins Detail geht er nicht.

Dann greift die *Bild* die Nachricht auf, die Redaktion übersetzt das Wort »salir«, ob bewusst oder nicht, statt »ausgehen« mit »fremdgehen« und kreiert mit »Sex – fünf Frauen bei unserer Elf« eine veritable Skandalschlagzeile: genau an jenem Tag, an dem auch die Partnerinnen der Spieler im WM-Quartier eintreffen. Beckenbauer ist außer sich, identifiziert Hirsch als Urheber der Kampagne, beschimpft ihn als Störenfried, als bezahlten Spion und Oberhirsch und legt im improvisierten ZDF-Studio bei Dieter Kürten am Hotelpool nach: »Wird er geschickt von anderen, hat er schlecht geträumt? Oder spinnt er? Und dieser kleine Mexikaner, den sieht man gar nicht mit bloßem Auge, weil er so klein ist.« Auf Kürtens Erwiderung, warum er nicht selbst den Dialog mit dem Reporter suche, entgegnet der Teamchef nur: »Dann wäre er jetzt tot. Da braucht man nur kurz zudrücken, dann gibt's ihn nicht mehr.« Kürten sagt später, er habe Schweißausbrüche bekommen, weniger wegen der Hitze, mehr aus Angst vor den Folgen. »Ich habe doch noch versucht, ihn zu bremsen, den Mann nicht zu diskriminieren. Aber es hat nichts genutzt.«

Völlig berechtigt sieht Hirsch darin eine klare Grenzüberschreitung und fordert über den DFB-Delegationsleiter und späteren Verbandspräsidenten Egidius Braun eine Entschuldigung. Beckenbauer wird von den maßlos verärgerten Funktionären zum Rapport gebeten, beim Anblick ihrer säuerlichen Miene fragt er: »Was is? Is jemand gstorbn?« Die Unterhaltung mit Kürten sei »nach langer Zeit mal wieder eine schöne lockere Unterhaltung« und »besonders spaßig« gewesen. Die meisten Beteiligten finden es freilich nicht ganz so lustig, allen voran Miguel Hirsch.

Als der wütende Reporter später in der Beckenbauer-Suite mit einer schriftlichen Stellungnahme besänftigt werden soll, merkt der Journalist an, es fehle das Wort »Entschuldigung«. Wie Hirsch in einem Interview mit dem Magazin *11 Freunde* im Jahr 2015 erzählt, sei Beckenbauer daraufhin außer sich gewesen und habe gesagt: »Ich bin der Kaiser, ich kann mich doch nicht entschuldigen, das habe ich noch nie gemacht.« Auf Drängen von Braun und DFB-Pressechef Rainer Holzschuh macht er es dann aber doch, für ein Versöhnungsfoto für die Nachrichtenagenturen schubst Braun den eher widerwilligen mexikanischen Berichterstatter in die Arme von Beckenbauer, danach kommt es doch noch zum zweisamen Versöhnungsdrink an der Bar. Beim Händedruck sagt der Teamchef: »Du bist ja gar ned so a Krischperl. Du hast ja richtig Schmalz.«

Auf Anraten von Medienmann Holzschuh drückt Beckenbauer schließlich in einem offenen Brief im *Excelsior* sein Bedauern aus: »Die Mexikaner wissen vielleicht nicht, dass ich ein Bayer bin. Wir Bayern sind ein raues, aber herzliches Volk. Als ich mich auf Herrn Hirsch bezog, habe ich das in Bayerisch Dialekt getan, und auf Bayerisch klingen manche Worte härter.« Ja dann.

Hirsch wird später für die *Deutsche Welle* arbeiten, im Jahr 2000 trifft er Beckenbauer in Leipzig hinter den Kulissen einer Jubiläumsveranstaltung zum 100. Geburtstag des DFB. In einem einstündigen Gespräch unter vier Augen bedauert Beckenbauer noch einmal seinen damaligen Ausraster und drückt Hirsch als Geste der Versöhnung einen Zettel mit seiner Mobilnummer in die Hand. Dafür würden sich viele Journalisten vermutlich gern beschimpfen lassen.

Dass Beckenbauer, der DFB und die Nationalmannschaft 1986 bei den Gastgebern nach dem Hirsch-Skandal im Lauf der ersten Tage aber auch wohlwollend aufgenommen werden, liegt am sozialen Engagement des Verbands. Tief berührt von den trostlosen Lebensumständen vieler verarmter Familien und perspektivloser Kinder rund um das mondäne Teamquartier gründet Egidius Braun die »Mexico-Hilfe«, Rudi Völler spendet spontan 5000 Mark für ein örtliches Waisenhaus, die Erlöse aus einem Testspiel vor der WM in Höhe von 25000 Mark fließen in eine Kinderklinik. Mit einigen Nationalspielern wie Lothar Matthäus übernimmt Beckenbauer die Patenschaft für zehn Schulkinder inklusive Finanzierung des Schulgelds von insgesamt 12000 Mark jährlich bis zum Abschluss. Die Mexico-Hilfe ist der Initialmoment für die später gegründete Egidius-Braun-Stiftung, die sich gegen Armut, Not und Elend weltweit engagiert und auch geflüchtete und aus der Heimat vertriebene Menschen unterstützt.

So schön die Gesten 1986 sind, sosehr man damit auch das eigene Image wieder aufpoliert, so sehr rumort es in der Nationalmannschaft intern. Immer wieder muss Beckenbauer schlichten zwischen den Fraktionen aus Köln und München, gerade Toni Schumacher hat es sich bei den Bayern-Spielern verscherzt. Erst bei Lothar Matthäus, dem er noch vor der WM in einem Ligaspiel mal Prügel androht, dann bei Karl-Heinz Rummenigge, der den Nationaltorwart als Kopf einer »Kölner

Mafia« sieht. Ärger herrscht auch bei HSV-Keeper Uli Stein, dessen Hoffnungen auf die etatmäßige Nummer 1 vor Turnierbeginn zerplatzen, im Kreise von Mitspielern nennt er Beckenbauer in Anlehnung an dessen Werbespot aus den 1960er Jahren einen Suppenkasper. Natürlich macht der Suppenkasper auch medial die Runde, als Stein zudem mit Dieter Hoeneß, Klaus Augenthaler und Ditmar Jakobs länger um die Häuser zieht als erlaubt, wirft ihn Beckenbauer aus der Mannschaft und schickt ihn nach Hause. Der Kasper macht ernst, die Suppe hat nun Stein selbst auszulöffeln.

All die Störgeräusche etwa durch den zum Ersatzspieler degradierten Matthias Herget (»In mir brodelt's.«), den ausgemusterten Olaf Thon (»Der Franz hat kein Vertrauen mehr zu mir.«) oder durch seine eigene Kritik an Klaus Augenthaler (»Er bringt halt seine Leistung nicht.«) hält Beckenbauer selbst aber plötzlich für eher konstruktiv. Immer wieder propagiert er die Bedeutung von Reibung, Spannung und Konfliktpotenzial. »Sonst können die ja gleich in roten Gewändern herumlaufen und Hosianna singen. Ich brauch Kerle, keine Ministranten.« Gleichzeitig echauffiert er sich über die ewig weinerliche Jammerei bei vielen seiner Spieler und die chronischen Disziplinlosigkeiten. »Ein Kindergarten ist ein Dreck dagegen«, wettert er, was wiederum die Kinder der Caritas-Tagesstätte München-Pasing auf den Plan bringt. In einem Leserbrief an die *Süddeutsche Zeitung* schreiben sie: »Franz, mir san stinksauer auf dich. Ja schamst dich du gar ned. So wie deine Burschen führen wir uns ned auf.«

Lothar Matthäus sagt einmal über Mexiko 1986: »Wir waren eine gut intrigierte Truppe.«

Auch spielerisch läuft es nicht rund, nach einem 1:1 gegen Uruguay verfolgt ein wütender Beckenbauer das dürftige 2:1 gegen Schottland, in dem er manche Spieler wie Klaus Allofs während der Partie anschnauzt (»Was spielst denn für einen Zirkus.«) und sich anschließend das Kollektiv in der Kabine zur Brust nimmt. »In Köln haben wir nach Niederlagen bessere Stimmung als hier nach Siegen«, grummelt Toni Schumacher. Ein anderer Nationalspieler, der im Gespräch mit Reportern um Anonymität bittet, murrt: »Langsam habe ich das Gefühl, der Franz will so schnell wie möglich nach Hause.« Will er das wirklich? Wächst ihm das alles über den Kopf? Hält er dem Druck nicht stand? Als sich die Frage stellt, ob Beckenbauer wirklich der richtige Mann auf dem Posten des Teamchefs und nicht vielmehr maßlos überfordert damit ist, meldet sich wieder Robert Schwan zu Wort: »Es gibt jetzt halt einen neuen Franz«, sagt er. »A bissl einen heftigen Franz. Früher wurde auf dem Posten nur gelächelt und schön gesprochen, jetzt ist einer da, der den Finger dort hinhält, wo es wehtut. Vielleicht ist er jetzt nicht mehr der Diplomat, der er mal war.« Beckenbauer? Ein Diplomat? Wann soll er das bitte jemals gewesen sein?

Die Stimmung bleibt nach einem 0:2 gegen Dänemark zum Abschluss der Vorrunde durchwachsen, mühsam rumpelt sich das DFB-Team im Achtelfinale gegen Marokko durch ein Matthäus-Tor kurz vor Schluss in die Runde der letzten acht, dort quält man sich ins Elfmeterschießen gegen Gastgeber Mexiko, mit zwei parierten Schüssen wird Torwart Schumacher zum Helden.

Blendende Stimmung kommt erst nach dem Halbfinale gegen das favorisierte Frankreich um Superstar Michel Platini auf, das in einem der bis heute schönsten Spiele der WM-Historie davor im Viertelfinale noch Brasilien aus dem Turnier wirft. Pragmatisch und überraschend souverän gewinnt die DFB-Elf 2:0, später am Abend sitzt Beckenbauer mit Partnerin Diana im Teamhotel. Während die Spieler an der Hotelbar ausgelassen schunkelnd Schlager singen (»Que sera, sera«), sinniert der Teamchef über seine Zukunft und bringt sogar auf Nachfrage einen Rücktritt nach der WM ins Spiel. »Gar nichts ist ausgeschlossen.« Whatever will be, will be. Que sera, sera.

Vier Tage später geht es im Finale gegen Argentinien. Gegen den großen Diego Maradona, der bei der WM auf seinem absoluten Leistungszenit in irgendeinem unerreichbaren Orbit über dem Turnier kreist. Niemals sonst, nicht zuvor und nicht danach, wird eine Mannschaft bei einer Weltmeisterschaft so von einem einzigen Spieler geprägt und durchs Turnier getragen wie Argentinien von Maradona 1986. Nicht Brasilien von Garrincha 1962 oder von Pelé 1970. Nicht Deutschland von Beckenbauer 1974. Nicht Frankreich von Zidane 1998.

»Wäre Maradona in Toronto auf die Welt gekommen, dann wäre 1986 eben Kanada Weltmeister geworden«, sagt Peter Beardsley später einmal. Der englische Nationalspieler ist während des WM-Viertelfinales einer von vielen Statisten, eine der Slalomstangen, die Maradona bei seinem epochalen Solo von der Mittellinie umkurvt. Der daraus resultierende Treffer wird später zum Tor des Jahrhunderts gewählt, während der Live-Reportage beginnt der argentinische Radio-Kommentator ob der grenzenlos anmutigen Schönheit von Maradonas Kunstwerk völlig berechtigt zu weinen und fragt schluchzend: »Du kosmischer Drachen, von welchem Planeten kommst du?« Man weiß es nicht, in jedem Fall ist Maradona ein Außerirdischer aus einer fremden Dimension des Universums. Oder gleich der Heiland selbst, auf die Frage nach seinem anderen, vom Schiedsrichter unbemerkt mit der Faust erzielten Treffer gegen England, sagt er: »Es war die Hand Gottes.«

Wie Maradona also stoppen? Der kurz vor dem Showdown im Aztekenstadion von Montezumas Rache arg geschwächte Beckenbauer heckt einen Plan aus, der denkwürdige Erinnerungen an das WM-Finale 1966 weckt. Denn für die Rolle von Maradonas Sonderbewacher sieht der Teamchef Lothar Matthäus vor. Es sind frappierende Ähnlichkeiten zu seiner eigenen Rolle im Endspiel 20 Jahre zuvor, als Beckenbauer durch die Manndeckung von Bobby Charlton zwar den englischen Spielmacher weitestgehend ausschaltete – damit aber selbst seiner Stärken beraubt war, der Mannschaft keine Impulse geben konnte. So wie nun auch Matthäus, dem es zwar gelingt, den Radius seines Gegenspielers einzugrenzen, seine Magie etwas zu entzaubern. Und doch sorgt Maradona für die entscheidenden Aktionen. Der nach einem Foul von Matthäus an Maradona verhängte Freistoß wird zur Vorlage für Argentiniens Führung durch den Kopfball von José Luis Brown, auch dank gütiger Mithilfe des im Strafraum orientierungslos umherirrenden Toni Schumacher. Und beim Stand von 2:2 setzt Maradona den entscheidenden Pass auf den von Hans-Peter Briegel erfolglos verfolgten Jorge Burruchaga. Im ZDF wird Reporter Rolf Kramer Worte sagen, die in der Fernsehgeschichte so berühmt werden wie die von Ernst Huberty (»Ausgerechnet Schnellinger«) 1970. »Toni, halt den Ball«, ruft Kramer. Weil der Toni den Ball aber nicht hält, ist Deutschland Vize-Weltmeister.

Und dennoch, trotz des knapp verpassten Triumphs und trotz all der Missstimmung und der Reibereien herrscht ausgelassene Atmosphäre, die Spieler feiern vor dem Rückflug mit Flug LH481 zum Empfang am Frankfurter Römer im Hotel María Isabel von Mexico-City bis in den frühen Morgen. Für letzten Ärger sorgt nur noch Felix Magath, ausgerechnet Magath, würde Ernst Huberty sagen. Dem Spielmacher des HSV, in Beckenbauers Frühphase als Teamchef 1984 für die Nationalelf reaktiviert, fehlt noch immer jegliches Verständnis, warum er nach 62 Minuten beim Stand von 0:2 für Dieter Hoeneß vom Feld musste. »Die größte Enttäuschung meiner Karriere«, klagt er, »eine persönliche Kränkung.« Magath beendet seine DFB-Karriere nach der WM, Rummenigge, Briegel, Jakobs tun es ihm gleich. Toni Schumacher wird von Beckenbauer 1987 aus dem Team geworfen, Grund ist die Veröffentlichung des Buchs *Anpfiff*, in dem Schumacher über Doping als Alltagspraxis im Fußball schreibt und über Gelage und Orgien in der Mannschaft rund um die WM 1982. Stichwort Schlucksee. Beckenbauer prophezeit der Nationalelf eine düstere Zukunft: »Das wird auf lange Zeit die letzte große Mannschaft gewesen sein.« Doch da wird er sich gewaltig täuschen.

KAPITEL 17

Als Rumpelstilzchen und Zen-Mönch mit den Topfenkickern zum Titel: Die Weltmeisterschaft 1990 in Italien

Gelassener, ruhiger wird der Teamchef auch nach Mexiko nicht, mit verbalen Entgleisungen ist bei ihm immer zu rechnen. So wie im Oktober 1986 nach einem 1:4 in einem Testspiel gegen Österreich, als er den italienischen Schiedsrichter Agnolin beleidigt (»Der ist gemeingefährlich, der gehört aus dem Verkehr gezogen. Ich weiß nicht, was in seinem Kopf vorgeht, wenn überhaupt was drin ist.«) und DFB und FIFA nach ersten Ermittlungen von einer Sanktion doch noch absehen.

Auch vor der Heim-EM 1988 gerät Beckenbauer unentwegt auf hohe Betriebstemperatur, bedingt durch immer vehementer auf ihn einprasselnde Kritik. Dass der Vize-Weltmeister inzwischen nur noch wie internationales Mittelmaß spielt, belegen die fünf sieglosen Spiele am Stück zwischen Oktober 1987 und März 1988. Großes Störfeuer entfacht vor allem sein ehemaliger Mitspieler Paul Breitner, der Beckenbauer Dilettantismus vorwirft, eine »Horror-Taktik«, und dass er solch einen »Riesenmist« spielen lasse, dass »anständiger Fußball gar nicht mehr möglich« sei. Später schießt auch noch Udo Lattek, sein alter Trainer aus Bayern-Zeiten, quer. Die Nationalspieler könnten sich gar nicht entfalten, schreibt er in *Sport Bild*, sie seien »durch die übermächtige Stellung von Franz blockiert«. Und sie würden es spüren, dass Beckenbauer »sie verachtet, weil er ja (unbestritten) alles viel besser konnte«.

Der kritisierte Beckenbauer kontert noch: »Der Paul Breitner interessiert mich überhaupt nicht, der hat mich als Spieler nicht interessiert, als Mensch und auch als Kolumnist nicht.« Außerdem sei er »ein Gestörter« und das »Grundübel des deutschen Fußballs«. Nach einem mageren 1:1 gegen Schweden im März 1988 redet sich Beckenbauer dann aber wieder gegen die eigene Mannschaft in Rage: »Ich hab mich von einigen Spielern zu lange einlullen lassen.« Immer deutlicher aber wird: Nach vier Jahren im Amt steht Beckenbauer vor der Europameisterschaft im eigenen Land gewaltig unter Druck, die Öffentlichkeit erwartet nach so vielen getesteten und von ihm dann wieder für untauglich befundenen Spielern endlich Ergebnisse, die Zeit der Versuchsphasen ist vorbei.

Bei der EM erreicht die DFB-Elf nach soliden Auftritten das Halbfinale gegen Holland, das Duell der Erzrivalen ist lange auf Augenhöhe, bis Marco van Basten seinen lästigen Gegenspieler Jürgen Kohler düpiert und zwei Minuten vor Ende mit seinem Tor zum 2:1 die Niederlande ins Endspiel nach München schießt. Ein Spiel, das auch wegen einer Szene nach Abpfiff in Erinnerung bleibt, als sich Ronald Koeman mit dem Trikot von Olaf Thon feixend den Hintern abwischt. Für Beckenbauer bleibt die Erkenntnis, mit dieser Mannschaft mit dem Halbfinal-Einzug das Maximum erreicht zu haben, mehr ist nicht drin gegen eine Mannschaft, die vier Tage später mit dem 2:0 über die Sowjetunion im Münchner Olympiastadion den ersten großen Titelgewinn einer niederländischen Nationalmannschaft feiert. Eine späte Genugtuung für Trainer Rinus Michels, 14 Jahre, nachdem er an selbiger Stelle als Bondscoach das WM-Finale gegen Deutschland verloren hatte.

Die Rücktrittsforderungen gegen Beckenbauer werden indes immer lauter, auch der *Spiegel* schreibt in einem EM-Fazit von »ärmlichen Vorstellungen« der Nationalelf, von der »Beerdigung des deutschen Fußballs« und stellt die Frage, warum Beckenbauer »nicht endlich den Kram hinschmeißt und wieder zum Golfschläger greift«. Am besten im Dunstkreis seiner »Schischi-Freunde, die ihm nach dem Ausscheiden mit schwer parfümierter Süßlichkeit im Foyer des feinen Hotels Bachmair am Tegernsee mit Küsschen kondolierten«. Beckenbauer scheint mürbe geworden in den folgenden Monaten, immer wieder kommen Angebote von Klubs und Verbänden, die ihn mit Ende seines Vertrags 1990 nach der anstehenden WM verpflichten wollen, der AS Rom ist im Gespräch, aus der Türkei meldet sich Galatasaray Istanbul und stellt ein Jahresgehalt von vier Millionen Mark in Aussicht. Die USA locken ihn mit einem Vierjahresvertrag für 18 Millionen Mark, dafür soll Beckenbauer ein konkurrenzfähiges Nationalteam für die Heim-WM 1994 aufbauen. In England will man ihn sofort, der Londoner *Independent* fordert ein Engagement des in Deutschland doch so unzufriedenen Beckenbauer, um als Nationaltrainer die Three Lions in Italien zum Titel zu führen.

Beckenbauer aber lehnt alle Offerten ab und erklärt, bis zur WM in Italien zu bleiben und danach definitiv aufzuhören, als Nachfolger einigt sich man sich beim DFB auf Berti Vogts. Gedanken über seine berufliche Zukunft macht er sich nicht, dafür über die private. Beckenbauer findet mit der DFB-Sekretärin Sybille Weimer eine neue Frau an seiner Seite. Nach der Trennung von Partnerin Diana Sandmann und nach der im Januar 1990 erfolgten Scheidung von seiner nur noch auf dem Papier als Ehefrau deklarierten Brigitte heiraten die beiden am Ostersonntag 1990, abends um 20 Uhr im Standesamt von Kitzbühel. Eine sehr kleine Zeremonie mit seinem Bruder Walter und ihrem Bruder Uwe als Trauzeugen, zum Hochzeitsdinner in den Unterberger Stuben gibt es Gänseleber-Terrine und Seeteufel-Medaillons. Für lange Flitterwochen bleibt keine Zeit, knapp zwei Monate vor Beginn der WM, bei der Deutschland überhaupt nur dank eines sehr späten Treffers von Thomas Häßler im letzten Qualifikationsspiel gegen Wales dabei sein darf.

Um nun aber doch einen Unterschied zwischen dem Franz Beckenbauer von 1986 und dem von 1990 zu erkennen, reicht bereits ein Vergleich der jeweiligen Woche vor Turnierbeginn. In Mexiko der elefantös im Porzellanladen herumtrampelnde Rundumschlag-Teamchef. Ausmisten, Schrott, Oberhirsch. In Italien fast schon ein verträumt verklärter, in jedem Fall geläuterter Franz. Ob es am frischen Eheglück mit seiner Sybille liegt, ob an der Gewissheit, in wenigen Wochen Abschied nehmen und den Schusslinien der Breitners und Latteks endlich entrinnen zu dürfen, sich nicht mehr permanent rechtfertigen zu müssen – vermutlich ist es eine Mischung aus allem zusammen, das zu einer nie dagewesenen Lockerheit führt, zu einem losgelösten Zustand, den er auch als Spieler nie verspürt hatte, mit Ausnahme seiner drei Jahre in New York vielleicht. Es ist die Zeit, in der er selbst nächtelang bei Videoanalysen vor dem Bildschirm sitzt, die nächsten Gegner und ihre Spielsysteme akribisch entschlüsselt, und in denen er nach knappen Worten und nur den allerwichtigsten Vorgaben in den Mannschaftssitzungen sagt: »Gehts raus und spielts Fußball.«

»Es ist doch alles wunderbar«, verkündet er zwei Tage vor dem WM-Auftakt und bilanziert bereits: »Wir haben viel erreicht in den sechs Jahren. Wir mussten erst mal die Scherben aufkehren von den ganzen Zauberern, die damals mitgewirkt haben. Dann hat der Fußball wieder so ein bisschen die Kurve nach oben bekommen.« Zauberer, es ist in diesen Jahren ganz offensichtlich sein Lieblingswort. Auf die Frage, was er für das Turnier nun erwarte, sagt er: »Das Ideale wäre halt: schön spielen, hoch gewinnen und Weltmeister werden.«

Die ersten beiden Vorgaben erfüllt die DFB-Elf manchmal, etwa bei der Gala zum WM-Start gegen Jugoslawien, dem 4:1 mit Lothar Matthäus im wohl besten Spiel seiner Karriere. Die dritte und natürlich allerwichtigste kaiserliche Prämisse erfüllt sie später voll und ganz.

Auch dank dieser offenkundigen Transformation vom aufbrausenden HB-Männchen zum tiefenentspannten Zen-Mönch wird das Mannschaftsquartier Castello di Casiglio in Erba am Comer See zu einer Art Wellness-Oase mit Rundum-Wohlfühl-Paket. Ganz anders als noch in Queretaro 1986 oder auch Malente 1974. Nach dem 5:1 gegen die Vereinigten Arabischen Emirate streicht Beckenbauer einen Trainingstag und lässt die Spieler 19 Stunden raus aus dem Quartier, die *Bild* zieht ihre eigenen Rückschlüsse und titelt: »Danke, Franz, für diese Liebesnacht.« Vor allem das deutsche Legionärs-Trio von Inter Mailand nutzt die freie Zeit für einen Abstecher nach Hause, die Nachbarn Lothar Matthäus und Andi Brehme fahren heim ins 20 Kilometer entfernte Carimate, Jürgen Klinsmann schaut in Cernobbio am Westufer des Lago di Como in seiner 170-Quadratmeter-Villa vorbei, die er für die Zeit der WM zum Matratzenlager für 30 Kumpels aus der schwäbischen Heimat umfunktioniert.

Uwe Bein und Andi Möller brechen zu einer Rundtour mit dem Auto um den See auf, Pierre Littbarski und Frank Mill gehen gemeinsam essen, weniger glücklich läuft es für Bodo Illgner, in dem von Andi Brehme empfohlenen Restaurant sitzen nur deutsche Journalisten.

Mehr Ruhe haben die Spieler im Gatto Nero, einem Edellokal hoch über dem Comer See, mit bestem Trüffel und feinem Rotwein. »Der Franz ist nicht wie ein Schießhund hinter uns hergerannt, um uns zu kontrollieren«, wird sich Jürgen Kohler Jahre später an die WM 1990 erinnern. »Es war ihm egal, ob einer mal ein, zwei Bierchen trank. Er hatte die Lässigkeit, über den Dingen zu stehen.« Manches ist fast schon zu lässig, als er mit dem aberwitzigen Gedanken spielt, vor dem Achtelfinale mit der Mannschaft sogar zwei Tage heim nach Deutschland zu fliegen, ein Ansinnen, das bei der DFB-Delegation auf wenig Gegenliebe stößt. Ansonsten unfassbare und nie für möglich gehaltene Harmonie. Nach dem bedeutungslosen Vorrunden-Abschluss, einem 1:1 gegen Kolumbien, gibt Klaus Augenthaler ungläubig zu Protokoll: »Wir warten dauernd auf den ersten Krach. Aber es kommt keiner.«

Hitzig wird es nur im nächsten Spiel, dem 2:1 gegen Holland samt hässlichem Getrete und als Höhepunkt der treffsicheren Spuck-Attacke von Frank Rijkaard in die Lockenpracht von Rudi Völler. Wild wird der Kaiser aber vor allem im Viertelfinale, als seine Mannschaft ein 1:0 gegen eine durch einen Platzverweis dezimierte ČSFR über die Zeit zittert. Während des Spiels übt er sich neben zahlreichen Rumpelstilzchen-Rückfallattacken auch in sarkastischen Anweisungen an seine Spieler (»Spielts den blinden Klinsmann ned an, der ist heut gegen uns.«), nach Anpfiff wird es in der Kabine laut. »Ihr Topfenkicker, ihr seid's die größten Deppen.« Ein von Beckenbauer getretener Eiskübel fliegt in hohem Bogen durch den Raum, viele Spieler flüchten um der eigenen Unversehrtheit willen in das dampfende Ermüdungsbecken, im Wissen, dass es Beckenbauer dort meist zu warm ist. Ohne Ausraster geht's bei ihm dann eben doch nicht.

Nach dem dramatischen Sieg im Elfmeterschießen gegen England im Halbfinale heißt der Finalgegner wieder Argentinien, doch Beckenbauer hat aus dem Endspiel von 1986 gelernt. Diesmal weiß er, dass es ein Fehler wäre, Matthäus als Bewacher von Maradona aufzustellen, würde es doch mehr dem eigenen Spiel schaden als dem des Gegners. Durch langwierige Verletzungen wie auch mächtige Kokainexzesse ist Maradona gezeichnet und längst nicht mehr der Überirdische von Mexiko vier Jahre zuvor, der kosmische Drachen hat kaum noch Feuer, er ist hart abgestürzt. Matthäus hingegen ist in der Form seines Lebens, jener Spieler, dem seit Jahren vorgeworfen wird, in den entscheidenden Momenten als Spielgestalter gern zu versagen, und der nun in Italien zu einer Führungspersönlichkeit herangewachsen ist. Was den Matthäus 1990 von dem von 1986 unterscheidet, wird Beckenbauer gefragt. Antwort: »Er ist vier Jahre älter.« Und um Lichtjahre reifer.

So locker sich Beckenbauer vor dem Finale nach außen geben mag, so groß ist die innere Anspannung aufgrund der hohen Erwartung, die ganz Deutschland, die auch er an sich selbst hat. »Gehts raus und spielts Fußball«, schön und gut. Aber eigentlich zählt nichts anderes als der Titel, das weiß Beckenbauer. Der Stress zehrt an seinen Kräften, während der WM verliert er sieben Kilo Gewicht. Zwischendrin telefoniert Mama Antonie mit TV-Mann Gerd Rubenbauer, dem Endspiel-Reporter und sagt ihm: »Hamms den Franz gsehn? Seine Hosen passen ihm schon gar nicht mehr. Er hat immer beide Hände in den Hosen und zieht sie hoch. So dünn ist er geworden. Bitte sagen Sie ihm: Der Bua muss essen.« Wirklich Appetit hat der Bua in diesen Tagen aber nur auf den Titel.

In einem spielerisch schwachen, aber von der DFB-Elf überlegen geführten Finale reicht Brehmes Elfmetertor sechs Minuten vor Abpfiff zum hochverdienten 1:0-Erfolg. Nach dem Brasilianer Mario Zagallo ist Beckenbauer nun der zweite Mensch, der als Spieler wie auch als Chefcoach Weltmeister wird – der Kaiser aus Giesing ist der Imperator von Rom. Im Kopf bleibt das wohl ikonischste Bild, das von Beckenbauer jemals entsteht: sein Gang über den Rasen des Stadio Olimpico.

In diesem Moment fällt alles ab, die Last von sechs Jahren, mit seiner Zeit als Spieler vielleicht sogar die Last von einem Vierteljahrhundert. Die Hände in den Hosentaschen schlendert er wie in Trance über das Spielfeld. Um ihn herum das tosende Tollhaus, auf dem Platz und auf den Rängen jubelnde Deutsche und weinende Argentinier. Und mittendrin der von aller Welt entrückte Franz Beckenbauer. Wenige Tage danach sagt er, er könne sich nicht mehr erinnern, woran er gedacht habe. »Ich weiß nur, dass ich auf dem Platz war, als würde mich jemand ziehen oder schieben. Vielleicht habe ich einfach nur geträumt.«

Knapp drei Jahrzehnte später klingt es anders, Beckenbauer erklärt, er habe in diesen Sekunden sein Leben an sich vorbeiziehen sehen, an seine Mutter gedacht, an seine Familie, an den WM-Titel 1974. In der Vergangenheit verklärt sich eben viel, generiert man gern neue Realitäten.

Beckenbauer jedenfalls genießt seine letzten Minuten als Teamchef und gibt dann noch eine unbedachte Äußerung von sich, mit der er seinem Nachfolger eine schwere Bürde mit auf den Weg geben wird. »Jetzt kommen auch noch die Spieler aus der DDR hinzu«, sagt er angesichts der anstehenden Wiedervereinigung, »es tut mir leid für den Rest der Welt, aber wir werden auf Jahre nicht mehr zu schlagen sein.« Natürlich werden sie schlagbar sein, sehr sogar, Berti Vogts wird das bald erkennen müssen.

In einer langen Partynacht in der Villa Borghesiana in Rom bietet Beckenbauer zum Abschied allen seinen Weltmeistern das Du an, nach einem Weißbierfrühstück geht es schlaflos zum Flughafen. Zu Hause in Frankfurt warten nach einem Cabrio-Konvoi in die Innenstadt 50000 Menschen am Römer, Udo Jürgens singt »Sempre Roma«, dann stimmen alle in den Evergreen von »We are the Champions« ein. Franz Beckenbauer wischt sich Konfetti aus dem Haar und tatsächlich Tränen aus dem Augenwinkel. »Ich bin so stolz auf diese Mannschaft.«

Während die sechs Weltmeister vom FC Bayern bei der Ankunft in München-Riem von Ministerpräsident Max Streibl einen Porzellanlöwen überreicht bekommen und danach zum Empfang beim Feinkost Käfer chauffiert werden, macht sich Beckenbauer still und leise davon und setzt sich ins Auto, es geht heim nach Kitzbühel.

Wenige Tage nach der Nacht von Rom gibt es bereits wieder Spekulationen um seine Zukunft. Die Gerüchte über ein Engagement als Technischer Direktor beim US-Verband verdichten sich, Beckenbauer soll als eine Art Sportchef die Vorbereitung der Nationalmannschaft in den vier Jahren bis zur Heim-WM 1994 planen, von der Sichtung der Nachwuchstalente über den Zeitplan der Testspiele und der Auswahl der Gegner. Nur über die *Bild* meldet sich Beckenbauer in diesen Tagen zu Wort (»Die Amerikaner sollen mich anrufen, wenn sie mich wollen.«), ansonsten liest man wie etwa in der *Süddeutschen Zeitung* Anfang August eine in jener Zeit recht geläufige Formulierung aus dem Stehsatz: »Beckenbauer war für eine Stellungnahme nicht zu erreichen. Er spielte Golf.«

Doch schon bald wird klar, nur noch das eigene Handicap zu verbessern, das kann mit Mitte 40 noch nicht alles sein als letzte Herausforderung. Da kommt noch was.

KAPITEL 18

Haarausfall mit Hermann Hesse – das Heimweh des Franz von Monte Christo: Das kurze Gastspiel in Marseille

In einem Interview mit dem bunten Hochglanzmagazin *Sports* gewährt Beckenbauer Mitte August 1990 erstaunliche Einblicke in sein Seelenleben. Spricht davon, dass er sich auf dem Sofa zu Hause in Kitzbühel gern in die Werke großer Denker und Dichter vertiefe. Laotse. Konfuzius. Hesse. Und dass er sich eine Welt ohne Kriege vorstelle, in der alle in Frieden zusammenlebten. »Vielleicht bräuchten wir bald überhaupt kein Militär mehr. Keine Grenzen, nix mehr. So hat sich der liebe Gott das doch vorgestellt.« Und überhaupt, sagt der Franz, solle der Mensch aufhören mit der Zerstörung der Natur. »Wir sind leider dabei, unsere eigene Mutter Erde zu ermorden.« Starke Worte. Der grüne Kaiser mäandert plötzlich nachdenklich und reflektiert durch vergeistigt ätherische und gesellschaftskritische wie umweltpolitische Sphären, als wolle er sich vor dem nächsten Castor-Transport an die Gleise ketten oder in der Alten Pinakothek Tomatensuppe auf einen Rembrandt schütten. Zumindest dann, wenn er seiner philosophischen Klausur mal entrinnt, wenn der Eremit seine Diogenes-Tonne verlässt.

Ach ja, ganz profan spricht er auch über seinen Haarausfall und die bei jeder Visite geäußerte Bitte an seinen Friseur (»Erfind doch was, dass das da oben aufhört.«) sowie einmal mehr über seinen unerfüllten Traum, das Abitur nachzuholen und Mediziner zu werden. Beckenbauer beschließt das Interview mit den Worten: »Das Gespräch hat mir gut gefallen. Es war mal was anderes. Nicht bloß Fußball.« Natürlich geht es aber bloß mit Fußball weiter. Und das nicht in Amerika, sondern in Frankreich.

Beckenbauer fühlt sich noch lange nicht reif für die Frührente – und trifft sich wenige Wochen nach der WM 1990 mit dem schillernden Geschäftsmann Bernard Tapie: Aufgewachsen in einfachen Verhältnissen begann der Franzose seine berufliche Karriere im Alter von 20 Jahren mit dem Verkauf von Fernsehgeräten. Unterwegs im Heuschrecken-Modus ist Tapie dafür bekannt und berüchtigt, marode Unternehmen zu übernehmen, sie zu sanieren und dann gern mit kompromisslosen Methoden nach radikalen Personaleinsparungen und Entlassungen profitabel weiterzuverkaufen. 1990 übernimmt er für umgerechnet 600 Millionen Mark 80 Prozent der Aktien des damals angeschlagenen Sportartikel-Giganten Adidas, wenig später stockt der neue Mehrheitseigner auf 95 Prozent auf.

Und auch in sein Lieblingsspielzeug pumpt Tapie reichlich Geld, in den Fußballverein Olympique Marseille, den er seit 1986 als Präsident leitet. Nach seinem Willen soll l'OM, wie man den Klub auch nennt, zu den großen Playern in Europa werden, einem der absoluten Spitzenklubs, in einer Reihe mit Juventus, Milan, Real und Barcelona. Tapie verpflichtet etliche Topstars, Uruguays Spielmacher Enzo Francescoli und Englands Chris Waddle, Dragan Stojković, den Mittelfeldstar aus Jugoslawien. Abedi Pelé aus Ghana. Aus der Heimat Manuel Amoros und Jean Tigana, Jean-Pierre Papin und Eric Cantona, aus Deutschland auch noch Klaus Allofs und Karl-Heinz Förster. Aber den großen Coup, den ganz dicken Fisch, will er mit Beckenbauer an Land ziehen, mit ihm als Technischem Direktor soll der Klub endlich den lang ersehnten Europapokal der Landesmeister holen und sich langfristig in der kontinentalen Elite etablieren.

Natürlich sind es nicht nur die Schmeicheleien, von denen sich Beckenbauer geehrt fühlt und mit denen Tapie um den

Kaiser buhlt. Es ist natürlich auch das Honorar, die Rede ist von 800000 Mark Jahressalär. Beckenbauer unterschreibt einen Zwei-Jahres-Vertrag und spricht kurz nach Unterzeichnung in einem Interview mit dem Privatsender TF-1 voller Hochachtung vom französischen Fußball. Lob, das man gern hört in der Grande Nation, die noch immer damit zu kämpfen hat, sich nach den mitreißenden Weltmeisterschaften 1982 und 1986 für Italien 1990 gar nicht erst qualifiziert zu haben. Beckenbauer fühlt sich mit Wohlwollen empfangen und ahnt noch gar nicht, dass er sein Engagement schon bald bereuen wird.

Gleich das erste Heimspiel unter Beckenbauers Ägide geht gegen Cannes mit 0:1 verloren, kurz darauf verzieht sich der indignierte, weil de facto entmachtete Trainer Gérard Gili und erklärt beleidigt seinen Rücktritt. Plötzlich steht Beckenbauer mit Holger Osieck, seinem langjährigen Assistenten aus der Nationalmannschaft, den er auch nach Marseille mitbringen durfte, selbst wieder auf dem Trainingsplatz. Er muss sich mit Disziplinlosigkeiten einer divenhaften Elitetruppe mit abgehobenen Starallüren herumschlagen, manche Spieler kommen immer wieder zu spät, andere beharren darauf, nur im Europapokal eingesetzt zu werden, für den Alltag in der Liga fühlen sie sich zu fein.

Und es wird immer ungemütlicher, plötzlich protestiert wie einst in Deutschland nun auch die Vereinigung der französischen Fußball-Lehrer wegen Beckenbauers fehlender Trainerlizenz. Bei den Heimspielen werden die Pfiffe gegen ihn lauter, zudem gerät er nur wenige Wochen nach seiner Verpflichtung immer wieder mit Tapie aneinander, der sich wie einst Neudecker bei Lattek konsequent in die Mannschaftsaufstellung einmischt und mitbestimmen möchte, wer zu spielen hat und wer nicht. Obendrein werden drei Spieler eines Tages auch noch von der Polizei abgeführt, es geht um nicht versteuertes Schwarzgeld, das hebt die Stimmung bei Beckenbauer auch ungemein.

In den folgenden Monaten scheint sich das Projekt Beckenbauer immer mehr als Missverständnis zu erweisen. Zwar behauptet man die Tabellenspitze, doch peinliche Pleiten wie ein 0:2 gegen Nancy und ein 0:4 gegen Auxerre sorgen für Spott und Häme im restlichen Frankreich. *Le Figaro* schreibt: »Die Mannschaft, die als größte französische Equipe der Neunzigerjahre angekündigt wurde, funkt plötzlich SOS.« Und *Le Parisien* wird noch deutlicher: »Beckenbauer hat die Mannschaft anästhesiert.« Der Zauber des vier Monate zuvor in Italien noch so gefeierten Teamchefs ist verflogen. Kurz vor Weihnachten droht er dann selbst mit Rücktritt, sollten seine Wünsche nach professionelleren Strukturen im Verein nicht umgesetzt werden.

Bei seiner offiziellen und ehrenvollen Verabschiedung durch den DFB rund um ein Länderspiel im Dezember 1990 gegen die Schweiz in Stuttgart poltert er über die chaotischen Zustände im Klub (»Manchmal kommt der Busfahrer zu spät, ein Durcheinander, eine Desorganisation.«), über die miserable Qualität des Rasens am Trainingsgelände (»Da spielens sonst Rugby drauf.«), und er erklärt, dass er nicht an Marseille gebunden sei. »Wenn sie nicht auf meine Forderungen eingehen, dann trennen wir uns eben, eine Sache von fünf Minuten. Dann geh ich wieder nach Kitzbühel und kann endlich wieder Ski fahren.«

Schon nach wenigen Monaten befällt ihn das Heimweh, wirklich zu Hause fühlt er sich in Marseille nie. Mit seiner Sybille residiert er in einer Dreizimmerwohnung in einem schmucklosen Apartment-Komplex namens Les Asilles hoch über der Uferstraße Corniche President John Fitzgerald Kennedy. Schaut er vom Balkon Richtung Meer, erblickt er die kleine Festungsinsel Chateau d'If, auf der einst der Graf von Monte Christo im Verlies versauerte. Manchmal wirkt Beckenbauer, als fühle er sich selbst als Gefangener. Vor allem, weil er nicht kommunizieren kann, weil er sich fremd fühlt. Selbst in den Clubs und Lokalen von New York kam er mit seinem radebrechenden Englisch noch halbwegs durch, dort nahm er auch fleißig Sprachkurse. Aber in Frankreich fehlt ihm die Motivation, der Antrieb zum Lernen, auch weil er es nur als Kurzepisode ansieht und nicht als Langzeitprojekt. »Es war ein Fehler, in ein Land zu gehen, dessen Sprache ich nicht beherrsche«, sagt er Ende 1990.

Zum Jahreswechsel verpflichtet Tapie den erfahrenen Belgier Raymond Goethals als neuen Trainer, Beckenbauer soll sich wieder auf seine Aufgabe als Technischer Direktor konzentrieren, wirklich Ruhe bringt das nicht in den Verein. Wenig später verurteilt eine Disziplinarkommission des französischen Verbands Tapie aufgrund von Bedrohung, Beschimpfung und Einschüchterung von Schiedsrichtern zu einem Jahr Sperre.

Zumindest danach folgen halbwegs erfreuliche Monate, im Viertelfinale des Meisterpokals eliminiert OM den AC Milan um die drei großen Holländer Rijkaard, Gullit und van Basten, nach einem Sieg über Spartak Moskau steht Beckenbauer mit dem Klub tatsächlich im Endspiel. Ein fast schon kitschig anmutendes Traumfinale zwischen Beckenbauer und dem FC Bayern verhindert leider Klaus Augenthaler, dessen Querschläger im zweiten und sehr dramatischen Halbfinale bei Roter Stern Belgrad in der 90. Minute über den irritierten Raimund Aumann ins eigene Tor segelt.

Das Endspiel selbst wird tor- und trostlos, die Entscheidung fällt im Elferschießen. Mit seiner besonderen Mischung aus technisch beschlagenen Kreativkünstlern wie Robert Prosinečki und Dejan Savićević sowie herzhaft rustikalen Eisenfüßen wie Siniša Mihajlović und Miodrag Belodedici sichert sich Roter Stern den einzigen Meisterpokal seiner Klubgeschichte – es ist für Belgrad noch einmal ein großer Feiertag vor dem nur wenige Wochen später beginnenden Albtraum mit dem Ausbruch der Jugoslawien-Kriege.

Für OM bleibt in dieser Saison nur der Meistertitel. Als zehn

Tage nach dem Europacup-Endspiel auch noch das nationale Pokalfinale gegen den AS Monaco verloren geht, ist für Beckenbauer seine Zeit in Frankreich auch schon wieder zu Ende. »Ich kann meine Tätigkeit nicht fortsetzen, weil ich keine Zeit habe«, sagt er lapidar. »Ich muss mich um meine Werbepartner kümmern, die in letzter Zeit vernachlässigt worden sind.«

Wie es mit Marseille weitergeht? Zwei Jahre später holen sie im Mai 1993 mit einem 1:0 gegen Milan im Finale von München doch noch den Henkelpott, in der ersten Auflage der neu eingeführten Champions League, dem Nachfolgewettbewerb des Landesmeisterpokals. Die Freude währt indes nicht lange, wenig später ergeben Ermittlungen, dass OM-Funktionäre vor einem Liga-Spiel gegen Valenciennes drei gegnerische Spieler bestochen hatten, um Marseille in einer vorentscheidenden Partie um die Meisterschaft gewinnen zu lassen. OM wird der letztlich errungene Meistertitel aberkannt und in die Zweite Liga strafversetzt, damit endet auch die Amtszeit von Tapie als Klubpräsident. Tapie selbst wird bis zu seinem Tod im Oktober 2021 immer wieder wegen dubioser Geschäfte, Betrugs- und Korruptionsaffären in Gerichtsprozesse verwickelt sein, eher erfolglos versucht er sich unter anderem als Politiker im Europaparlament, als Schauspieler und Chansonsänger. Als mächtiger Mann bei OM wie schließlich auch Vorstandschef von Adidas folgt ihm übrigens ein Landsmann nach, von dem in einem ganz anderen Zusammenhang später noch einmal zu lesen sein wird: ein gewisser Robert Louis-Dreyfus.

Tapies letztes Bemühen, Beckenbauer im Sommer 1991 doch noch für ein weiteres Jahr in Marseille zu halten, scheitert. Die Offerte, ihn nun auch als Vizepräsident die Geschicke des Vereins lenken zu lassen, lehnt der Umworbene dankend ab. Vizepräsident wird er nämlich jetzt bei einem anderen Klub.

KAPITEL 19

Bubu-Gaga mit Lothars Lolita – und ein Tor vom Weißbierglas: Die Rückkehr zu den lustigen Hollywood-Bayern

Der FC Bayern präsentiert sich 1991 in einem erbärmlichen Zustand, die Krise erinnert bedenklich an die Zeit ab Mitte der 1970er Jahre, als der Klub kurz vor Beckenbauers Abschied Richtung Amerika im Mittelmaß versank. Dabei investiert der Verein vor der Saison die Rekordsumme von 15 Millionen Mark in Neuverpflichtungen. Unter anderem für die Innenverteidiger Oliver Kreuzer und Thomas Berthold, die defensiven Mittelfeldspezialisten Jan Wouters und Bernardo, die Mittelstürmer Bruno Labbadia und Mazinho. Im Nachhinein fällt es leicht zu sagen, dass allein der Blick auf die Namen bereits viel über die eher überschaubaren Erfolgschancen in der folgenden Saison verraten konnte.

Viel Geld zum Fenster rauszuwerfen, ohne Gespür und Verstand teure Spieler einzukaufen, die als Mannschaft nicht harmonieren, und sich den Kader trotzdem schönzureden, das gelingt den Bayern also auch schon 30 Jahre vor der kurzen Ägide von Oliver Kahn und Hasan Salihamidžić.

Im DFB-Pokal blamiert sich die Mannschaft zu Hause mit einem 2:4 gegen Zweitligist Homburg, nach einem 1:4 gegen die Stuttgarter Kickers feuert Manager Uli Hoeneß unter Tränen seinen engen Freund Jupp Heynckes. Doch auch mit Nachfolger Sören Lerby geht die Talfahrt ungebremst weiter, Tiefpunkt ist das 2:6 im UEFA-Pokal in Kopenhagen, beim »Boldklubben af 1893« aus dem Stadtteil Österbro. In der Liga liegt die Mannschaft zwischenzeitlich auf Platz 14, in Apathie scheint man der Zweiten Liga entgegenzutaumeln.

Gerade Uli Hoeneß durchlebt nun die schwierigste Phase in seiner Amtszeit als Manager. Nach seinem Antritt 1979 hatte er den finanziell heruntergewirtschafteten Klub wieder auf Kurs gebracht, zwischen 1980 und 1990 sieben deutsche Meisterschaften auf den Weg gebracht, zwei Mal stand man im Endspiel des Meistercups. Dumm nur, dass man 1982 gegen Aston Villa (0:1) und 1987 gegen den FC Porto (1:2) nach überlegenen Spielverläufen bizarre Niederlagen kassierte, deren groteske Absurdität erst in einem Endspiel 1999 noch um Längen übertroffen wird.

Die Bayern wähnen sich zu Beginn der 1990er Jahre mitten drin in Europas Spitze, als Hoeneß allmählich sein bis dahin so untrüglicher Instinkt abhandenzukommen scheint, das Gespür, das feine Händchen auch für die richtigen Transfers. Siehe auch: Kreuzer, Berthold, Labbadia. Mazinho, Bernardo, Wouters.

Ein großes Problem scheint in der mit den Jahren immer weiter angewachsenen Machtfülle des Managers zu liegen. Der freundliche Fritz Scherer ist als Präsident zwar ein netter Mensch, aber kein wirkliches Korrektiv. Keiner, der mal draufhaut, wenn's drauf ankommt. Auch die *Welt am Sonntag* stellt fest: »Das Problem des Uli Hoeneß ist, dass im Verein nennenswerter Widerspruch fehlt.«

Den Widerspruch soll er ab Ende November nun bekommen. Mehr, als ihm lieb ist. Mit der Wahl zweier großer Namen als Vizepräsidenten. Karl-Heinz Rummenigge und Franz Beckenbauer. Gerade Letzterer legt bei seiner Rückkehr zu seinem Heimatverein 14 Jahre nach dem Abschied als Spieler gleich einmal richtig los und schießt sich auf den Manager ein. »Seine Personalpolitik war in der Tat nicht glücklich«, sagt er über die sich recht durchwachsen präsentierenden Neuzugänge, der Rauswurf von Jupp Heynckes (»Das war noch ein richtiger

Trainer, ich hätte ihn nicht entlassen.«) sei ein Fehler gewesen, die unüberlegte Verpflichtung des unerfahrenen Lerby »ein Schnellschuss«.

Als Forum für seine Anmerkungen nutzt Beckenbauer inzwischen nicht nur ihm verbundene Boulevard-Tageszeitungen und mitunter auch mal den *Kicker*, sondern inzwischen auch den neuen Pay-TV-Sender *Premiere*, für den er für eine laut Manager Schwan »Millionen«-Gage als Co-Kommentator oft auch die Spiele des FC Bayern begleitet. Eine eher kuriose Konstellation, der Vizepräsident als Fernsehreporter, der erst einem zahlenden Publikum seine Analysen über die eigene Mannschaft vermittelt, bevor die Spieler nach Abpfiff durch nachfragende Journalisten mit den Einschätzungen ihres Vorgesetzten konfrontiert werden. Bei einem 0:4 in Kaiserslautern Anfang März 1992 mosert Beckenbauer von seinem Platz auf der Medientribüne über Brian Laudrup, den er mehr »beim Spazierengehen« verortet als in einem Bundesligaspiel, während er bei Angreifer Roland Wohlfarth feststellen muss: »Keinen Ball hat der berührt. Und den einen, den er erwischte, hat er zurückgeköpft.«

Nach der Pleite am Betzenberg muss Sören Lerby seinen Platz räumen, eine überfällige Entscheidung nach Wochen, in denen nur noch über den Zeitpunkt der Entlassung geraunt wird, ebenso wie auch über den möglichen Nachfolger. Im illustren Kreis der möglichen Kandidaten hört man von Otto Rehhagel, Uwe Reinders und Kalli Feldkamp, irgendwann fällt der Name Uwe Klimaschefski. Jener lustige Zeitgenosse, der einst Willy Brandt als Bundestrainer vorschlug und der in seiner Zeit beim FC Homburg nach einem Streit um den Zustand des Rasens den Platzwart an den Torpfosten band, um ihn so lange von seinen Spielern bei Distanzschüssen ins Visier nehmen zu lassen, bis die Ehefrau ihren geliebten Mann mit einem Messer losschnitt und ihn im Eilschritt in Sicherheit brachte.

Sogar der große Johan Cruyff ist in der Verlosung, der Trainer des FC Barcelona, es wird dann aber nicht ganz so groß, es wird Erich Ribbeck, den man auch »Sir Erich« nennt. Mit ihm retten sich die Bayern auf den zehnten Platz, ganze fünf Punkte von den Abstiegsrängen entfernt.

Für die kommende Saison fordert Beckenbauer einen starken Kader, man wolle »diesmal nicht Hinz und Kunz« verpflichten, dafür holen sie unter anderem Mehmet und Lothar, das junge Talent Scholl vom Karlsruher SC und – als spektakulärsten Transfer des Jahres – Rückkehrer Matthäus von Inter Mailand. Dazu kommen Helmer, Jorginho, Schupp, die 23,5 Millionen Mark an Ausgaben bedeuten Bundesligarekord, nie hat eine Mannschaft so viel in neue Kräfte gesteckt. Immer mehr sind die beiden neuen Vizepräsidenten die eigentlichen Kaderplaner, später wird sich Beckenbauer an die Gespräche erinnern, wenn er mit Rummenigge dem sparsam veranlagten Schatzmeister Kurt Hegerich unterbreitet habe, wen sie jetzt noch so alles haben wollten und was die so kosten würden. »Eigentlich hätten wir ihm immer Beruhigungspillen mitbringen sollen.«

Beckenbauer gefällt sich in der Rolle als Gestalter, immer wieder übt er den Machtkampf mit Uli Hoeneß und lässt den Manager spüren, dass er sich selbst als den besseren Macher, den größeren Visionär begreift. In einem Interview mit *Penthouse* erklärt er gar, die Vizepräsidentschaft sei ja nur ein reiner Gefälligkeitsdienst, es klingt fast nach einem Anflug von megalomanischer Selbstüberschätzung, als er sagt: »Wenn ich gewollt hätte, dann wäre ich ab morgen Präsident und vereinnahme den ganzen Klub.«

Immer wieder holt er außerdem zu seinen altbekannten Rundumschlägen aus, ob gegen den nach Florenz abgewanderten Stefan Effenberg (»Ich glaube, der überschätzt sich wahnsinnig, ein reiner Selbstdarsteller.«) oder zur Abwechslung auch mal gegen den Tübinger Rhetorik-Professor, Autor und

Publizisten Walter Jens, der in einem Zeitungsbeitrag den gewaltfreien Protest von Fans gegen die Bayern als »die Reichen, die Arroganten« begrüßt hatte. »Der Jens ist ein Ahnungsloser«, schimpft der Kaiser, »wie kann ich als verantwortlicher Mensch so einen Schwachsinn reden. Den müsste man ja eigentlich vor Gericht zitieren.«

Und natürlich bekommen es auch die Spieler weiterhin ab, ob Bruno Labbadia am TV-Mikrofon (»Dem musst den Ball schon auf die Torlinie legen, damit er drin ist.«) oder der ob der kolportierten Verpflichtung von Nationaltorwart Andreas Köpke um seinen Stammplatz zitternde Raimund Aumann: »Der soll vernünftig halten – und sonst nichts.« Höchstens noch den Mund. Überhaupt markieren die frühen Neunziger Jahre den Auftakt zu wunderbaren vereinsinternen veritablen Schlammschlachten. Die Bayern liefern ganz großes Kino. Klappe, FC Hollywood, die Erste.

Ihre eigene Privatfehde tragen 1993 der leicht reizbare Uli Hoeneß und Heimkehrer Lothar Matthäus aus. Der Manager legt vor, als er über den auch wegen seiner neuen Glamour-Beziehung zur ehemaligen Miss Schweiz Lolita Morena auf bunten Titelseiten sehr präsenten Matthäus murrt: »Der Lothar ist nur noch in den Medien Nummer 1, auf dem Platz unter ferner liefen.« Matthäus seinerseits kontert, der Uli sei ja aus Neid nur »pressegeil«, weil er nicht mehr so viel Präsenz genieße wie er selbst. Dann geht es noch um eine angebliche Aussage von Hoeneß, wonach seine Lolita ihren TV-Job als Moderatorin der prickelnden ARD-Show *Babys Bester* ja nur wegen ihres Status als Lothar-Gspusi bekommen habe. »Damit ist das Tischtuch zerschnitten«, poltert Matthäus, »Lolita möchte mit Herrn Hoeneß nichts mehr zu tun haben.« Eine Feststellung, die am Tegernsee mit nicht allzu großem Bedauern zur Kenntnis genommen wird.

Ein Hauen und Stechen, es geht drunter und drüber, passend

dazu das fatale Ende einer so erfolgsversprechenden Saison. Bis kurz vor Saisonende grüßen die Bayern von der Tabellenspitze, nach einem 2:4 in Karlsruhe und einem 3:3 am letzten Spieltag auf Schalke bleibt nur noch die Vizemeisterschaft hinter Werder Bremen mit Manager Willi Lemke, den Uli Hoeneß in etwa so wertschätzt wie Lothar Matthäus und Lolita zusammen.

Matthäus selbst meldet sich in der Sommerpause wieder zu Wort, er sei »kein Freiwild«, klagt er nach einer öffentlich in der ARD geäußerten Schelte von Karl-Heinz Rummenigge – also in genau jenem Sender, der Lothars Lolita nach nur acht Folgen von *Babys Bester* schon wieder die Rote Karte zeigt. Grund, die sinkenden Einschaltquoten, zuletzt nur noch drei Prozent. Die *Süddeutsche Zeitung* schreibt von einem »erlösenden Schlusspfiff« und ätzt in einer finalen Rezension: »Bisweilen machte es richtig Mühe, die Stimmbandübungen der ehemaligen Miss Schweiz von den O-Tönen der Kleinkinder im Studio zu unterscheiden. Bubu, didi, gaga.«

Als völlig gaga empfindet Franz Beckenbauer die immer lauter werdenden Störgeräusche rund um den Verein, daher kündigt er drakonische Maßnahmen bei unqualifizierten Bemerkungen von Spielern in der Öffentlichkeit an: »Wer quatscht, fliegt. Und zwar raus.«

Wer dafür eingeflogen kommt, ist ein absoluter Weltstar. Die Bayern stehen nach einer Visite von Beckenbauer und Hoeneß in Mailand kurz vor einem Sensations-Coup, der Verpflichtung von Ruud Gullit. So unterzieht sich der holländische Spielmacher bereits bei Bayern-Doc Hans-Wilhelm Müller-Wohlfahrt einem finalen Gesundheitscheck und erklärt im *Telegraaf*: »Im Großen bin ich mit den Bayern einig.« Als es nur noch um die genaue Höhe der Ablösesumme zwischen vier und fünf Millionen Mark zu gehen scheint, meldet Gullit plötzlich Bedenken an. Zu den Gründen für den nahenden Rückzieher wird viel geschrieben und spekuliert: Von der fehlenden Bereitschaft seiner schwangeren Freundin Cristina zum Umzug in ein anderes Land spannt sich der Bogen bis hin zur Weigerung des sich stark gegen Rassismus engagierenden Stars (seine Auszeichnung 1987 zu Europas Fußballer des Jahres widmet er dem damals noch in Südafrika inhaftierten Nelson Mandela), nach den rechtsradikalen Mordanschlägen von Mölln und Solingen in Deutschland zu spielen, Gullit bleibt in Mailand.

Stattdessen verpflichten die Bayern Adolfo Valencia. Sehr bald schon nennt man ihn den »Entlauber«, weil er auf dem Trainingsplatz an der Säbener Straße selten ins Tor, dafür sehr oft die Blätter von den dahinterliegenden Bäumen schießt.

Ohne Gullit und mit Valencia fliegen die Bayern schon im November gegen Dresden aus dem DFB-Pokal und gegen Norwich aus dem Europacup. Die Rufe nach einem Ribbeck-Rücktritt werden immer lauter, taktische Defizite paaren sich mit fragwürdigen Ein- und Auswechslungen und der Aussage, man müsse ja nicht Meister werden. Eine Aussage, mit der beim FC Bayern noch niemand ungestraft davon gekommen ist. Weil der Trainer beharrlich an seinem Posten klebt, heißt er inzwischen auch schon »Sir Pattex«, aber wenn Ribbeck nicht von allein gehen will, dann hilft eben der Kaiser nach und beginnt Mitte Dezember mit einer sanften Demontage. Im *Kicker* bringt sich Beckenbauer als möglicher Nachfolger von Ribbeck ins Gespräch und sagt: »Wenn eine Notlage vorliegen würde, dann würde ich den FC Bayern übernehmen, dann würde ich mich überreden lassen.« Auf Nachfrage zur Definition des Begriffs »Notlage« erwidert er: »Wenn sich der FC Bayern in Abstiegsgefahr befände.«

Und weil die Bayern nach der Hinrunde mit einem Punkt Rückstand auf Herbstmeister Leverkusen in der eigenen Wahrnehmung offensichtlich ganz akut vom Sturz in die Zweitklassigkeit bedroht sind, wird Franz Beckenbauer anstelle des nun gefeuerten Ribbeck Ende Dezember 1993 tatsächlich Teamchef des FC Bayern, begrenzt auf ein halbes Jahr bis zum Saisonende.

Natürlich elektrisiert die Rückkehr des Kaisers die Massen, zum ersten Training pilgern 3000 Schaulustige und 17 TV-Sender, darunter auch aus Mexiko und Südkorea, an die Säbener Straße. Der Bayerische Rundfunk überträgt erstmals das Training eines Fußballklubs mit einer enorm spannungsgeladenen Live-Reportage im Radio (»Und jetzt verlässt der Kaiser den Mittelkreis …«), bei seiner ersten Presserunde bekundet Beckenbauer sein Ziel des Meisterschaftsgewinns und sonst nichts, man wolle nicht schon wieder im UEFA-Pokal (»Cup der Enttäuschten«) antreten: »Was interessiert's mich, wenn der Dritte aus Belgien gegen den Vierten aus Deutschland spielt. Das sind doch die, die nix gewonnen haben.« Zeitgleich zum ersten Trainingstag vermeldet der FC Bayern eine nicht uninteressante Neuverpflichtung für die kommende Saison, einen Torwart vom Karlsruher SC, er heißt Oliver Kahn. Toni Schumacher, der 1991 auch mal acht Spiele für die Bayern bestreitet, nennt den Transfer einen Fehleinkauf, schließlich sei sein Kumpel Aumann ja viel besser, er hoffe, dass die Bayern die Verpflichtung Kahns noch mal bereuen würden. Tun sie nicht. Zumindest nicht in seiner Zeit als Torwart.

Unterdessen hört man von Angeboten aus Spanien für das Pärchen Lothar und Lolita, um ihn bemüht sich Real Madrid, um sie der Sender *Telecinco*. Was heißt eigentlich bubu, didi, gaga auf Spanisch? Oder ist das universeller Babysprech?

Beckenbauers Einstand auf der Trainerbank missglückt freilich. So wie sein erstes Bundesligaspiel als Aktiver 1965 gegen die Münchner Löwen und sein erstes Länderspiel als Teamchef 1984 gegen Argentinien, so wie beim Auftakt in Marseille, so verliert Beckenbauer auch diesmal bei einem Debüt, gegen den VfB Stuttgart setzt es ein 1:3. Wütend schimpft er auf die »undisziplinierte Mannschaft«, und schon fühlt man sich zurückversetzt in die glorreichen Sternstunden seiner Zeit als tobsüchtiger DFB-Teamchef. »Die sollen laufen und Fußball spielen«, schnaubt er mit blitzenden Augen. Und überhaupt, der Helmer, »der hätt beim 0:1 beim Buchwald stehen sollen«.

Die folgenden Monate werden beherrscht von erstaunlich dominanten Auftritten der Bayern, die in der Rückrunde nur zwei Niederlagen kassieren, in Gladbach und in Kaiserslautern – großes Thema ist aber auch die Suche nach einem Trainer für die nächste Saison. Der lange als Wunschkandidat gehandelte Arsène Wenger vom AS Monaco sagt mit Bedauern ab, sein Klubpräsident verweigert die vorzeitige Freigabe vor Vertragsende 1995. Plötzlich gilt Winnie Schäfer als großer Favorit, dann aber fliegt das Quartett Beckenbauer, Rummenigge, Hoeneß und Scherer eines Tages im April nach Mailand und lässt sich in einem Haus im Vorort Cusano Milanino von Paola Trapattoni fein bekochen, während ihr Mann sich anhört, was die Münchner Delegation denn gern von ihm möchte.

Giovanni Trapattoni. »Il Maestro«, wie sie ihn auch nennen, der Erfolgstrainer, die Legende. Sechsmal mit Juve Meister in der Serie A, einmal mit Inter, Sieger im UEFA-Pokal, im Pokalsiegercup, und auch im Meisterpokal, 1985 gegen Liverpool, bei der Heysel-Tragödie mit 39 Toten. Doch bevor Trap in München eine Aura von italienischer Leichtigkeit und Grandezza verbreiten soll, muss Beckenbauer sein Werk noch vollenden und die Bayern zum Meistertitel führen. Nur zu einer kurzen Randepisode wird dabei das Phantomtor von Thomas Helmer, dessen Fehlschuss im Spiel gegen den 1. FC Nürnberg neben das Tor von Schiedsrichter Osmers als regulärer Treffer anerkannt wird. Nach dem durch das DFB-Sportgericht einkassierten 2:1-Sieg der Bayern triumphieren die Münchner im Wiederholungsspiel locker mit 5:0. Für Unruhe sorgt Beckenbauer nur, weil er die Gerichtsinstanz, die auf den Fortbestand der Gelben Karten aus der ersten Partie pocht, als »hirnlose Juristen« bezeichnet. DFB-

Boss Egidius Braun, einst in Mexiko noch Moderator und Fürsprecher von Beckenbauer in der Causa Oberhirsch, ist empört und kündigt für den 34. Spieltag sein Fernbleiben vom Olympiastadion an.

Was aber überhaupt nichts macht und gar nicht auffällt. Die Bayern können nämlich auch ohne ihn gut feiern. Mit einem 2:0 durch Tore von Matthäus und Jorginho am letzten Spieltag gegen Schalke holt Beckenbauer nun auch als Trainer ohne Schein den Meistertitel. Eine weitere Krönung, doch der wirkliche Höhepunkt der Saison folgt am Abend im Fernsehen, als das ZDF-*Sportstudio* von den Meisterfeierlichkeiten berichtet und der nun scheidende Interims-Teamchef auf Initiative von Raimond Aumann gebeten wird, doch bitte den Ball von einem Weißbierglas auf die Torwand zu schießen.

Man kann sich den Clip noch heute auf YouTube ansehen, und das immer wieder mit großem Genuss, wie Beckenbauer mal eben das rechte Bein seiner Anzughose zweimal nach oben zieht, kurz Maß nimmt, wie der Ball viermal aufhüpft und dann im Loch rechts unten verschwindet. Es ist eine Szene, die in den folgenden Jahren sinnbildlich dafür stehen wird, dass dem Kaiser einfach alles gelingt in seinem Leben, egal was. Meister, Weltmeister, Europapokal, Weltpokal, und jetzt trifft er auch noch von einem Bierglas in die Torwand. Und man erinnert sich wieder an die Worte von Robert Schwan: »Der Franz kann auch mitten auf den Marienplatz scheißen, und es wird ein Goldklumpen draus.« Eine Lichtgestalt eben, ein Glücksritter auf der Sonnenseite des Lebens, von Fortunas Füllhorn überschüttet.

So denkt man lange über ihn. Zumindest noch die nächsten 20 Jahre.

KAPITEL 20

Maestro Trap und Malermeister Rubens – mit den Angsthasen zum UEFA-Pokal: Der Präsident auf der Trainerbank

Nach der Meisterschaft gibt es aber auch wieder Ärger. Beckenbauer wird von seiner Vergangenheit eingeholt, es geht um die Steueraffäre von 1977, die alte Geschichte. Im Sommer 1994 rollt der sogenannte Amigo-Untersuchungsausschuss nicht nur die Korruptions- und Bestechungsaffären auf, die im Jahr zuvor zum Rücktritt von Ministerpräsident Max »Saludos Amigos« Streibl führen. Darin geht es vor allem um seine Zeit als bayerischer Finanzminister, als er sich von einem Unternehmer und früheren Mitschüler auf schöne Privaturlaube einladen ließ und sich als kleines Dankeschön im Gegenzug bei der Bundesregierung für die Vergabe von Aufträgen an seinen Freund starkmachte. Seine rhetorische Frage bei seinem letzten Politischen Aschermittwoch 1993 in Passau (»Freunde zu haben, ist das eine Schande bei uns in der CSU?«) spricht Bände über das ungenierte Selbstverständnis von Filz, Sumpf und Spezlwirtschafterei in Bayerns Staatspartei.

Im Untersuchungsausschuss beschäftigt man sich 1994 aber auch noch mal mit Streibls Vorgänger als Finanzminister, mit Ludwig Huber, der als Chef der Bayerischen Landesbank 1988 seinerseits wiederum über die Wienerwald-Affäre gestolpert war. Es ging um private und geschäftliche Verwicklungen rund um den Verkauf des Hendlbrater-Giganten an Renate Thyssen-Henne, eine enge Vertraute Hubers. Allerdings interessiert man sich nun bei den Nachfragen im Landtag weniger dafür, wie eng das Verhältnis zwischen Herrn Huber und Frau Thyssen denn nun wirklich war, vielmehr geht es noch einmal um die Sache mit dem Herrn Beckenbauer, um die Steuertipps mit Geldanlagen in der Schweiz und den berühmten Satz: »Franz, wenn was ist, nur melden.« Huber windet sich um konkrete Antworten und beruft sich auf Lücken in seinem Gedächtnis. »Der Vorgang lag nicht auf einer Ebene, dass ihn sich ein Minister 20 Jahre lang merken muss«, gibt er zu Protokoll, und: »Wenn ich mich erinnern könnte, würde ich es ohne Hemmungen sagen.« Und nein, »keine Erinnerung« habe er auch an jene Vorgänge, bei denen laut Einlassungen von Ministerialrat Schlötterer die Steuerfahnder bei ihren Nachforschungen und Ermittlungen behindert worden seien, weil man das ja intern elegant habe regeln wollen. Dafür erklärt Huber noch, dass eine »Rechtsberatung« für einen Bekannten wie Beckenbauer »nichts Rechtswidriges, nichts Verbotenes« gewesen sei.

Der Kommentar von SPD-Politiker Otto Schuhmann nach der Anhörung zur bemerkenswerten Amnesie des früheren Finanzministers: »Aalglatter geht's nicht mehr.«

Wesentlich kantiger und ruppiger fällt dafür der Auftritt von Ex-Oberbürgermeister und Zöllnerflüsterer Erich Kiesl aus. Auf die Frage, ob er Beckenbauer in den Siebzigerjahren Tipps zum Steuersparen in der Schweiz gegeben habe, poltert Kiesl: »Ich weiß es nicht, aber selbst, wenn ich es wüsste, tät ich's Ihnen nicht sagen, weil Sie das nichts angeht.« Als dieses selbstgefällige Gebaren selbst der Gremiumsleitung um CSU-Parteikollege Peter Welnhofer und die Sozialdemokratin Carmen König zu dreist erscheint und sie erwähnen, genau für so eine Aufklärung unklarer Sachverhalte sei ein Untersuchungsausschuss schließlich da, entgegnet Kiesl der SPD-Politikerin, er könne ja auch sie mit prima Steuertipps versorgen.

Beckenbauer selbst muss übrigens nicht zur Befragung erscheinen, ein Ansinnen der Landtags-Grünen, die ihn vor den

Ausschuss zitieren wollen, kommentiert er auf Nachfrage eines TV-Reporters mit recht eindeutigen Worten: »Die sollen doch den Mars oder den Mond befragen. Leckts mich doch.« Ein lästiges Thema, mit dem er sich jetzt, mehr als 15 Jahre später, nicht mehr auseinandersetzen möchte.

Lieber beschäftigt er sich da noch mit Frauenfußball, etwa, als er an einem Sommertag 1994 bei einem Lehrgang für Spielerinnen zwischen 16 und 29 Jahren in der Sportschule Oberhaching vorbeischaut. Wie es um den Stellenwert kickender Mädchen und Frauen damals bestellt ist, wie sehr sie noch immer belächelt und wenig ernst genommen werden, zeigt sich unter anderem an den Fragen der angereisten RTL-Reporterin, die von den Sportlerinnen wissen möchte: »Ist Franz dein Traummann?« – »Hast du Angst vor blauen Flecken?« – »Was sagt dein Freund, dass du Fußball spielst?« Beckenbauer selbst gibt sich jovial mit gönnerhaften Komplimenten (»Die einfachen Sachen wie Passen und Stoppen haben sie schon drin.«) und sieht Optimierungsbedarf bei der Bekleidung. »Ein Designer sollte etwas Engeres entwerfen«, empfiehlt er, damit es »körperbetont und sexy« aussehe. »Leggings oder so«, sagt er noch.

Auch zu aktuellen Themen des Männerfußballs nimmt er natürlich Stellung, wie etwa zum Zustand der deutschen Nationalmannschaft, die bei der WM in den USA als Titelverteidiger im Viertelfinale an Bulgarien scheitert. Beckenbauer lässt nur wenige Gelegenheiten ungenutzt, um gegen seinen Nachfolger Berti Vogts zu sticheln, Höhepunkt ist die finale Analyse, der DFB-Kader von 1994 sei »das Beste« gewesen, »das seit Langem bei einer WM dabei war«. Auch besser also noch als 1990, »da hatten wir ein größeres Leistungsgefälle«. Übersetzt: Ja gut, er kann's halt nicht, der Berti. Ein Comeback als Teamchef schließt er kategorisch aus, was bei Beckenbauer erfahrungsgemäß nichts heißt. Schließlich behauptet er ja auch, er stehe niemals für das Amt des Präsidenten des FC Bayern zur Verfügung.

Dann aber nehmen die Ereignisse doch wieder einmal eine recht eigene Wendung. Entscheidend hierfür ist Edmund Stoiber, der nicht nur die Nachfolge von Max Streibl als bayerischer Ministerpräsident angetreten hat, sondern auch die von Erich Kiesl als Vorsitzender des Verwaltungsbeirats beim FC Bayern, der unter anderem Kandidaten für die Wahl der Präsidiumsmitglieder vorschlägt: Und so erklärt Stoiber im Oktober 1994, er könne sich als Vereinspräsidenten eigentlich nur eine wirkliche Ideallösung vorstellen, den Franz eben. Hinter den Kulissen tobt unterdessen bereits ein heftiger Machtkampf zwischen dem auf eine Wiederwahl hoffenden Fritz Scherer und seinem Herausforderer, dem Co-Vize Karl-Heinz Rummenigge. Die Befürchtung im Klub ist groß, dass sich das Duell in den Wochen bis zur Mitgliederversammlung im November zu einem Kleinkrieg auf Kreisklassen-Niveau hochschaukeln könnte, also bringt man als Alternativvorschlag Beckenbauer ins Spiel. Der dritte Mann, der Kaiser for President.

Aus dem Off meldet sich auch wieder Strippenzieher Robert Schwan (»Es gibt keinen besseren Präsidenten als den Franz.«) zu Wort, eher amüsant klingt seine Einschätzung, zu seiner Tätigkeit als TV-Kommentator und Zeitungskolumnist stehe das nicht in Widerspruch. »Der Franz ist ein korrekter Mensch, er würde weiterhin objektiv urteilen.« Aber ja doch.

Nach intensiven Beratungen ziehen die beiden bisherigen Kandidaten ihre Bewerbungen zurück, Rummenigge wird dafür als allein für den Lizenzspielerbereich zuständiger Vizepräsident mit größeren Machtbefugnissen ausgestattet, und Ex-Schatzmeister Scherer darf sich ebenfalls als Vizepräsident nun wieder exklusiv um die Finanzen kümmern. Inthronisiert wird Beckenbauer als einziger Kandidat auf der Jahreshauptversammlung in der Olympiahalle, von den 2928 anwesenden Mitgliedern stimmen nur zehn gegen ihn, sechs enthalten sich.

Macht einen nordkoreanischen Zustimmungswert von 99,45 Prozent für Kim Jong-Franz.

Dass sich Beckenbauer nicht nur als repräsentativer Grüß-Gott-Kaiser gerieren möchte, wird schnell klar, als er mit bekannt drastischen Worten die Spieler attackiert, sie als charakterlich »fade, berechnend, kalkulierend« bezeichnet und ihnen »Angsthasen-Fußball« attestiert oder auch klare Drohungen ausspricht: »Wer den spezifischen Münchner Druck nicht aushält, ist hier fehl am Platz. Wer nicht die geforderte Leistung bringt, spielt in der neuen Saison nicht mehr für den FC Bayern.« Ursächlich für die chronisch schlechte Laune des neuen Präsidenten sind die durchwachsenen Leistungen in der Bundesliga, ein Umstand, der dem uninspirierten Auftritt der Mannschaft geschuldet ist und damit auch dem schnell verflogenen Zauber des neuen Maestro.

Die Hoffnungen, mit Giovanni Trapattoni kehrten nun Glanz und Gloria in den FC Bayern zurück, sind bald dahin. Als unüberbrückbares Hindernis ist ein Hauptgrund dafür die Sprachbarriere. Bei seinen öffentlichen Auftritten sorgt Trap immer wieder für prima Unterhaltung, so wie bei seiner Präsentation, als er in polyglottem Lingual-Gewirr über die anstehenden Neuverpflichtungen Papin (Frankreich), Kostadinov (Bulgarien), Sutter (Schweiz) und Kuffour (Ghana) erklärt: »We will have vier stranieri.« Bei den Spielern dringen die Inhalte des babylonischen Kauderwelschs hingegen kaum durch. Sie verstehen nur wenig und höchstens stazione oder Bahnhof, rätseln über seine Vorgaben auch hinsichtlich Taktik und Spielstil.

Nach nur wenigen Monaten schon entpuppt sich die Liaison zwischen Trapattoni und den Bayern als Missverständnis. Den Trainer plagt das Heimweh, Anfang 1995 erklärt er, im Sommer nach Ende des Ein-Jahres-Vertrags wieder zurück über den Brenner zu ziehen, auch weil sich seine Frau einsam fühle und sein Sohn mit deutschem Schulabschluss zu Hause nicht studieren könne. Es sind vorgeschobene Argumente, später bekennt er, gerade die fehlenden Deutschkenntnisse würden ihn hemmen, mehr als »70 Prozent meiner Leistungsfähigkeit« könne er nicht geben, »ein Trapattoni aber will 100 Prozent geben«, sagt er noch.

Kurz vor seinem Abschied aus München kommt es dann doch noch zum Streit mit Beckenbauer. Die in seiner *Bild*-Kolumne geäußerte Kritik des Präsidenten vor dem Champions-League-Halbfinale im Frühjahr 1995 gegen Ajax, Trap konzentriere sich zu sehr auf den Europapokal und zu wenig auf die Bundesliga, kommt beim Trainer gar nicht gut an. »Wenn Franz etwas zu sagen hat, kann er herkommen«, wütet Trapattoni und holt aus zu einem Seitenhieb. »Ich habe 18 Jahre als Trainer, 18 Jahre mehr als Beckenbauer. Schlechte Gewohnheit, nur zu schreiben. Er soll es mir in die Augen sagen. Ich bin hier. Jeden Tag.« Was erlauben Franz.

Viele Tage ist Trap aber nicht mehr hier. Bald hat er in München fertig, zumindest zum ersten Mal. Nach dem Halbfinal-Aus gegen Amsterdam (0:0 und 2:5) reicht es in der Meisterschaft nur zu Rang 6, eine Platzierung, die allein dank des DFB-Pokalsiegs von Borussia Mönchengladbach noch zur Teilnahme am UEFA-Cup berechtigt.

Auf der Suche nach einem Nachfolger wird der FC Bayern während Trapattonis monatelanger Abschiedswehen diesmal sehr schnell fündig, man einigt sich auf Otto Rehhagel, der nach 14 Jahren bei Werder Bremen von der Weser an die Isar wechselt – und es sich in fester Selbstüberzeugung nicht eingestehen will, dass er dem FC Bayern wie auch den Anforderungen der Medienlandschaft in München einfach nicht gewachsen ist. Von Anfang an führt er eine kleinkarierte Privatfehde mit den Journalisten, in jeder Pressekonferenz knarzt er Fragen von Reportern schnoddrig nieder: »Ich komme nicht jeden Tag hierher, um euch zu sagen, was ich da draußen mache«, knurrt er, oder auch: »Ich erzähle nichts.« Legendär nach seiner Aussage: »Ich beantworte nur Fachfragen«, die Replik eines Zeitungsredakteurs an die Adresse des gelernten Malermeisters Rehhagel: »Ich ziehe bald um. Wie viel Farbe brauche ich für circa 70 Quadratmeter?« Rehhagel gilt schon bald als Lachnummer, auch weil er auf dem Klingelschild seiner Wohnung in Schwabing das Pseudonym »Rubens« hinschreibt. Selbstverständlich eine vortreffliche Steilvorlage für die Schlagzeile: »Vom Malermeister zum Meistermaler«.

Rehhagel wird immer unleidiger, eines Tages murrt er: »Sie kommen jeden Morgen mit irgendwelchen Aussagen daher, und ich soll etwas dazu sagen, um irgendwelche Unstimmigkeiten in Szene zu setzen.« Was freilich daran liegt, dass sein eigener Präsident fast jeden Morgen irgendwelche Aussagen mit Unstimmigkeiten-Potenzial in seiner *Bild*-Kolumne publiziert.

Beckenbauer schießt von Anfang an gegen den neuen Trainer, schon vor Saisonbeginn motzt er: »Der ist so angespannt, der steht so unter Druck, das hat er in Bremen so nicht gespürt.« Auch intern demontiert der Franz den Otto sehr beharrlich. Einmal nennt er Rehhagel »einen Wahnwitzigen«, weil er Mehmet Scholl in einem Spiel auf die Tribüne setzen wollte (»Das hab ich grad noch verhindert.«), bereits im Herbst bekundet er »erhebliche Zweifel« an Rehhagels Eignung als Bayern-Trainer. In seinen Exklusiv-Analysen für das Springer-Blatt legt er nach, stellt infrage, ob Rehhagel die Mannschaft im Griff habe, wie er den Nachwuchs zu fördern gedenke. Als Premiere-Kommentator sagt der Präsident des FC Bayern über die Mannschaft des FC Bayern, sie habe »unheimliche Defizite«, ihr fehle »alles, was man zum Fußball braucht«.

Defizite hat die Truppe freilich auch im Zwischenmenschlichen, vor allem zwischen Lothar Matthäus und Jürgen Klinsmann eskaliert die Situation. Weil Matthäus in Klinsmann und Thomas Helmer die entscheidenden Kräfte sieht, die bei

Bundestrainer Vogts gegen sein Comeback in der Nationalmannschaft plädieren, nennt er sie »Feiglinge und schlechte Charaktere« und fordert, ganz im Ernst, ein TV-Duell, damit Klinsmann »vor einem Millionenpublikum klarstellen kann, was er gegen mich hat«. Der Showdown zur Primetime im Fernsehen findet aber doch nicht statt. Was stattfindet, ist wochenlange Kritik auch seitens der Spieler an Rehhagel, der bei Regen manche Trainingseinheiten auch aus dem Auto am Parkplatz verfolgt und dessen herablassender Tonfall (»Herr Helmer, lernen Sie erst einmal Fußball spielen.«) nicht gut ankommt. Jean-Pierre Papin im September 1995: »Das Problem ist der Trainer.«

Ende April 1996 trifft der FC Bayern am 30. Spieltag auf Rostock, laut übereinstimmenden Berichten sagt Rehhagel in der Kabine zu seinen Spielern über den nigerianischen Hansa-Stürmer: »Passen Sie mir auf den Akpoborie auf. Sie wissen doch, die Neger wollen uns unsere Arbeitsplätze wegnehmen.« Das Tor von Jonathan Akpoborie zu Rostocks 1:0-Auswärtssieg kostet dann in der Tat Rehhagel den Job.

Noch am selben Abend feuern die Bayern jenen Trainer, der den Klub immer noch um die Meisterschaft kämpfen lässt und der vor allem die Mannschaft in die damals noch in zwei Begegnungen ausgetragenen Endspiele des UEFA-Pokals geführt hat. Vier Tage vor der ersten Finalpartie gegen Girondins Bordeaux im Olympiastadion wird er nun entlassen. Dass die Bayern auch Jahrzehnte später noch immer ihr Handwerk verstehen, Trainer nicht aufgrund von Misserfolg, sondern allein wegen der möglichen Gefährdung von Saisonzielen zu schassen, und das unter Inkaufnahme sündhaft teurer Abfindungen oder Gehaltsfortzahlungen, das stellen sie auch im März 2023 wieder unter Beweis, beim Rauswurf von Julian Nagelsmann.

Als Nothelfer für die letzten Saisonspiele übernimmt natürlich wieder einmal Franz Beckenbauer. In der Liga verspielen die Bayern mit nur einem Sieg in den letzten vier Spielen endgültig die Meisterschaft, im UEFA-Pokal jedoch gewinnen sie bei Beckenbauers Comeback durch Tore von Helmer und Scholl das Hinspiel 2:0, im Rückspiel treffen Scholl, Kostadinov und Klinsmann zum 3:1. Noch eine Trophäe, mit der sich der Kaiser schmücken darf. Weltmeister, Europameister, Europapokal und Weltpokal, der Gold auf den Marienplatz scheißt, vom Bierglas in die Torwand trifft und den UEFA-Cup gewinnt, wenn man einfach nur rechtzeitig den Trainer rauswirft. Der Franz, der kann's einfach. Und dass es der von Beckenbauer einst als Cup der Verlierer gescholtene Trostpreis ist, dass es doch eigentlich keinen interessieren dürfte, wenn der Siebte aus Frankreich gegen den Sechsten aus Deutschland spielt, einerlei.

Sein letztes Spiel als Bayern-Trainer am letzten Spieltag daheim beim 2:2 gegen Fortuna Düsseldorf, drei Tage nach der Nacht von Bordeaux, verpasst Beckenbauer allerdings, eine akute Nierenkolik zwingt ihn samt bevorstehender Zertrümmerung eines Harnleitersteins ins Krankenhaus. Das Ende der Saison verfolgt Beckenbauer aus dem Klinikum Harlaching. In der Pause gilt es nun wieder zu Kräften zu kommen, für sein Präsidentenamt bei den Bayern, vor allem für zwei große Missionen, die ihn in den folgenden Jahren umtreiben werden. Der Bau eines neuen Stadions in München. Und die Bewerbung um die Fußball-Weltmeisterschaft 2006.

KAPITEL 21

Ein Terrorist für den Zentralfriedhof und der eigenartige Mr. Dempsey: Der Kampf um ein neues Stadion und die WM 2006

In der zweiten Hälfte des Jahrzehnts kehrt beim FC Bayern wieder etwas mehr Ruhe ein. Mal abgesehen von der konsequenten Fortsetzung der hollywoodesken Daily Soap, die der Klub weiterhin frei Haus liefert. So wie etwa durch das Enthüllungswerk *Mein Tagebuch* von Lothar Matthäus, in dem er sich zur Abwechslung mal wieder auf Jürgen Klinsmann einschießt, den er in einem Interview auch noch als »egoistisch und feige« bezeichnet. Reaktion von Thomas Helmer in Richtung Matthäus: »Kranken Menschen sollte man helfen.« Matthäus verliert die Kapitänsbinde, überhaupt steht er bei den Mitspielern schon länger im Verdacht, als Maulwurf Interna an die Springer-Presse durchzustecken. Wie sie nur auf solch eine Idee kommen. Also echt jetzt.

Oder auch die Ansagen von Franz Beckenbauer, der den Profis einmal in aller Sachlichkeit bar jeglicher Emotion erzählt, was er von ihnen hält: »Ihr seid eine Scheißmannschaft.« Natürlich die Wutrede von Giovanni Trapattoni, der im Sommer 1996 für zwei Jahre zu den Bayern zurückkehrt und sich im März 1998 mit seinem Auftritt im lauschigen Pressestüberl an der Säbener Straße ein Denkmal setzt, 188 Sekunden für die Ewigkeit, immer wieder sehenswert auf YouTube. Die Highlights, längst linguistisches Allgemeingut. »Ein Trainer ist nicht ein Idiot – Spieler schwach wie eine Flasche leer – Was erlauben Strunz – Ich habe fertig.« Zu Unrecht in Vergessenheit geraten die großartige, tendenziell eher in die Gattung der experimentellen Lyrik in der Tradition von Ernst Jandl einzuordnende Phrase: »Zickler ist eine Spitzen eh mehr Mehmet eh mehr Basler.«

Nach der Vizemeisterschaft 1998 hat Trap dann wirklich fertig, Platz zwei schmerzt umso mehr angesichts der Häme aus der pfälzischen Provinz, wo Otto Rehhagel mit Aufsteiger Kaiserslautern sensationell den Titel holt. Und dann natürlich 1999, das Epizentrum aller Niederlagen, der epochale Albtraum im Camp Nou, als Beckenbauer seine so drückend überlegenen Bayern im Champions League-Finale gegen ein chancenloses Manchester United 1:0 vorn sieht, würde es 4:0 stehen, 5:0, niemand dürfte sich beschweren. In der 90. Minute verlässt Beckenbauer mit UEFA-Boss Lennart Johansson die VIP-Tribüne, sie wollen im Umlauf des Stadions mit dem Aufzug runter zum Rasen zur Siegerehrung. Es wird der Fahrstuhl zum Schafott.

Als sie unten aussteigen, führt United 2:1, Sheringham, Solskjaer, die Tore in der Nachspielzeit. Auf ITV ist Reporter Clive Tyldesley den Tränen nahe. »Manchester United have reached the promised land«, ruft er ungläubig, Bayern hingegen wähnt sich in Dantes Inferno.

Ansonsten aber, alles gut bei den Bayern. Mit Ottmar Hitzfeld von Borussia Dortmund haben die Bayern 1998 einen seriösen, fachlich hoch qualifizierten wie auch menschlich enorm empathischen Trainer verpflichtet, mit dem endlich wieder Stabilität einkehrt. Der Coup ist auch Franz Beckenbauer zu verdanken, der nach Dortmunds Champions-League-Triumph 1997 beim 3:1 gegen Juventus im Münchner Olympiastadion zu Hitzfeld murmelt: »Du bist einer für uns.«

Bei aller Unruhe, es sind Jahre, in denen die Klubführung auch nach einer weniger ruhmreichen Saison noch Geduld aufbringt, in der man einen Mann wie Hitzfeld gewähren lässt, in der man zu ihm hält und an ihn glaubt. Bleibt es nach dem

Trauma von Barcelona und einem im Elferschießen gegen Bremen verlorenen DFB-Pokalfinale mit der Meisterschaft 1999 nur bei einem Titel, tun die Bayern gut daran, im Sinne langfristiger Kontinuität an Hitzfeld festzuhalten.

Während sich beim FC Bayern nun Uli Hoeneß und Karl-Heinz Rummenigge allmählich als Alpha-Duo etablieren, als zupackende Macher und Gestalter, zieht sich Beckenbauer schon seit Beginn der zweiten Hälfte der Neunzigerjahre sukzessive immer mehr aus dem operativen Geschäft zurück und kümmert sich lieber um zwei eng miteinander verwobene Großprojekte, die das Potenzial haben, sein Lebenswerk zu vollenden. Der Bau eines neuen Stadions in München. Und die Bewerbung Deutschlands um die Weltmeisterschaft 2006.

Immer wieder wettert Beckenbauer in dieser Zeit gegen das Olympiastadion, das nach rund 25 Jahren als Heimspielstätte den Ansprüchen des FC Bayern und – bei aller architektonischen Einzigartigkeit – den damaligen Anforderungen für eine WM-taugliche Arena nicht mehr genügt. »Mit diesem Stadion werden wir nie glücklich«, murrt Beckenbauer schon 1997. Alle paar Wochen kommen neue Standorte für einen möglichen Neubau ins Spiel, ob auf einer Wiese in Freising oder auf dem alten Militärflugplatz in Neubiberg, plötzlich gilt ein 40 Hektar großes Areal in Grub im Münchner Osten als Favorit. Dass nicht alles wie gewünscht läuft, zeigt sich bei einem Ortstermin mit der Bayern-Spitze um Beckenbauer, Hoeneß, Rummenigge, mit Lokalpolitikern und Landtagsabgeordneten. Als Beckenbauer beim Geheimtreffen in der Gaststätte »Gruber Taxet« um 13 Uhr Weißwürste für alle bestellen will, entgegnet ihm der Wirt, als gebürtiger Münchner müsse er doch wissen, dass das jetzt zu spät sei. Weil gemäß der alten Redensart eine Weißwurst das 12-Uhr-Läuten doch nicht hören darf: »Da sinds doch nimmer frisch.« Also begnügt man sich mit Sächsischer Sülze samt Bratkartoffeln. Es liegt aber nicht an der kulinarischen Menüauswahl, mehr an der fehlenden Realisierungsmöglichkeit, dass Grub wenig später kein Thema mehr ist.

Während die Standortsuche immer skurrilere Blüten treibt und inzwischen sogar Augsburgs städtischer Sportreferent den Bayern einen Umzug nach Schwaben und einen Baugrund fürs Stadion im Norden der Stadt an der A8 anbietet, verdichten sich dann doch die Indizien für einen Neubau innerhalb Münchens. Mögliche Locations: der mit Ausnahme des einmal im Sommer stattfindenden vierwöchigen Tollwood-Festivals brachliegende südliche Olympiapark, das Gelände der Zentralen Hochschulsportanlage nördlich des Olympiastadions, jenseits des Frankfurter Rings das alte Firmenareal der Knorr-Bremse oder an der A94 im Ortsteil Riem.

Die Debatten um den Standort wie auch die Notwendigkeit des Neubaus verschärfen sich, der Ton zwischen dem FC Bayern und der Stadt München wird rauer. Das liegt unter anderem auch an Uli Hoeneß, der auf Rathauspolitiker nicht gut zu sprechen ist, seit im Plenum für das Klubgelände an der Säbener Straße eine drastische Erhöhung der Jahrespacht gefordert wird, zahlt der FC Bayern bis dahin doch jährlich gerade mal 6079,90 Mark Erbbauzins. »Von diesen Hinterbänklern sollte man doch ein paar an die Wand knallen«, sagt Hoeneß, er meint damit Stadträte der SPD, der FDP wie auch der Grünen – jener Partei, zu der er in einem Interview schon mal offenbart, er halte von ihnen genauso viel wie von den Kommunisten wie auch von den rechtsextremen Republikanern des Populisten und früheren Waffen-SS-Unteroffiziers Franz Schönhuber.

Nach der Empörung der Hinterbänkler wie auch von OB Christian Ude erklärt Hoeneß sein Bedauern, das mit dem An-die-Wand-Knallen sei ihm eben »in der ersten Erregung herausgeplatzt«. Kann bei Hoeneß schon mal passieren.

Zwischendurch sieht sich zu allem Überfluss auch noch Oliver Kahn mit heftigen Rassismusvorwürfen aus dem Rathaus konfrontiert. Stadtrat Bernhard Fricke von der Umweltorganisation »David gegen Goliath« will anhand eines Videobands vom Spiel der Bayern gegen Rostock beweisen, dass der Torwart Hansa-Stürmer Jonathan Akpoborie beleidigt habe, jenen Stürmer, über den Otto Rehhagel einst ja entsetzlichen Schwachsinn schwadroniert hatte. Doch sowohl Frickes Interpretation, Kahn habe den Offensivmann mit »Du Nigger, du Scheiße du« beleidigt, erweist sich nach analytischer Auflösung eines Berliner Phonetik-Instituts als hanebüchener Unfug (in Wahrheit sagte Kahn in für Fußballersprech vergleichsweise harmloser Wortwahl: »Halt deinen Mund, erzähl keinen Scheiß, du!«) als auch die Deutung, Kahn habe Akpoborie in Erwartung einer Rostocker Ecke dreimal »Neger, Neger, Neger« genannt. Viel mehr war es eine Aufforderung an seine eigenen Mitspieler, den Stürmer konsequenter zu decken. »Enger, enger, enger.«

Ist die Aufregung nach Frickes Fauxpas samt demütiger Entschuldigung bald dahin, geht der Streit ums Stadion weiter, bald meldet sich auch Günter Behnisch als Architekt der Olympiabauten von 1972 zu Wort und nennt das selbstgefällige Gebaren des FC Bayern »extrem rotzig«. Zu einer Idee des Bayern-Managers Hoeneß, vielleicht doch einfach den 60 Meter hohen Olympiaberg abzutragen, einzuebnen und dort das Stadion zu bauen, entgegnet Behnisch: »Das entspricht der einfachen Welt des Herrn Hoeneß.« Der Welt von Günter Behnisch entspringt dafür mit einem Mal die atemberaubende Vision, an das Olympiastadion, sein bis dahin als unantastbar geltendes sakrosanktes Meisterwerk von Weltruf nun doch Hand anzulegen und es nun für den Verbleib des FC Bayern und zum Spielort einer möglichen WM 2006 umzubauen und zu modernisieren.

Franz Beckenbauer zeigt sich wenig begeistert, er will nur noch raus aus jener Arena, in der er fünf Jahre lang mit den Bayern große Erfolge als Spieler gefeiert hatte, in der er 1974 Weltmeister geworden war. »Am besten, wir sprengen das Stadion weg«, so sein berühmtestes Zitat in der damaligen Debatte, »es wird sich doch ein Terrorist auf der Welt finden, der das für uns erledigen kann.« Und selbst bei einem Umbau, glaubt er zu wissen, wäre München garantiert nicht Schauplatz ganz großer Begegnungen. »Da kriegen wir höchstens noch Haiti gegen Burundi, aber sonst nichts.« Überhaupt bestehe die Stadtspitze ja aus lauter »Schlafmützen«. Uli Hoeneß über das Olympiastadion: »Wie der Zentralfriedhof von Chicago.«

Als auch die Pläne für eine Super-Arena östlich der Messe Riem am nicht umsetzbaren Verkehrskonzept scheitern, spricht alles für den Behnisch-Umbau in der Variante für 66000 Zuschauer ohne Leichtathletik-Laufbahn und mit einer Glasüberdachung der Gegengerade in Hufeisenform. Geplante Kosten: 400 Millionen Mark. Die finale Entscheidung mit Stadt, den Architekten und den beiden das Stadion nutzenden Fußballklubs FC Bayern und TSV 1860 am Nikolaustag 2000 scheint nur noch reine Formsache.

Als Zeitzeuge in der Sitzung damals wird man nie vergessen, wie dem anfangs sehr entspannten OB Ude mit einem Schlag erst jene Gesichtsfarbe entwich, die Sekunden später mit bemerkenswertem Zornes-Purpur den aschfahlen Geisterteint wieder kräftig übertünchte – in jenem Moment nämlich, als Manfred Sabatke vom Behnisch-Büro die Zusage für den Umbau völlig überraschend zurückzieht, stehen die Architekten als Urheber doch unter dem Eindruck der massiven Proteste, in deren Zusammenhang das Ensemble des gesamten Parks nach einem Umbau als für immer zerstört erachtet wird.

Unter massivem Zeitdruck beginnt die Suche nach einem Areal von vorn, als Franz Beckenbauer Anfang 2001 von einem schon Jahre zuvor erwogenen, schnell aber wieder vergessenen Standort schwärmt. Von einem Gelände am äußersten Stadtrand, direkt südwestlich vom Autobahnkreuz München-Nord. Dieser Ort in Fröttmaning erinnere ihn an die Zeit in New York, sagt er, hier könne etwas entstehen wie das Giants Stadium in New Jersey, das er für die Heimspiele mit Cosmos New York von Manhattan aus immer ansteuerte. Im Meadowlands Sports Complex, draußen vor der großen Stadt auf der grünen Wiese.

Vor dem finalen Bürgerentscheid im Oktober 2001 droht Beckenbauer bei einer Ablehnung durch die Münchner Bevölkerung noch mit einem kompletten Exodus des Klubs aus der Stadt, dann würde man auch das »München« aus dem Vereinsnamen streichen. »Dann sind wir nur noch der FC Bayern.« Das Quorum wird schließlich zu einem großen Erfolg, mit 65,8 Prozent votiert eine überwältigende Mehrheit der 340000 Stimmen für den Neubau droben im Norden, für ein Stadion, das sich der FC Bayern und der TSV 1860 als gleichberechtigte, mit jeweils 50 Prozent an der Stadiongesellschaft beteiligte Partner teilen. Die Klubs freuen sich, und auch Franz Beckenbauer ist sehr glücklich. Denn mit der neuen, bis 2005 fertiggestellten Prachtarena steht fest, dass München 2006 definitiv Spielort sein wird. Denn dass die WM nach Deutschland kommt, das steht da schon längst fest.

Parallel zum Kampf um ein neues Stadion wirbt Beckenbauer als Galionsfigur der deutschen WM-Kampagne. Für die seit 1992 beim DFB kursierenden Visionen einer Kandidatur für 2006 wird er ab Ende 1996 als Zugpferd eingespannt, als Botschafter der deutschen Bewerbung. Der Name Beckenbauer, so die Hoffnung, seine guten Kontakte, seine Aura und sein Charisma, sollen entscheidend helfen, um sich zum zweiten Mal nach 1974 als Gastgeber dieses globalen Mega-Events präsentieren zu dürfen. Dass Beckenbauer intern dem Verband gegenüber natürlich auch unbequem sein kann, als er im Lauf der Bewerbung den gesamten DFB wegen veralteter und verkrusteter Strukturen als »Lachsack« bezeichnet, das überhört man gern. Als profilierte Männer an seiner Seite weiß Beckenbauer DFB-Generalsekretär Horst R. Schmidt, DFB-Mediendirektor Wolfgang Niersbach und seinen langjährigen Vertrauten Fedor Radmann, einen seit Jahrzehnten in der Sportpolitik und in Funktionärskreisen bestens vernetzten Geschäftsmann.

Mit nur 24 Jahren ist Radmann bereits Referatsleiter beim NOK und sitzt unter Willi Daume im Organisationskomitee der Münchner Sommerspiele von 1972. Später wird er Kurdirektor in seiner Heimat Berchtesgaden, organisiert mit seinen guten Kontakten zum Ski-Weltverband FIS Weltcuprennen am heimischen Jenner und arbeitet danach für Adidas-Chef Horst Dassler und in dessen Marketingunternehmen ISL, kurz für International Sports and Leisure. Eine Firma, die 2001 bankrottgeht und von der später bekannt wird, dass sie für milliardenschwere Exklusivverträge im Bereich TV und Sponsoring hohe Spitzenfunktionäre von FIFA und IOC zwei Jahrzehnte lang konsequent mit Schmiergeldzahlungen versorgte.

Radmann ist ein taktisch versierter Strippenzieher, ein Cheflobbyist, der sich auskennt im Geschäft. Medien nennen ihn auch den »Schattenmann«. Von ähnlichen Auftritten wie der großspurig aufgemotzten und letztlich kolossal in den Sand gesetzten Olympia-Bewerbung der wiedervereinigten Hauptstadt für die Sommerspiele 2000 hält Radmann gar nichts. »Vergleichen Sie uns nicht damit«, sagt er einmal, »Berlin war amateurhaft.« Oder ganz einfach auch: Dit is Balin, wa. Ganz normal also.

Radmann agiert gern im Hintergrund, sein Credo nach eigenen Worten: »Nur nicht die große Goschn riskieren.« Nach dem Zuschlag im Sommer 2000 wird Radmann sagen, ohne den Franz hätte man die WM nie nach Deutschland geholt. In seinem Umfeld sagen manche, ohne den Fedor aber noch viel weniger.

Gemeinsam mit seinen Mitstreitern geht Beckenbauer nun gut drei Jahre lang auf Werbetour. Von Michel Platini, dem Co-Organisationschef der WM 1998 in Frankreich, bekommt er schon bald den guten Rat, sich möglichst rasch Zusagen für finanzielle Unterstützung in Sachen Infrastruktur und Stadionbauten einzuholen, denn: »Wenn es um die Kandidatur geht, unterschreiben die Politiker alles. Und wenn Deutschland erst einmal die WM hat, dann vergessen sie alles.« Er scheint aus eigener Erfahrung zu sprechen. Deswegen klopft Beckenbauer schon 1998 beim neuen Kurzzeit-Finanzminister Oskar Lafontaine an. Schließlich fordert die FIFA – wie auch das IOC bei Olympischen Spielen – von allen Bewerbern eine staatliche Garantie zur kollektiven Steuerbefreiung bei den Einnahmen der Weltmeisterschaft. Den Weltverband netto wie brutto kassieren zu lassen, das ist eine der Grundvoraussetzungen, um überhaupt eine reelle Chance auf einen Zuschlag zu haben.

Und natürlich geht Beckenbauer auch auf sehr diplomatisch sanften Schmusekurs mit dem neuen FIFA-Boss Sepp Blatter, der 1998 jenem João Havelange nachfolgt, von dem später bekannt wird, dass er beim ISL-Schmiergeldskandal als einer der Hauptbegünstigen bei den Millionenzahlungen kräftig kassiert hatte. Einen Vorschlag Blatters, die WM künftig im Zwei-Jahres-Turnus auszutragen, würde Beckenbauer zu einer anderen Zeit ohne deutsche Bewerbung vermutlich als hirnlos bezeichnen, vermutlich würde er Blatter einen Lachsack nennen. So aber begrüßt er nun die Idee, stellt sich hinter den neuen starken Mann an der Spitze des Weltverbands. Es weiß um die eminent wichtige Bedeutung, den Schweizer auf seiner Seite zu haben, schließlich könnte Blatter bei der entscheidenden Abstimmung im für die Vergabe zuständigen 24-köpfigen FIFA-Exekutivkomitee gar zum Zünglein an der Waage werden. Bei einem möglichen Patt von 12:12 zählt sein Votum nämlich doppelt.

Allerdings türmen sich recht schnell auch schon die ersten Hindernisse auf. Vor allem die Ankündigung des englischen Verbands, ebenfalls für 2006 anzutreten, sorgt bei Beckenbauer für große Verärgerung – gerade vor dem Hintergrund, dass sich

Deutschland bei der UEFA einst als starker Fürsprecher der letztlich erfolgreichen Bewerbung Englands um die EM 1996 positionierte und man nun als Gentlemen's Agreement im Gegenzug von der Insel ähnlichen Support für das eigene Bemühen um die Weltmeisterschaft erhofft. Als einziger Kandidat des Kontinents könnte sich Deutschland der europäischen Stimmen wohl sicher sein, immerhin 9 der 24 stimmberechtigten Mitglieder im FIFA-Exekutivkomitee kommen aus Europa. Durch die Konkurrenz Englands fürchtet Beckenbauer aber: »So wird Europa gespalten, und die Asiaten und Afrikaner zeigen dir bald eine lange Nase.« England aber bleibt stur und denkt gar nicht an einen Rückzug.

Das macht auch der britische Premier Tony Blair noch einmal deutlich, als Beckenbauer während des G8-Gipfels 1999 in Köln den Teilnehmern die deutsche WM-Bewerbung präsentiert, darunter Bill Clinton, Jacques Chirac und Boris Jelzin. In der ersten Jahreshälfte 2000 geht Beckenbauer dann wieder auf Reisen und besucht sämtliche Kongresse der Konföderationenverbände Afrika, Südamerika, Nordamerika samt Karibik, Asien, Ozeanien und Europa. Die Stationen: Accra und Asuncion, Nassau, Kuala Lumpur, Auckland und Luxemburg. Der Kaiser als weit gereister Kosmopolit.

Freundlichen Empfang erfährt Beckenbauer von offizieller Seite überall, auf der Straße mitunter grenzenlose Ehrfurcht. Als er bei einem Bewerbungstrip nach Mexiko einmal an einer Tankstelle aussteigt, so erzählen es mitgereiste Teilnehmer, bekreuzigen sich umstehende Frauen, als sei ihnen der Allmächtige himself begegnet. Doch bei allem Wohlwollen, je näher die Wahl am 6. Juli 2000 rückt, desto größer werden auch intern die Zweifel, wächst die Skepsis an einem Erfolg immer mehr. Zu belastend scheint der sich zuspitzende innereuropäische Konkurrenzkampf mit England, zu uneinig sind die europäischen Exko-Mitglieder, zu stark wirkt der Favorit aus Südafrika, der sich nicht von Beckenbauers permanenten Ankündigungen vertrösten lassen möchte, Deutschland werde eine WM-Bewerbung für 2010 uneingeschränkt unterstützen.

Noch größer wird die Nervosität, als sich Brasilien urplötzlich aus dem Kreis der Bewerber zurückzieht und durchsickert, dass der ebenfalls laut späteren Ermittlungen in den ISL-Korruptionsskandal verwickelte Ricardo Teixeira, Verbandspräsident und Schwiegersohn von João Havelange, den Südafrikanern die Stimmen von jenen sieben Exko-Mitgliedern verspricht, die er bereits für Brasilien verbucht glaubt. Alles einfach so? Aus reiner Nächstenliebe? Ganz umsonst?

Für Beckenbauer »genau die Mauschelei, die wir nicht mitmachen wollen«, sagt er zwei Tage vor der Abstimmung, und: »Wir halten uns an die Regeln.« Seinem Einwurf, man gehe auch nicht mehr ins Hotel der FIFA-Delegierten, entgegnet Fedor Radmann nur knapp und gleichzeitig vieldeutig: »Natürlich sieht und spricht man sich noch.« Im Nachhinein bemerkenswert ist ein Bericht auf »Seite Drei« der *Süddeutschen Zeitung* am 5. Juli, vom Vortag der Vergabe. Unter der Rubrik »Die Mauschler im Milliardenspiel – was man tun und lassen muss, um eine Fußball-Weltmeisterschaft auszutragen« heißt es: »Bewerbungschef Franz Beckenbauer hat eher den Fakten als den Kontakten vertraut – vielleicht darf der Ball deshalb 2006 nicht in Deutschland rollen.« Tenor: Die deutschen Bewerber hätten zu brav agiert, hätten sich auf Fairness berufen und sich nicht den marktüblichen Spielregeln unterworfen, um mit zwielichtigen Absprachen und dubiosen Geschäften die nötigen Stimmen zu sichern. So steht es tatsächlich geschrieben.

Tags darauf die Entscheidung. Im ersten Wahlgang stimmen 10 der 24 Exko-Members für den DFB, 6 für Südafrika, 5 für England, 3 für Marokko, das als Letztplatzierter rausfliegt. Weil eine absolute Mehrheit erforderlich ist, kommt es zu Runde zwei und dort zum Gleichstand: Deutschland vs. Südafrika

11:11, England erhält noch ganze zwei Stimmen, und zwar vom Schotten David Will und dem Neuseeländer Charles Dempsey. Bei Will gilt als sicher, dass er nach Englands Aus für Deutschland votieren wird. Dempsey hingegen scheint eine sichere Bank für Südafrika. Es droht also beim befürchteten Showdown ein Patt und damit eine Niederlage für die deutsche Bewerbung. Denn FIFA-Boss Blatter, dessen Stimme bei einem 12:12 doppelt zählen würde, favorisiert ganz klar den Bewerber vom Kap. Es kann also nur noch ein Wunder helfen.

Oder doch der Funktionär aus Neuseeland.

Denn bevor die zwei Dutzend Exko-Delegierten in der dritten Wahlrunde die endgültige Entscheidung fällen, steht Charles Dempsey urplötzlich auf und verlässt schweigend den Abstimmungssaal. Der 78-jährige Chef der ozeanischen Konföderation, der auch auf Drängen seiner neuseeländischen Regierung den Auftrag hatte, Südafrika zu unterstützen, verzichtet auf eine Stimmabgabe – und sichert Deutschland die WM. Mit einem Gremiumsvotum von 12:11. Kurz darauf zieht Sepp Blatter auf dem Podium der Messe Zürich einen Zettel aus einem Kuvert und verkündet mit zartbitterem Lächeln: »The winner is … Deutschland.«

Grenzenloser Jubel bei der deutschen Delegation, Beckenbauer kapert das Podium und bekennt ergriffen: »Das ist die größte Herausforderung in meinem Leben. Die WM organisieren zu dürfen, ist höher zu bewerten als die Titel, die ich als Spieler und als Trainer errungen habe.« Während die *Bild* am nächsten Tag Beckenbauer auf der Titelseite ein Denkmal setzt, rätselt die Sportwelt immer mehr über die Motive von Dempseys eigenartiger Stimmenthaltung, die beim Verlierer der Stichwahl für große Empörung und bilaterale Irritationen sorgt. Schließlich greift Neuseelands Premierministerin Helen Clark sogar zum Telefonhörer und entschuldigt sich bei Südafrikas Präsident Thabo Mbeki persönlich.

Auf Nachfragen zu seinen Beweggründen bleibt Dempsey kryptisch. Seine Enthaltung erklärt er bei einem ersten öffentlichen Auftritt vier Tage nach der Wahl recht vage mit »nicht tolerierbarem Druck durch einflussreiche europäische Interessensgruppen«. Doch wen meint er damit?

Liegt es vielleicht an den mysteriösen Botschaften, die in der Nacht vor der Wahl per Fax im Züricher Grand Hotel Dolder eintreffen, mit der Bitte an die Rezeption, die betreffenden Nachrichten den Exko-Mitgliedern unverzüglich zukommen zu lassen? In den Mitteilungen wird den Funktionären dabei in Aussicht gestellt, bei einer Wahl für Deutschland dürften sie sich über »einen Korb mit Spezialitäten aus dem Schwarzwald, mit guten Würsten, Schinken, einer Kuckucksuhr und sogar einem guten Bierkrug« freuen. Ist also wirklich dieser grandios komische und großartige Coup von Martin Sonneborn, dem Chefredakteur des Satire-Magazins *Titanic*, ausschlaggebend für den Zuschlag an Deutschland? Tatsächlich bekennt Dempsey einmal gegenüber CNN: »The final fax broke my neck.« Weshalb Sonneborn auch das schöne Buch veröffentlicht: *Ich tat es für mein Land – wie TITANIC einmal die Fußball-WM 2006 nach Deutschland holte.*

Doch die Hintergründe der Wahl, die individuelle Gemengelage um persönliche Interessen und Ängsten, all das gerät dann doch bald wieder in Vergessenheit. Man will sich jetzt freuen auf eine schlussendlich großartige und einzigartige Weltmeisterschaft, der es in wundervollen und unvergessen beschwingten viereinhalb Partywochen gelingen wird, mit Gästen aus aller Welt zu feiern und Deutschland als bunten, weltoffenen und sympathischen Gastgeber zu präsentieren.

Die Vorgänge rund um die Vergabe werden erst 2015 wieder ein Thema. Dann aber so richtig.

KAPITEL 22

Der schmollende Firlefranz als Winnetou vom Abstellgleis: Der zähe Abgang vom FC Bayern

Einen großen Auftritt hat Franz Beckenbauer noch, in seiner Funktion als Bayern-Präsident. 2001 in Frankreich, als er nach einem 0:3 bei Olympique Lyon in der Zwischenrunde der Champions League die Contenance verliert und sich bei der nach Europacup-Spielen obligatorischen Bankettrede im örtlichen Hilton wundervoll in Rage redet. »Das hat mit Fußball nichts mehr zu tun«, poltert er, »das ist eine andere Sportart, die wir spielen. Das ist Uwe-Seeler-Traditionsmannschaft, Altherrenfußball.« Dass man einen antiquierten Spielstil pflege (»Einen Fußball, der nicht mehr adäquat ist, den hat man vielleicht mal gespielt vor 30 Jahren.«), dass man sich über die Gnade der Gastgeber noch freuen könne (»Vielen Dank, dass wir nur 3:0 verloren haben.«) und dass man bei solchen Leistungen vielleicht noch mal die Jobwahl überdenken sollte (»In Zukunft könnt ihr das nicht mehr machen, sonst müssen wir uns alle einen anderen Beruf suchen, das ist vielleicht gescheiter.«). Wer mag, kann den grimmigen Beckenbauer in voller Länge im Netz anschauen, einfach eingeben: Kaiser Wutrede Lyon. Großer Genuss.

Für die Spieler ist die öffentliche Watschn freilich eine Demütigung. »Wir hätten am liebsten während der Rede den Saal verlassen, sind danach alle geschlossen aufgestanden und auf die Zimmer gegangen«, sagt der damalige Kapitän Stefan Effenberg später. »Ab und zu braucht man mal einen Tritt in den Allerwertesten, aber diese Worte haben uns schon sehr gewurmt.«

Tatsächlich ist die Generalabrechnung mit seiner Mannschaft auch eine Ruckrede, die Spieler rüttelt sie wach, sie versichern sich in der Kabine, es dem Franz jetzt erst so richtig zeigen zu wollen, dass sie weder Schulbuben noch Altherren seien. Zweieinhalb Monate später – und zwei Jahre nach dem Drama vom Camp Nou – gewinnt der FC Bayern die Champions League, nach dem Sieg im Elfmeterschießen gegen den FC Valencia zischt Effenberg zu Beckenbauer: »Nicht schlecht für eine Altherrenmannschaft, oder?« Danach sind sie per Du, der Franz und der Stefan, der vom Kaiser einst titulierte wahnsinnige Selbstdarsteller.

Ansonsten wird es allmählich ruhig um den Kaiser. Bereits 1998, mitten in der Hochphase der WM-Bewerbung und des Stadionstreits, erscheint im *Spiegel* eine Geschichte mit dem Titel »Der Firlefranz«. Das Feature thematisiert seine Omnipräsenz als TV-Experte bei *Premiere* und bei Günther Jauch auf RTL sowie seine vielen Werbeauftritte und beschäftigt sich als Kernthese mit seiner ständig wechselnden und arg volatilen Meinung zu den verschiedensten Themen mit dem subsumierenden Fazit: Der Kaiser verliert immer mehr an Ansehen und Glaubwürdigkeit.

»Je größer sein Ruhm, desto mehr Unsinn verzapft er«, steht zu lesen, oder auch: »Der Preis des Quassel-Ruhms ist, dass Beckenbauer in den inneren Zirkeln der Sportpolitik seit einiger Zeit nicht mehr richtig ernst genommen wird.« Mal wieder eher mit einer despektierlichen Nuance erwähnt wird seine Herkunft als »Sohn des Postobersekretärs aus München-Giesing, der es vom Versicherungskaufmann bis zum Fußball-Weltmeister brachte«. Und: »Es war vermutlich Beckenbauers Glück, dass es in den Jahren seines Aufstiegs keine Kolumnen gab, kein Privatfernsehen und keinen Jauch. So blieb von der Ikone mystisch verhüllt, was heute vom öffentlichen Beckenbauer als blanker Nonsens aus jedem Bildschirm quillt.«

Aus seinem Umfeld ist später zu hören, dass ihn diese Geschichte damals sehr getroffen habe. Doch tatsächlich verwickelt sich Beckenbauer gerade in dieser Zeit immer wieder in Widersprüche und verzettelt sich mit gern wechselnden Äußerungen: Mal unterstützt er Lennart Johansson bei seiner Kandidatur zum neuen FIFA-Boss, dann schwenkt er auf Sepp Blatter um, mal findet er eine Erweiterung des WM-Teilnehmerfelds reizvoll, dann hält er plötzlich wieder dagegen, weil da »zu viele mit viereckigen Füßen« mitspielen würden. Es wirkt, als mute er sich gerade in jener Zeit vielleicht etwas zu viel zu, die kaiserliche Dauerbeschallung ist einfach zu laut, er wird zum Opfer seiner eigenen medialen Reizüberflutung. Der damalige DFB-Vizepräsident und spätere Verbandsboss Gerhard Mayer-Vorfelder: »Der Franz sagt heute A und morgen B – und jeder nimmt das hin.«

Auch beim FC Bayern sorgen seine dauernden Querschläge gegen die Mannschaft für Irritationen, immer mehr rücken Uli Hoeneß und Karl-Heinz Rummenigge von Beckenbauer ab, der mit seinen privaten PR-Partnern immer wieder die Klubsponsoren brüskiert. Werben die Bayern für Erdinger, trinkt der Kaiser Warsteiner, fahren die Spieler auf Opel ab, sitzt der Franz bei Mitsubishi am Steuer, zieht den Klub den Strom bei e.on, geht Beckenbauer bei yello an die Steckdose, und wenn der Verein Viag Interkom zum Telefonieren ganz gut findet, fragt der Kaiser bei E-Plus: »Ja ist denn heut schon Weihnachten?«

Auf Kritik reagiert er oft unsouverän dünnhäutig und mit dem Rückzug in den Schmollwinkel. Als der Uli und der Kalle seine Brandrede von Lyon kritisieren, erklärt er indigniert: »Wenn ich als Präsident das nicht mehr sagen darf, bittschön, dann sollen sie mir das sagen. Dann gibt's innerhalb von zwei Minuten einen anderen Präsidenten, das ist überhaupt kein Problem.« Präsident wird er noch bleiben, wirklich viel zu entscheiden hat er aber bald nicht mehr. Das liegt vor allem an der Ausgliederung des Lizenzspielerbereichs, der Umwandlung in die FC Bayern AG. Die Macht liegt ab nun in den Händen von Karl-Heinz Rummenigge, dem Vorstandsvorsitzenden der neuen Kapitalgesellschaft, und seinem Vize Uli Hoeneß.

Als Aufsichtsratschef der AG ist Beckenbauer laut Hierarchie-Pyramide offiziell noch der mächtigste Mann in der neuen Fußballfirma, obendrein als Präsident des FC Bayern e.V. auch noch Vorsitzender der anderen Abteilungen wie den Keglern, den Tischtennisspielern oder der Sparte Schach, den »Klötzerlschiebern«, wie Beckenbauer sie einmal nannte. Aber aus dem operativen Tagesgeschäft des Profifußballs ist er so ziemlich raus. Aus dem einstigen Triumvirat Ulikallefranz wird mit Streichung der letzten Silbe ein starkes Führungsduo, was sich 2002 mit Wucht bei den Verhandlungen eines neuen Sponsorendeals offenbart.

Während Beckenbauer und Robert Schwan schon kurz vor einem Abschluss mit der Deutschen Post AG als neuem Hauptpartner stehen, beraten Rummenigge und Hoeneß an anderer Front und angeln sich die Telekom. Eine offenkundige Düpierung des Kaisers, über den Uli Hoeneß erklärt, er spiele ja bei solchen großen Entscheidungen schon länger keine Rolle mehr. »Sponsoren zu holen ist doch auch gar nicht seine Aufgabe, verdammt noch mal«, schimpft der Manager vom Tegernsee. Vielleicht ist er aber auch verärgert, weil Beckenbauer wieder einmal mit seinem neuen privaten Partner o2 für das Konkurrenzunternehmen des neuen Bayern-Millionensponsors Telekom wirbt.

Ärger macht dem Kaiser auch seine private Mobilfunknummer mit der 0176 – 6666 6666, hinter der einsame Männer angesichts von achtmal Sechs auf gut Glück eine vielversprechende Hotline vermuten. Dumm nur, dass sie statt animierendem Liebesgeflüster nur einen hörbar erregten Beckenbauer an der Strippe haben. Das törnt auf Dauer auch den Franz ab. Als ihn nachts um drei mal wieder ein Anrufer aus dem Schlaf reißt, fleht er tags darauf o2-Konzernchef Rudolf Gröger an: »Rudi, kannst mir bittschön a andere Nummer geben.« Kann der Rudi natürlich.

Langsam aber erkennt Beckenbauer die Problematik seiner Allgegenwärtigkeit als Franz Dampf in allen Gassen. 2002, als die WM-Vorbereitungen planmäßig und unaufgeregt laufen und mit dem beim Architektenwettbewerb siegreichen Entwurf des renommierten Schweizer Büros Herzog & de Meuron das Design des neuen Stadions in Fröttmaning gefunden ist, erkennt er einsichtig: »Zu viel Bildschirmpräsenz ist auch gar nicht so gut, die Leute kriegen einen leicht über. Und ein bisschen Privatleben möchte ich ja auch noch genießen.« Und da gibt es ja große Neuigkeiten.

Im November 2000 überrascht der fern von München und Kitzbühel publizierende *Mannheimer Morgen* mit einer Glosse, in der von der Begegnung einer »Lichtgestalt« mit einer »Sekretärin« und von einer »Empfängnis« die Rede ist – und damit, dass neun Monate später »ein kleiner Kaiser« geboren sei. Damit wird publik, was in Münchner Redaktionsräumen längst ein offenes Geheimnis ist. Nach einer Weihnachtsfeier der Bayern 1999 waren sich Beckenbauer und die Geschäftsstellen-Sekretärin Heidi Burmester näher und daraus resultierend Mitte August der gemeinsame Sohn Joel Maximilian auf die Welt gekommen. Schreiben darüber wollte keiner, solange der Franz nicht selbst darüber spricht, auch aus Furcht vor juristischen Folgen mit Unterlassungserklärungen und drohenden finanziellen Schadenersatzforderung wegen Eingriffs in die Privatsphäre.

Die Münchner Medien halten also lange dicht, so wie später auch bei Gerd Müller, dessen schwere Demenzerkrankung in der hiesigen Sportjournaille jahrelang bekannt ist. Erst als die Bayern in Absprache mit Frau Uschi zu seinem 70. Geburtstag 2015 eine Erklärung zum Gesundheitszustand des erfolgreichsten deutschen Mittelstürmers der Geschichte veröffentlichen, erfährt die Öffentlichkeit von seinem Schicksal.

Dass sich ausgerechnet der *Mannheimer Morgen* nun den Scoop auf die Fahnen schreiben darf, liegt an einem seiner Reporter, der am Rande eines Länderspiels gegen Dänemark im November 2000 in Kopenhagen aus den Gesprächen mitgereister Münchner Kollegen die Sensationsnachricht heraushört und sich vor einer Veröffentlichung in Form einer launigen Kolumne nicht scheut. Schimpft Robert Schwan zunächst noch über »ein Märchen«, nimmt die *Abendzeitung* den Steilpass dankend auf und titelt tags darauf mit gespieltem Erstaunen: »Beckenbauer: Uneheliches Baby?« Der Kaiser lenkt ein, bestätigt die Berichte und gibt später mit seiner ihm so eigenen Nonchalance zu bekennen: »Der liebe Gott freut sich über jedes Kind.« Im Sommer 2002 gibt er die Trennung von Ehefrau Sybille bekannt, 2003 bekommt er mit seiner Lebensgefährtin Heidi seine erste Tochter, eine Francesca, danach spricht er schmunzelnd über seine Vorfahren in der Ahnentafel, die es mit sittlichen Gepflogenheiten schließlich auch nicht so ernst genommen hätten. »Das waren lustige Familien. Lauter uneheliche Kinder. Wir setzen die Tradition fort.«

Doch neben der unbekümmerten Freude über das neue private Glück stürzt ihn der Verlust des vielleicht wichtigsten Menschen in seinem Leben in tiefe Trauer: Robert Schwan.

Bei Temperaturen von mehr als 30 Grad steigt der nunmehr 80-jährige, aber immer noch agile und rüstige Manager im Juli 2002 beim Mountainbiken in den Kitzbüheler Alpen mit einem Ziehen in der Brust vom Fahrrad ab, die Ärzte im Krankenhaus von St. Johann diagnostizieren einen leichten Herzinfarkt. In einem langen persönlichen Telefonat mit dem Autor klingt Schwan zwei Tage später schon wieder vital und unternehmungslustig: »I mag doch ned daheim rumhängen«, sagt er und verdeutlicht, wie viel er vom Rat der Mediziner halte, sich in den kommenden Wochen zu schonen, nämlich gar nichts. Viel lieber spricht er von seinem großen, noch immer unerfüllten

Traum, die Eiger-Nordwand zu bezwingen. »Nicht ums Verrecken schmink ich mir das ab«, sagt er noch. Mit Reinhold Messner plant er gar noch eine Reise ins Basecamp am Everest, am liebsten will er auch den höchsten Berg der Welt noch erklimmen, drunter macht's der Schwan einfach nicht. Doch die Träume von seinen Gipfelstürmereien muss er mit ins Grab nehmen, zwei Tage später ist Schwan tot.

Beckenbauer erfährt nach einem Golfturnier in Bad Griesbach von der nun doch so überraschenden und schockierenden Nachricht, er fährt sofort heim nach Kitzbühel. Beim Gedenkgottesdienst in der dortigen Pfarrkirche wenige Tage später sinniert er an dem von vier Kerzen umrahmten und mit einem Gebinde aus weißen Rosen bedeckten Eichensarg halbwegs gefasst: »Jeder Mensch bekommt bei der Geburt einen Chip eingesetzt. Und irgendwann ist die Zeit abgelaufen. Beim Robert war's jetzt leider so weit.« Und Dettmar Cramer, der langjährige Wegbegleiter der beiden, sagt in einem Gespräch am Telefon noch: »Man kann nicht in Prozenten ausrechnen, wie viel Anteil Schwan am Erfolg von Franz gehabt hat. Aber er hat sehr viel aus Franz herausgezogen. Erziehung heißt ja immer, etwas herausziehen, was in einem Menschen steckt. Schwan war Erziehung.«

Beckenbauer braucht eine Zeit, bis er sich vom Tod seines Freundes erholt, zwei Wochen danach macht er die Einnahme von Tabletten öffentlich, denn: »Solche Momente kann man nur mit Medikamenten überstehen, die einen beruhigen. Anders ist das nicht zu machen, da muss man auf die Kunst der Medizin zurückgreifen.« Abgesehen davon erschüttern ihn aber auch ganz andere Dinge, denn je mehr er sich von seinem FC Bayern zurückzieht, umso mehr reflektiert er global gesellschaftliche und geopolitische Themen. Mit Kanzler Gerhard Schröder, den er inzwischen so duzt wie Stefan Effenberg, bereist er Afghanistan, er verteilt dort Fußbälle und Trikots an Kinder und zeigt sich nach der Rückkehr tief bewegt. »In Kabul ist alles kaputt«, sagt er damals über seinem Weißbier bei jenem im Vorwort erwähnten Interview im Golfclub Egmating, »im Land liegen zehn Millionen Minen rum, es gibt kein Telefon, wenn du die Polizei rufen willst, musst du jemand mit dem Radl hinschicken. Eine einzige Katastrophe.«

Er spricht über Saddam Hussein (»Sein Lebenswerk ist das Werk des Bösen«) oder auch die Menschheit an sich: »Man denkt, der Mensch ist zivilisierter als zu der Zeit, als er noch auf Bäumen rumgesessen hat. Manchmal habe ich das Gefühl, der Mensch ist eine Fehlentwicklung. Er ist noch primitiver, noch hinterhältiger und durch die Entwicklung der Waffensysteme noch gefährlicher geworden.« Dabei seien doch alle gleich, »alle aus demselben göttlichen Staub, Brüder und Schwestern«. Er nimmt sich die Zeit, über Astronomie zu sprechen, und dass er gern Physiker geworden wäre. »Dass wir mit 900000 km/h durch das Weltall sausen, kann man sich nicht vorstellen. Das ist phänomenal! Da sieht man mal, wie klein wir sind. Wir sind gar nicht sichtbar, uns gibt es gar nicht.« Kleiner noch und unsichtbarer als mexikanische Journalisten.

Und auch über das Leben nach dem Tod und eine mögliche Reinkarnation räsoniert er: »Ich hätte nichts dagegen, als Franz Beckenbauer wiedergeboren zu werden.« Etwas später revidiert er seine Einschätzung und bekennt: »Wenn ich in stofflicher Form wieder auf die Welt käme, wäre es keine schlechte Idee als Frau.« Über seine Daseinsexistenzen in früheren Leben (»Wahrscheinlich bin ich als Winnetou durch die Prärie geritten«) spricht er ebenso wie über seinen Wunsch, Jesus kennenzulernen. »Vielleicht«, sagt er einmal 2005 nach der Wahl des neuen Papstes, »empfiehlt mich der Benedikt ja bei ihm.«

Beckenbauer, der nach seiner Entmachtung bei den Bayern durch Hoeneß und Rummenigge noch angezählt und sichtlich indigniert auftrat, genießt nun seine neue Rolle als weise

Eminenz, als Weltversteher und Welterklärer, wenngleich er sich immer wieder auch mit den ganz profanen Aufgaben des Fußballs herumschlagen muss, wie etwa als Teil der Trainerfindungskommission auf der Suche nach einem Nachfolger für den 2004 als DFB-Teamchef zurückgetretenen Rudi Völler. Ein sehr holpriges Projekt, das nach zahlreichen Absagen und der vorlauten Ankündigung vieler Namen (Hitzfeld, Rehhagel, Hiddink, Olsen, Schäfer et al.) in die Lösung Klinsmann mündet, der aus dem sonnigen Kalifornien für die Zusammenstellung einer starken Mannschaft zur Heim-WM zwei Jahre später akquiriert wird.

Während die Nationalelf unter Klinsmann mit Niederlagen gegen Südkorea, die Slowakei und die Türkei für eher überschaubare Zuversicht hinsichtlich der Titelambitionen sorgt, jettet Beckenbauer wieder um die Welt und besucht zwischen Oktober 2005 und März 2006 alle 31 für die WM qualifizierten Gastnationen. 50 Reisetage mit 168 Flugstunden und mit einer Gesamtdistanz von 132 276 Kilometern mehr als dreimal um den Äquator, einfach um allen zu sagen: Die Welt ist in Deutschland zu Gast bei Freunden.

Anfang 2006 trübt ein erneuter Schicksalsschlag für kurze Zeit seine Vorfreude auf die WM: der Tod seiner Mama, die mit ihren 92 Jahren nach einem Schwächeanfall kurz vor Weihnachten schon wieder auf dem Weg der Besserung schien. »Man muss dem Herrgott danken, dass er ihr so ein langes Leben geschenkt hat«, sagt Sohn Franz noch kurz nach Neujahr. Doch das lange Leben hat nun ein Ende, nach einer Lungenentzündung schläft Antonie Beckenbauer im Krankenhaus der Barmherzigen Brüder in der Nacht zum 11. Januar friedlich ein.

Es ist Zeit, sich an sie zu erinnern, altgediente Reporter schildern, wie der Franz sie, die Journalisten, nach Spielen manchmal mitgenommen habe in die elterliche Wohnung in der Schwabinger Stauffenbergstraße, in die die Familie von der

Zugspitzstraße in Giesing aus gezogen war. Wie dann immer der Tisch reichlich gedeckt war mit einem Schweinernen, Knödeln und Kraut, manchmal einfach auch nur mit einer handfesten Brotzeit. Brigitte Beckenbauer, des Kaisers erste Frau, wird an die »allerbeste Mama der Welt« zurückdenken, die nicht nur als tüchtige Hausfrau wegen ihrer Kompotte und natürlich ihrer Erdbeersahnetorte so großartig gewesen sei, sondern auch als gute Freundin, die sie in der Zeit der Trennung von Franz mit viel Zuneigung unterstützt habe. »Sie war das beste Beispiel dafür, dass man das Leben immer positiv sehen muss, egal was kommt. Antonie hat mir immer gezeigt, dass man nicht dem Alten nachweinen soll, sondern dass es sich lohnt, in die Zukunft zu schauen.« Und auch die alten Anekdoten werden hervorgekramt, wie sich die Mama manchmal als Furcht einflößender Nikolaus verkleidet und damit die Buben erschreckt habe, den Walter und gerade auch den Franzl. Und Erich Riedl denkt an die Apfelkücherl.

Im allerengsten Familienkreis ohne Öffentlichkeit wird Antonie Beckenbauer auf dem Perlacher Friedhof beigesetzt, an der Seite ihres Mannes Franz, der fast drei Jahrzehnte zuvor hier seine letzte Ruhe fand. Bei einem der Blumenbuketts steht auf einer Schleife »Letzter Gruß«, es stammt von ihren Schwestern Hildegard und Leni. Jene Leni, mit der Antonie der einen Überlieferung nach einst in die Frauenklinik in der Maxvorstadt aufgebrochen war, am Abend des 11. September 1945, zur Entbindung ihres zweiten Sohnes.

Ihr letzter großer Wunsch, den sie noch geäußert hatte, die WM zu erleben, die ihr Franzl ins Land geholt hatte, wird unerfüllt bleiben. Man darf sicher sein, Mama Antonie hätte ihre Freude gehabt am Sommermärchen, an einem Turnier, dem nicht nur wegen der geringen Erwartungen an die DFB-Truppe, sondern auch wegen der Skepsis angesichts der noch in den Tagen zuvor eher mittelmäßigen Gesamtstimmung mit wenig

Begeisterung entgegengesehen wird. Und dann auch noch das Wetter, seit Wochen verregnet, trüb und nasskalt, bundesweit fällt im Mai im Vergleich zu Referenzwerten aus der Vergangenheit 30 Prozent mehr Regen als üblich.

Dann aber, mit dem Tag des Eröffnungsspiels zwischen Deutschland und Costa Rica in München, die plötzliche Wende, bestätigt durch den offiziellen Jahresrückblick 2006 des Deutschen Wetterdienstes: »Pünktlich zur Fußball-WM setzte sehr warmes Wetter ein.« 264 Sonnenstunden allein im Juni, 33 Prozent über normal, 335 gar im Juli, 126 mehr als sonst im langjährigen Durchschnitt. Und natürlich ist schnell klar, wem der überraschende Wetterwechsel zu verdanken ist. Es passt zum Bild jenes Menschen, dem alles gelingt. Der als Weltmeister, Europameister, Europa- und Weltpokalsieger vom Weißbierglas in die Torwand trifft, den Cup der Verlierer gewinnt, die WM nach Deutschland holt, ein Stadion baut und jetzt auch noch das schöne Wetter herbeihext. Der Kaiser, die sonnenumflutete Glücksgestalt. Als sei er jetzt sein eigenes Lieblingswort. Ein Zauberer.

Auch für Beckenbauer werden es fröhlich unbeschwerte Wochen, auf der Tribüne bei den Spielen hat er seine Ruhe, weil es, wie er einmal berichtet, niemand wage, ihn anzusprechen. In der Annahme, er sei so beschäftigt. Zu einem Erlebnis werden auch die Hubschrauberflüge, bei denen er sich von seinem langjährigen Freund und Piloten Hans Ostler quer durch die Republik fliegen lässt, mit einer Agusta Power E, dem Rolls-Royce unter den Helikoptern. Mit einer Maximalgeschwindigkeit von Tempo 300, zwei Triebwerken von je 640 PS und exklusiver Lederausstattung im Inneren. Beckenbauer schwärmt von seinen Reisen über Deutschland und sagt nach seinen Betrachtungen aus der Vogelperspektive: »Das Land, in dem wir leben, ist ein Paradies.«

Eigentlich will er 48 der 64 Spiele besuchen, dass es nur

46 werden und er am 23. Juni auf die Begegnungen zwischen Saudi-Arabien und Spanien in Kaiserslautern und Schweiz gegen Südkorea in Hannover verzichtet, liegt an seinem kurzen Abstecher in die Wahlheimat Tirol. An jenem Freitag, mitten während der WM, gibt er seiner Heidi im Rathaus von Oberndorf bei Kitzbühel das Jawort. Der Hochzeitstermin ist bereits seit April unter strengster Verschwiegenheit fest geplant, nach der Trauung durch Bürgermeister Hans Schweigkofler, der zur Zeremonie selbst gepflückte dunkle Pfingstrosen aus seinem Garten mitbringt, feiert das Paar im allerengsten Kreis mit seinem Bruder Walter, den Kindern Joel und Francesca und der Trauzeugin Petra Zamek bei einem feinen Dinner im Schlosshotel Lebenberg. Kitzbühel werden sie bald hinter sich lassen, mit seiner dritten Frau und den beiden Kindern wird Beckenbauer in eine schmucke Neubau-Villa im Salzburger Stadtteil Parsch umziehen. Erst einmal geht aber am Tag nach der Vermählung die Tour de Franz bei der WM weiter, fliegen die Eheleute zu den Achtelfinalspielen zwischen Deutschland und Schweden in München und Argentinien gegen Mexiko in Leipzig.

Beckenbauer sieht auch das mitreißende Halbfinale in Dortmund, als Deutschlands Hoffnungen mit dem 0:2 gegen Italien zerplatzen, sowie Spiel 64 in Berlin, das Finale der Squadra Azzurra gegen die Équipe Tricolore samt Kopfstoß von Zinedine Zidane gegen Marco Materazzi nach wenig schmeichelhaften Worten des Italieners über die Schwester des französischen Topstars. Beckenbauer, so scheint es, hat mit dem Ende der so harmonisch und reibungslos verlaufenen Weltmeisterschaft und einer der allerschönsten in der Fußballgeschichte, alles erreicht. Was soll jetzt noch kommen? Sicher, da ist noch die Sache mit dem Sitz im FIFA-Exekutivkomitee, in das er sich 2007 von der UEFA als einer der europäischen Vertreter wählen lässt. Aber wirklich erfüllend wirkt das nicht.

Das Verhältnis zu den Klubgranden Hoeneß und Rummenigge ist weiter angespannt, immer wieder mischt sich Beckenbauer mit Kommentaren zur Kaderplanung ein, schimpft über fehlende Qualität beim Personal. Eine gängige Formulierung von Hoeneß damals ist: »Ich habe nicht das Gefühl, dass der Franz weiß, was er sagt.« Oder auch: »Ich weiß nicht, ob der Franz nah genug dran ist, um das beurteilen zu können.« Ist er eher nicht, macht dem Franz aber nichts. Die beiden Bayern-Bosse kosten ihre Macht genüsslich aus, nach der Entlassung von Trainer Felix Magath 2007 sagt Rummenigge: »Wir haben Fakten geschaffen und danach den Franz informiert.«

Als Jürgen Klinsmann ab 2008 mit einem Zweijahresvertrag an der Säbener Straße Buddha-Statuen aufstellt und den FC Bayern trainiert, vermittelt ihm Beckenbauer die Schwere der Aufgabe im täglichen Miteinander mit den Alpha-Egos KHR und Uli H. »Ich kann nur hoffen, dass er die zwei Jahre durchhält.« Tut er natürlich nicht, Ende April 2009 wird er schon wieder gefeuert. Im Sommer wettert Beckenbauer noch gegen Neuzugang Franck Ribéry, dem er reine Söldnermentalität unterstellt (»Ein Franzos, dem ist München wurscht«), bevor er sich nach 15 Jahren als Präsident nicht mehr der Wiederwahl stellt und bei der Jahreshauptversammlung am Jahresende abtritt. Garniert wird der Abend mit einer verträumten Ode des romantischen Dichters Karl-Heinz Rummenigge, als er anstimmt: »Lieber Franz, ich danke dir sehr, das fällt uns nicht schwer, danke dir ganz toll, weiß gar nicht, was ich sagen soll, du bist ein Schatz, dies sage ich in diesem Satz.« Bedauerlich nur, dass sich der Bayern-Chef neben reichlich Spott auch noch die Plagiatsklage einer Hobby-Dichtern namens Frau Pfeiffer-Klärle aus dem hessischen Rödermark einhandelt, die auf ihrer Homepage genau solch einen Text gegen Honorar anbietet. Der FC Bayern zahlt der Zeilenschmiedin 1000 Euro.

Im Interview mit dem *SZ-Magazin* zum 65. Geburtstag im

September 2010 erklärt Franz Beckenbauer: »Ich will mein Leben etwas aufräumen.« Mehr Zeit in der Heimat verbringen wolle er, nicht mehr um die Welt reisen, auf den Breitengraden bleiben, auf denen er sich wohlfühle, wie er sagt, zwischen Oberbayern und Oberitalien, zwischen Kitzbühel und Salzburg. Alte Anekdoten packt er aus wie das Gespräch mit dem saudischen Kronprinzen Sultan zum Thema Polygamie, bei dem der Fürst das große Klagelied angestimmt habe: »Jede Frau stellt Ansprüche. Kaufst du einer einen Ring, wollen die drei anderen auch einen, der noch viel teurer ist. Es ist lange nicht mehr so lustig, wie es früher einmal war.« Um dann dem Gast aus Germany den guten Rat mit auf den Weg mitzugeben: »Lassen Sie das mit den Frauen lieber ganz, das bringt ja nichts.«

2011 tritt Beckenbauer als Exko-Mitglied der FIFA schon wieder ab, er sagt: »Ich denke, es reicht langsam. Joel und Francesca sind zehn und sieben Jahre alt. Mit 65 geht man in Rente, und das tue ich jetzt auch.« Im Sommer 2012 wird es mal kurz unruhig, weniger wegen seines lukrativen Werbedeals als Partner und Botschafter der Russian Gas Society, um für die Olympischen Winterspiele 2014 in Sotschi und die Fußball-WM 2018 in Russland zu trommeln. »Russland ist ein bedeutender Zukunftsmarkt«, sagt Beckenbauer. Unruhe gibt es auch wegen der Spekulationen, Gazprom könne die Telekom als Hauptsponsor des FC Bayern ablösen. Unruhe gibt es vor allem aufgrund von Aussagen des in Bedrängnis geratenen Sepp Blatter.

Im Zuge der Enthüllungen um den ISL-Korruptionsskandal und der Schmiergeldzahlungen an seinen Vorgänger Havelange und dessen Schwiegersohn Teixeira räumt der FIFA-Boss ein, in seiner Funktion als damaliger Generalsekretär von den Mauscheleien Kenntnis gehabt zu haben, in seiner Tatenlosigkeit sehe er aber keinen Fehler. Schließlich habe man solche Transaktionen zu jener Zeit auch noch »als Geschäftsaufwand von den Steuern abziehen« können. Auf die empörte Reaktion des inzwischen zum DFB-Präsidenten aufgestiegenen und nun von Blatter abrückenden Wolfgang Niersbach packt Blatter dann die große Keule aus, mit der Unterstellung, Deutschland habe ein krummes Ding gedreht bei der WM-Vergabe.

»Gekaufte WM«, sagt Blatter und fährt in Anspielung auf Charles Dempsey fort, »da erinnere ich mich an die WM-Vergabe für 2006, wo im letzten Moment jemand den Raum verließ. Vielleicht war ich da gutmütig und naiv.« Auf Nachfrage, ob er vermute, die WM sei gekauft worden, erwidert er: »Ich vermute nichts. Ich stelle fest.« Tags darauf erklärt Wolfgang Niersbach: »Ich bin total gelassen, weil ich ein absolut reines Gewissen habe. Ich war vom ersten Tag an dabei bis zur Entscheidung am 6. Juli 2000. Wir haben sauber gearbeitet.« Dabei bleibt es auch, der Sturm um die Blatter-Äußerungen ebbt erst einmal wieder ab.

Doch dann nimmt das Donnergrollen wieder zu, wird das Wetterleuchten über dem Kaiser wieder stärker. Dafür sorgen Recherchen der *Sunday Times*, die Anfang Juni 2014 den Namen Beckenbauer im Zuge von Schmiergeldzahlungen rund um die Vergabe der WM 2022 nach Katar erwähnt. Demnach soll Beckenbauer als Berater einer Hamburger Reederei zusammen mit deren Managern nach Katar gereist sein. Zu Unternehmer und Geschäftsmann Mohamed Bin Hammam, der als Chef des katarischen Fußballverbandes wie auch als Präsident der gesamtasiatischen Konföderation AFC und als FIFA-Exko-Mitglied ein einflussreicher Mann in der Welt des Fußballs ist. Dem Bericht zufolge habe die deutsche Delegation bei dem Besuch über denkbare Investitionen Katars in die Seeschifffahrt diskutiert, zu einem Abschluss sei es aber nicht gekommen. Einen Beigeschmack bekommt die Visite durch einen weiteren Bericht der *Sunday Times* in den Juni-Tagen 2014, wonach Bin Hammam seiner Heimat durch Schmiergeldzahlungen in Höhe von mehr als fünf Millionen Dollar an Exko-Mitglieder die nötigen Stimmen für die Vergabe der WM für 2022 verschafft haben soll.

Belege für Zahlungen an Beckenbauer, der 2010 als stimmberechtigtes Mitglied bei der Doppelvergabe der WM 2018 nach Russland und eben 2022 nach Katar im FIFA-Exekutivkomitee sitzt, gibt es keine. Dass Beckenbauer plötzlich von der FIFA kurz für 90 Tage gesperrt und als Persona non grata von allen Veranstaltungen des Weltverbands ausgeschlossen wird, hat einen anderen Grund. Und zwar seine Weigerung, die Fragen des für die Aufklärung der Korruptionsvorwürfe zu den WM-Vergaben 2018 und 2022 zuständigen Chefermittlers Michael Garcia zu beantworten. Als Beckenbauer von der Sperre erfährt, die ihm auch untersagt, Spiele der in jenen Tagen beginnenden WM in Brasilien zu besuchen, denkt er an einen Aprilscherz und erklärt auf *Sky*, warum er den Garcia-Fragebogen nicht auszufüllen gedachte. »Ich sollte circa 130 Fragen beantworten, darunter zum Beispiel die Frage, wie alt meine Großmutter war, als sie gestorben ist. Darauf hatte ich keine Lust«, sagt er, die wirklich relevanten Fragen »kamen in Juristen-Englisch«, die er so nicht verstanden habe. Seiner Bitte, ihm das Schriftstück auf Deutsch auszuhändigen, sei nicht nachgekommen worden. Worauf Beckenbauer sagte: »Dann eben nicht.«

Jemals Geld dafür bekommen zu haben, für Russland oder/und Katar zu stimmen, bestreitet er mit allem Nachdruck. Auch bei einer Reise nach Katar 2009, ein Jahr vor der Entscheidung, habe er keine Zuwendungen bekommen. Damit wiederholt er seine Aussage aus einem bereits einige Jahre zuvor geführten TV-Interview mit Al Jazeera. »Personal to me neverever come somebody to offer me something for whatever give me your vote for whatever worldcup eighteen oder twentytwo never.« Wem er seine Stimme gegeben habe, wird der Kaiser nie verraten.

Mit den Russen versteht er sich, wie man anhand des Werbedeals mit den Gas-Riesen sieht, in jedem Fall gut. Und auch Katar findet er in Ordnung, wie sich unter anderem im Herbst 2013 zeigt, bei seiner denkwürdigen Äußerung zur Kritik an menschenunwürdigen Bedingungen für die Wanderarbeiter auf den WM-Baustellen, als er erklärt: »Also, ich hab noch keinen einzigen Sklaven in Katar gesehen. Die laufen alle frei rum.« Schließlich seien die Menschen dort weder »in Ketten gefesselt«, noch hätten sie »irgendwelche Büßerkappen am Kopf«. Aussagen, die nachvollziehbarerweise für große Empörung sorgen. Amnesty International moniert »Ignoranz und Kurzsichtigkeit«.

Die Sperre der FIFA im Sommer 2014 wird jedenfalls dann doch recht bald wieder aufgehoben, nur zwei Wochen nach ihrer Verhängung. Beckenbauer nämlich kooperiert und schickt nun rasch den offensichtlich auch mit dem Todesalter der Oma ausgefüllten Fragebogen per Fax und auch per Mail an Michael Garcia zurück. Aus Verärgerung über die FIFA aber reist er trotz der Einladung von DFB-Präsident Niersbach nicht zum Finale nach Rio de Janeiro, das Tor von Mario Götze in der Verlängerung gegen Argentinien verfolgt er aus der Ferne. So ist es der vierte Titelgewinn einer deutschen Nationalmannschaft bei einer WM und erst der zweite, an dem er nicht beteiligt ist. Vom ersten hörte er als achtjähriger Bub daheim in Giesing am Röhrenradio. Nach dem Triumph als Spieler 1974 und als Trainer 1990 sieht er nun den Finalsieg 2014 im Alter von 68 Jahren auf dem heimischen Sofa in Salzburg auf dem Flachbildschirm.

Ein Jahr später wird man sich dann wieder an den Triumph von Italien 1990 erinnern. Das 25-jährige Jubiläum steht an im Sommer 2015, zum Jahrestag des Endspiels gegen Argentinien treffen sich 15 der Weltmeister mit ihrem damaligen Teamchef zur Reminiszenz im Hotel Seeleiten am Kalterer See, dem damaligen Vorbereitungs-Quartier im Südtiroler Trainingslager vor der WM. Ein rundum harmonisches Beisammensein, Beckenbauer schwärmt noch einmal von der so herzlichen italienischen Gastfreundlichkeit, die »uns über Mailand bis nach Rom getragen« habe. Es ist noch mal ein launiger und unbeschwert anmutender Auftritt von Beckenbauer, der da vor gedeckten Tischen im weißen Hemd am Mikrofon von den schönen Neunziger-Zeiten plaudert.

Der lässige alte Franz eben. Der er bald nicht mehr sein wird.

Und das wegen zweier Ereignisse, die wenige Wochen später in kurzem Zeitraum aufeinanderfolgen, die eine Zäsur in seiner Vita markieren – und die sein weiteres Leben für immer verändern.

KAPITEL 23

Von 6,7 Millionen Euro, einer kaputten Kirchenorgel und Kniestrümpfen für Mrs. Warner: Erkenntnisse zum Sommermärchen

Stephan Beckenbauer hätte auch einen anderen Beruf wählen können. Anlageberater oder Psychiater wie seine Brüder Thomas und Michael etwa. Oder vielleicht auch ganz was anderes. Aber Stephan wollte immer nur Fußballer werden. Wie sein Papa Franz.

Das Talent ist auch da, mit 18 beginnt er die Karriere bei den Amateuren des FC Bayern, nach seinem Wechsel zu Sechzig haben nun auch die Löwen endlich einen Beckenbauer, war es doch mit dem alten Franz nie etwas geworden. Über Kickers Offenbach und den FC Grenchen in der Schweiz kommt Stephan 1992 zum 1. FC Saarbrücken, spielt ein Jahr Bundesliga, Innenverteidiger. Beim 1:1 gegen den FC Bayern im heimischen Ludwigspark zeigt er unter den Augen seines Vaters auf der Tribüne ein starkes Spiel gegen Stürmer Bruno Labbadia. Aber für die ganz große Laufbahn reicht es nicht. Der Name Beckenbauer bleibt eine große Bürde, immer kommen die Vergleiche, immer bleibt der Stephan »der Sohn von«. Der Sohn des Kaisers. Der Sohn der Lichtgestalt. Der Sohn vom Franz.

Der Sohn eines Vaters, den er kaum kennt. Denn Franz Beckenbauer ist überall auf der Welt, aber nur selten zu Hause. Er ist nicht der stabile Halt, der einem Sohn Sicherheit gibt. »Was ich von meinem Vater weiß«, sagt der einmal in jungen Jahren, »erfahre ich aus der Zeitung.« Eine wirklich innige, herzliche Bindung kommt nie zustande, Stephan muss stattdessen um väterliche Anerkennung kämpfen. Die älteren Brüder gehen ihren eigenen Weg, dort mischt sich der Alte auch nicht ein. Bei seinem jüngsten Sohn aus der Ehe mit Brigitte hingegen schon, wenn der Vater zugeschaut habe, sagt Stephan einmal, sei er »pausenlos kritisiert« worden.

In späteren Jahren reflektiert Franz Beckenbauer immer öfter über seine Versäumnisse, Brigitte habe ihm damals einfach den Rücken freigehalten und alles abgenommen, er musste sich um nichts kümmern, auch nicht um die eigenen Kinder. »Ich habe nicht gewusst, was Verantwortung gegenüber der Familie heißt«, sagt er rund um seinen 60. Geburtstag 2005. »Ich war ein schlechter Vater, weil ich nie da war.«

Nach der Rückkehr aus Saarbrücken nach München spielt Stephan Beckenbauer noch drei Jahre für die zweite Mannschaft der Bayern, eine Knieverletzung beendet mit 29 seine Karriere. Stephan wird Trainer der B-Junioren seines Heimatvereins, gewinnt mit der U17 zweimal die Deutsche Meisterschaft, wechselt 2012 in die Talentsichtung der U12/U13. Ein Jahr später erfährt er beim Arzt die Diagnose: Hirntumor. Stephan ist 44.

Zwei Jahre dauert der Kampf, zwei Jahre, in denen Franz Beckenbauer sich um die optimale medizinische Betreuung bei den besten Spezialisten kümmert, doch der Tumor ist nicht operabel. Und auch die Hoffnungen auf eine neuartige Immuntherapie zur Zerstörung der Krebszellen zerschlagen sich. Ende Juli 2015 verliert Stephan das Bewusstsein, zwei Tage liegt er zu Hause noch im Koma, im Beisein seiner Frau Nicole, der Kinder Elias, Luca und Dominik und von Vater Franz, der in den letzten Stunden am Bett seines Sohnes wacht. Zum Schluss ist er doch noch da. Dann stirbt Stephan Beckenbauer, mit 46.

Eine Woche später steht Franz Beckenbauer dann wieder am Perlacher Friedhof. Dort, wo er seinen Vater Franz 1977 und seine Mutter Antonie 2006 verabschiedete, trägt er nun seinen

Sohn zu Grabe. Vom Band singt Reinhard Fendrich die Ballade vom Herz und dem Bergwerk: »Weil mir warm wird, wenn du lachst, und an Herbst zum Summa machst.«

Vater Beckenbauer macht sich rar in den kommenden Wochen, er zieht sich aus der Öffentlichkeit zurück, sagt Interview-Anfragen ab, so wie auch Feierlichkeiten und Ehrungen zu seinem 70. Geburtstag im September 2015.

Unabhängig voneinander werden enge Weggefährten später berichten, dass Stephans Tod eines der beiden einschneidenden Ereignisse gewesen sei, von denen sich Franz Beckenbauer nie mehr so richtig erholt habe. Das andere folgt kurz darauf, Mitte Oktober. Mit den Enthüllungen des *Spiegel* zu dubiosen Geldflüssen rund um die WM-Vergabe 2006. Unter dem Titel »Das zerstörte Sommermärchen« vorn mittig auf dem Cover des Magazins abgebildet: Franz Beckenbauer. Links von ihm Wolfgang Niersbach. Zur Rechten: ein Mann mit Zigarre, der 2009 verstorbene und bereits kurz erwähnte einstige Adidas-Chef Robert Louis-Dreyfus.

Es geht im Kern der Geschichte um ein Darlehen des französischen Managers an das Organisationskomitee der WM 2006 für eine Überweisung von zehn Millionen Franken, umgerechnet 6,7 Millionen Euro, auf das Konto der Firma Kemco in Katar. Dort der alleinige Anteilseigner des Unternehmens: Mohamed Bin Hammam. Als Louis-Dreyfus später sein Darlehen zurückverlangt habe, habe der DFB besagte 6,7 Millionen Euro aus einer schwarzen Kasse undeklariert an die FIFA als unauffälligen Zwischenhändler überwiesen, mit dem Vermerk »Kulturprogramm«. Vom Konto beim Weltverband sei der Betrag unmittelbar nach Eingang weiter an RLD verbucht worden, die Initialen für Robert Louis-Dreyfus.

Der Bericht wird zu einer Initialzündung für weitere Investigativ-Recherchen, die sich über Monate und Jahre hinziehen. Im Zentrum stehen dabei immer wieder die besagten 6,7 Millionen Euro, ein Geldbetrag, der fortan zum Inbegriff um die Vorgänge der Sommermärchen-Affäre wird.

Im März 2016 veröffentlicht die vom DFB beauftragte Kanzlei Freshfields ihren Untersuchungsbericht und schildert die Zahlungsströme noch etwas detaillierter. Demnach flossen von einem Konto, das offenbar alternativ Franz Beckenbauer und Robert Schwan als Inhaber führte, zwischen Mai und Juli 2002 in vier Tranchen unter dem Vermerk »Erwerb von TV und Marketing Rechten Asien Spiele 2006« sechs Millionen Franken auf das Konto einer Schweizer Anwaltskanzlei in Sarnen – jenem Ort im Kanton Obwalden, an den Beckenbauer 1977 seinen offiziellen Wohnsitz verlegt hatte. Vom Konto der Schweizer Kanzlei wiederum wurde der Betrag ohne Abzüge auf das Kemco-Konto bei der Doha Bank in Katar weitergeleitet. Im August 2002 kam nun RLD ins Spiel, er überwies zehn Millionen Franken auf das Anwaltskonto in Sarnen, sechs davon flossen zurück auf das Konto von Beckenbauer und Schwan, der fünf Tage nach Zahlung der vierten Tranche verstarb. Die übrigen vier Dreyfus-Millionen flossen ebenfalls an Bin Hammams Kemco in Katar.

Als Louis-Dreyfus schließlich sein Geld wieder zurückwollte, überwies der DFB im April 2006 mit dem Vermerk »Kostenbeteiligung FIFA Football Gala« die 6,7 Millionen Euro auf ein Konto der FIFA bei der UBS in Zürich, von dort floss das Geld dann direkt weiter an den Darlehensgeber.

Offen blieb nur die Frage, weshalb das Ganze eigentlich? Wofür kassierte Bin Hammam 2002 die insgesamt zehn Millionen Franken, zwei Jahre nach der Vergabe der WM 2006? Eine, wie beharrlich spekuliert wird, lange in Aussicht gestellte und nun verspätet überwiesene Schmiergeldzahlung, um sich die Stimmen der vier für den Zuschlag so wichtigen asiatischen Exko-Delegierten zu sichern, als da wären neben dem Katari Bin Hammam der Südkoreaner Chung Mong-Joon, Abdullah

Al Dabal aus Saudi-Arabien und der Thailänder Worawi Makudi?

Warum die Geheimniskrämerei? Was soll vertuscht werden? Hat es vielleicht mit einem ganz anderen Thema zu tun? Die erste vom Schweizer Anwaltskonto auf das Kemco-Konto weitergeleitete Tranche wird schließlich just am Tag nach der Wiederwahl von Sepp Blatter als FIFA-Präsident verbucht. Ging es gar um Stimmen für den Schweizer Amtsinhaber? Aber warum eigentlich?

Da ist noch die von DFB-Boss Niersbach nach dem ersten *Spiegel*-Bericht in Umlauf gebrachte Version, die 10 Millionen Franken seien an die FIFA geflossen, um sich einen Zuschuss von 250 Millionen Franken für die Unterstützung der Organisationsdurchführung zu sichern. Hä? 10 Millionen überweisen, um dafür 250 Millionen zu bekommen? Klingt eher wie ein Fall für Eduard Zimmermann in *Vorsicht Falle! – Nepper, Schlepper, Bauernfänger*.

Und was sagt Beckenbauer? In einem langen Interview mit der *Süddeutschen Zeitung* geht er zunächst noch einmal intensiv ein auf die Tage vor der Wahl in Zürich. Spricht über die Anspannung, die ihn trotz aller Zuversicht bis zur Bekanntgabe durch Blatter umgetrieben habe (»Plötzlich kriegt einer 'nen Zitterer und das Kreuz geht woanders hin«), aber auch über seine Gespräche mit Charles Dempsey, der ihm vier Tage vor der Wahl offenbart habe, wie sehr ihn seine eigene Regierung unter Druck setzen würde um für Südafrika zu stimmen, und dass sich sogar Nelson Mandela bei ihm persönlich gemeldet habe. Und wie sehr der Neuseeländer in der Zwickmühle gesteckt habe, hätte er doch kurz zuvor dem DFB schriftlich bestätigt, nach einem Ausscheiden Englands für die deutsche Bewerbung zu stimmen. »Da hab ich gesagt: Charly, sag ich, du hast es uns versprochen, wir haben es auch schriftlich, aber: Reg dich nicht auf, mach, was du willst.«

Und dann geht es um den fünf Wochen zuvor veröffentlichten *Spiegel*-Bericht. Auch Beckenbauer stützt sich auf die These mit den 250 Millionen Franken, deren Auszahlung an eine vorherige Überweisung von 10 Millionen Franken an Bin Hammam, den damaligen Chef der FIFA-Finanzkommission, gekoppelt gewesen sei. »Ich wollte das so schnell wie möglich erledigt haben«, sagt Beckenbauer, deswegen habe er sofort das Geld überwiesen. »Ich ging davon aus, dass die zehn Millionen Euro in die Finanzkommission fließen.« Und: »Wir wollten die WM organisieren, alles andere war mir wurscht. Ich habe nur die 250 Millionen gesehen. Damit war die WM gerettet.«

Es geht neben den Geldflüssen auf sonderbaren Kanälen nach Katar und zurück an RLD aber auch um ein ganz anderes Thema, die geheime Vereinbarung zwischen Franz Beckenbauer und Jack Warner am 2. Juli 2000. Am Tag, als Beckenbauer, wie erwähnt, mit Charles Dempsey spricht, trifft er sich am Rande des EM-Endspiels zwischen Frankreich und Italien in Rotterdam auch mit Jack Warner, dem Unternehmer aus Trinidad & Tobago und schillernden Präsidenten der CONCACAF, dem Kontinentalverband für Nord- und Mittelamerika. Eine Art Bin Hammam der Karibik. Als FIFA-Vizepräsident gilt er als einer der mächtigsten und einflussreichsten Männer, der milden Gaben und generösen Gefälligkeiten nicht abgeneigt ist. Über ihn heißt es, er halte sogar noch nachts im Schlaf die Hand aus dem Bett, damit jemand doch bitte Geld hineinlegen möge. Insider nennen ihn auch »Jack the Ripper«.

Wie aus dem Freshfields-Report hervorgeht, vereinbart Beckenbauer im Namen des DFB mit Jack Warner an jenem 2. Juli also verschiedene geldwerte Leistungen, darunter die Entsendung von Ausrüstung sowie von Trainern für die Verbände der CONCACAF, man sichert das Drucken von Nationalflaggen und Tickets für die Qualifikationsspiele seines Heimatlandes zu inklusive – Achtung – Kostenübernahme für Flugtickets erster

Klasse zu deren Abholung. Und Jack Warner soll auch noch 1000 Tickets der besten Kategorie für die Spiele der WM-Endrunde 2006 erhalten. Ein Vertrag, der ein Gesamtvolumen von zehn Millionen Mark beinhaltet. Und das vier Tage vor Zürich.

Laut dem Freshfields-Report wird später einiges darauf hindeuten, »dass die in der Vereinbarung vorgesehenen Leistungen zumindest teilweise erbracht wurden«. Auf Seite 354 des Freshfields-Berichts findet sich der schöne Vermerk über die Befragung des DFB-Generalsekretärs: »Horst R. Schmidt erklärte weiter, dass es sich bei den Leistungen an Jack Warner im weiteren Sinn um Entwicklungshilfe gehandelt habe.«

Im *SZ*-Interview räumt Beckenbauer die engen Kontakte, das Buhlen um die Gunst von Warner und seiner Gefolgsleute in Nord- und Mittelamerika ein. »Wenn wir irgendwohin gefahren sind, nach Trinidad oder sonst wohin, dann war ja klar, dass wir dort nicht zum Kaffeetrinken sind, sondern weil wir die Stimme haben wollten.« Die Hoffnungen auf Warners Votum (»Meine Stimme kriegt ihr nicht«) seien eigentlich gleich null gewesen, den Zeitpunkt des Vertragsabschlusses unmittelbar vor der entscheidenden Abstimmung hält auch Beckenbauer im Nachhinein für unglücklich. »Da gebe ich Ihnen recht, das sieht komisch aus.«

Doch Ahnung vom Inhalt wie von so vielen anderen Dokumenten, die seine Signatur tragen, die habe er nie gehabt. Sagt Beckenbauer. »Wissen Sie, was ich damals unterschrieben habe«, erklärt er den vier *SZ*-Redakteuren, »Tausende von Briefen, Tausende von Erklärungen, Tausende Vereinbarungen. Ich habe immer alles einfach unterschrieben, ich habe sogar blanko unterschrieben.« So sei es ja auch schon beim FC Bayern gewesen, schiebt er nach: »Sie werden doch nicht glauben, dass ich nur eine einzige Vereinbarung oder nur ein einziges Dokument gelesen habe. Wenn ich das anders gemacht hätte, tät ich heut' noch lesen. Sie glauben es nicht, aber das ist so! Wenn ich jemandem vertraue, unterschreibe ich alles. Blanko. Alles unterschreibe ich dem.«

Mit der Zeit kommen immer mehr Besonderheiten ans Licht, bei denen auch das Imperium des Medienmoguls Leo Kirch eine große Rolle spielt. Kirch sichert sich 1996 die TV-Rechte für die bereits nach Japan und Südkorea vergebene WM 2002, so wie auch für das Turnier 2006, bei dem der Austragungsort zum Zeitpunkt des Erwerbs damals ja noch gar nicht feststand. Klar war für Kirch, eine deutlich publikumswirksamere WM im eigenen Land würde dank der größeren Strahlkraft rund 250 bis 300 Millionen Mark mehr an Werbeerlösen bringen. Heißt: Kirch und sein Konzern haben ein großes systemimmanentes Interesse, dass Sepp Blatter bei der Vergabe in Zürich Deutschland aus dem Kuvert ziehen wird.

Die Reihe der in diesem Zusammenhang schon grotesk anmutenden Begleiterscheinungen ist lang. Etwa ein mit einer Million Mark dotierter Beratervertrag für den Präsidenten des maltesischen Fußballverbandes Joseph Mifsud im Zusammenhang mit der Vorbereitung einer Eishockey-Weltmeisterschaft. Malta? Eishockey? Egal, Mifsud sitzt eben im Exekutivkomitee der FIFA und stimmt mit über die WM 2006 ab, er erscheint als wankelmütig und muss für seine Unterstützung der DFB-Bewerbung noch überzeugt werden.

Oder auch, rund zwei Wochen vor dem 6. Juli in Zürich, ein Vertrag des Kirch-Konzerns mit dem libanesischen Geschäftsmann Elias Zaccour, so schreibt es der *Spiegel*. Der umtriebige Unternehmer sitzt zwar nicht im Exko, ist aber als alter Kumpel von João Havelange bestens vernetzt mit der alteingesessenen Funktionärsgarde Südamerikas. Mit Ricardo Teixeira, aber auch dem argentinischen Verbandspräsidenten Julio Humberto Grondona, dem Paten, den man allgemein nur »Don Julio« nennt. Gehen sie jetzt kurz vor Schluss auch noch in Südamerika auf Stimmenfang?

Eingespannt wird aber auch der FC Bayern. Schon 1999 sagt Beckenbauer bei seinen Wahlkampfreisen um den Globus immer wieder nicht nur Gastspiele der Nationalmannschaft zu, sondern auch des Rekordmeisters, dem weltweit bekanntesten und letztlich auch einzigen Vorzeigeklub des Landes. Die Bayern kennt jeder Fußballfan im hinterletzten Winkel der Erde, spielen werden sie allerdings nur just in jenen Ländern, aus denen auch stimmberechtige Funktionäre der FIFA-Exco stammen. In Thailand, in Tunesien und auch in Malta, der Heimat des Eishockey-Experten Mr. Mifsud. Überall geht es dabei um – zumindest für die jeweiligen Gastgeber – lukrative Verträge, der an einer WM in Deutschland sehr interessierte Kirch-Konzern zahlt für Übertragungsrechte und Bandenwerbung stattliche Beträge in zumindest sechsstelliger Höhe.

So wird das Spiel zwischen dem FC Bayern und der Nationalelf Maltas wenige Tage vor der Vergabe in Zürich mit Joseph Mifsud vertraglich vereinbart und für Januar 2001 terminiert, der Verband der kleinen Mittelmeerinsel erhält dafür von der im Kirch-Imperium einverleibten Schweizer Agentur CWL einen Betrag von 250000 Dollar zugesichert. Geschäftsführer der CWL damals: Günter Netzer. Der damalige Schatzmeister und spätere Präsident des Verbands Norman Darmanin Demajo wird einmal erklären, dass er erst lange nach der Vertragsunterzeichnung vom geheimen CWL-Mifsud-Deal überhaupt erfahren habe. »Vier Monate nachdem der FC Bayern den Kontrakt unterzeichnet hat, wurde ich informiert, dass 250000 Dollar vom Himmel in unsere Verbandskasse gefallen sind«, erklärt Demajo 2015.

Auch auf den tunesischen Verband prasselt ein warmer Geldregen nieder, hier geht es gar um eine Zahlung von 300000 Dollar für den Auftritt des FC Bayern gegen Esperance Tunis, den Klub des Schwiegersohns des tunesischen Staatspräsidenten, in direktem Anschluss an die Malta-Reise im Januar 2001.

Noch fünf Wochen vor der Vergabe spielen die Bayern dagegen schon gegen die Nationalmannschaft Thailands, im Juni 2000. Beckenbauer nennt den Trip nach Bangkok im Rahmen einer DFB-Präsidiumssitzung als »nächste Maßnahme« in der »absoluten Schlussphase« der WM-Bewerbung. Dass es sich nicht um ein völlig von der WM 2006 losgelöstes Freundschaftsspiel handelt und es stattdessen durchaus einen Zusammenhang mit der WM-Bewerbung gibt, unterstreicht die Tatsache, dass der DFB auf Vorschlag von Horst R. Schmidt dem FC Bayern die Hälfte der Reisekosten nach Thailand erstattet.

Ein bereits so gut wie vereinbarter Kick in Trinidad und Tobago hingegen entfällt, sicher auch sehr zum Bedauern von Jack Warner. Aber dafür darf sich der mächtige Mann ja über andere Gefälligkeiten freuen, exemplarisch dafür steht die wunderbare Geschichte mit der Kirchenorgel, über die auch heute noch gern erzählt wird, wenn man sich in den Kreisen des damaligen Organisationskomitees umhört.

Weil in Warners Lieblingskirche, der historischen Hanover Methodist Church an der Ecke Duke und Abercromby Street in der Hauptstadt Port of Spain, nämlich die Orgel kaputt ist, lässt sich der DFB nicht lumpen und überweist generös 20000 Dollar für die Reparatur des Instruments. Eine noble Geste, für die sich Warner herzlich bedankt, schließlich sei die Orgel »sowohl ein wertvolles Musikinstrument als auch Teil des kulturellen Erbes der gesamten karibischen Region«. Dafür kann man schon mal spenden. Aber für Warner gibt es ja noch viel mehr Wohltaten.

Auf eine im April 2000 ausgesprochene Einladung von Fedor Radmann reisen Jack und seine Frau Maureen Ende Mai für fünf Tage nach München. »We are very much looking forward to welcoming you in Munich and I will pick you up at the airport upon your arrival«, schreibt Radmann an Warner. Die Kosten, das weiß Warner upon his arrival natürlich schon längst, übernimmt selbstverständlich komplett der DFB: also die Flüge in Höhe von 28326,78 Mark sowie die Suite im Hotel Vier Jahreszeiten in der Maximilianstraße zu einem Preis von 9403,60 Mark inklusive der Einrichtung einer eigenen Telefonleitung und eines privaten Faxgeräts. Dazu kommen Bewirtungskosten in Höhe von rund 1800 Mark sowie diverse Barauslagen mit einem Betrag von 581,78 Mark. In der von Horst R. Schmidt aufgelisteten Übersicht der einzelnen Posten finden sich darunter Vermerke wie »Regenschirm Mrs. Maureen Warner«, »Medikamente Mrs. Maureen Warner« oder, auch sehr schön, »Kniestrümpfe Mrs. Maureen Warner«.

Insgesamt belaufen sich die Kosten für die Reise inklusive weiterer Ausgaben wie für einen Tagestrip per Flugzeug nach Berlin samt Limousinenservice und Stadtrundfahrt auf 45670,38 Mark, fairerweise muss man freilich zugeben, dass in der Summe auch schon die 200 Fußbälle zum Gesamtpreis von 2500 Mark mit einberechnet sind, die der DFB Warners Heimatverein namens »Joe Public Football Club« selbstlos spendet. Wahrlich generöse Entwicklungshilfe eben.

Selbst wenn das Buhlen nichts bringt und Warner am Ende gar nicht für Deutschland stimmt, werfen die Gefälligkeiten doch ein sehr klares Licht auf die Gepflogenheiten und Gebräuche im Rahmen von Bewerbungen rund um Großveranstaltungen. Die Einladung an die katarische U19-Nationalmannschaft zu einem Aufenthalt in einer Sportschule in Karlsruhe, bei der der Rechnungsbetrag von 53307,24 Mark vom DFB übernommen und laut Notiz auf den »WM 2006 Etat« verbucht wird, die entsprechende Einladung an ein Nachwuchsteam aus Costa Rica, die Beckenbauer und Radmann während eines Besuchs gegenüber dem Verbandspräsidenten Isaac Sasso Sasso aussprechen, der ganz nebenbei auch im FIFA-Exekutivkomitee sitzt, all dieses Entgegenkommen ist ganz einfach ganz normaler Usus. Alltag im Wettstreit um den Zuschlag für Weltmeisterschaften oder Olympische Spiele. Man muss nur zurückdenken an die persönlichen Hintergrundgespräche mit Funktionären der Münchner Olympiabewerbung für die Winterspiele 2018. Wenn sie von ihren vielen Reisen zu den IOC-Delegierten erzählten, dann hörte man deutlich heraus, dass sie im Dialog vor Ort natürlich weniger mit dem überzeugenden Nachhaltigkeitskonzept dank der bereits vorhandenen Sportstätten in der Stadt und im südlichen Oberbayern punkten wollten. Sondern dass sie natürlich Gefälligkeiten in Aussicht stellten wie den Bau eines neuen Sportstadions auf irgendeiner Insel irgendwo in der Südsee. Und dass sie eben genauso wenig wie einst Beckenbauer und Co. nicht einfach nur kamen, um Kaffee zu trinken.

Was keineswegs außer Acht gelassen werden darf, ist die Rolle der Politik und der Wirtschaft. Am 28. Juni, acht Tage vor der Abstimmung in Zürich, beschließt der Bundessicherheitsrat unter Leitung von Kanzler Gerhard Schröder demnach die Lieferung von 1200 Panzerfäusten an Saudi-Arabien. In jenen Tagen vereinbaren auch DaimlerChrysler und die südkoreanischen Autobauer von Hyundai eine spektakuläre Allianz mit einem Volumen von mehreren Hundert Millionen Mark. Die Bayer AG kauft den südkoreanischen Kunststoffplatten-Produzenten Sewon Enterprises und stellt Investitionen in die Chemiewirtschaft des Landes in Höhe von 800 Millionen Euro in den nächsten drei Jahren in Aussicht. Und in Thailand frohlockt der Technologie-Minister unmittelbar vor der Vergabe der WM 2006 über den Einstieg von Siemens in den Handy-Markt des Landes.

Saudi-Arabien, Südkorea, Thailand – sind das nicht zufällig genau jene Länder, in denen die für den Zuschlag so wichtigen Exko-Funktionäre sitzen? Al Dabal, Chung, Makudi. Und ist nicht Chung Mong-Joon als Sohn des Hyundai-Gründers Chung Ju-yung selbst lange Manager im Autokonzern des neuen Daimler-Partners? Doch, genauso ist es. Bei all diesen milliardenschweren Geschäften stellt sich nur die Frage, spielen die vergleichsweise läppischen 6,7 Millionen Euro denn im Zusammenhang mit der Vergabe für die WM 2006 überhaupt irgendeine Rolle? Oder ist das eben ein kleines Taschengeld für Bin Hammam? Beantwortet wird die Frage wohl nie werden.

Auch der Prozess vor dem Schweizer Bundesstrafgericht in Bellinzona im Tessin bringt ab März 2020 wenig überraschend keine weiteren Erkenntnisse. Angeklagt sind wegen der dubiosen Verschleierung des verschlungenen Dreyfus-DFB-Kemco-FIFA-Deals die Altfunktionäre Zwanziger, Niersbach, Schmidt und Ex-FIFA-Generalsekretär Linsi. Franz Beckenbauer gilt nicht als Beschuldigter, aufgrund der von seinen Anwälten vorgelegten Atteste gilt er aus gesundheitlichen Gründen als nicht verhandlungsfähig. Nur zwei Wochen nach Beginn wird der Prozess aufgrund der aktuellen staatlichen Verordnungen zur Corona-Pandemie vorerst ausgesetzt, bereits Ende April kann alles schon wieder zurück zu den Akten gelegt werden, denn das vermeintliche Delikt gilt schon als verjährt. Im Februar 2021 stellt auch die Untersuchungskammer der FIFA-Ethikkommission das im März 2016 wegen des Verdachts der Bestechung und Korruption eingeleitete Verfahren gegen Beckenbauer, Zwanziger und Schmidt im Zusammenhang mit der Zahlung der zehn Millionen Schweizer Franken an Bin Hammam ein. Wenige Monate später gibt es für Zwanziger, Schmidt, Niersbach und Linsi auch aus Bellinzona wieder erfreuliche Neuigkeiten, das Bundesgericht spricht dem Quartett Entschädigungszahlungen in Höhe von fast einer Million Schweizer Franken zu, darin enthalten sind auch jeweils 15000 Franken als »Genugtuung«, wie es in der Begründung heißt, für etwaige Reputationsschäden.

Und was ist mit der Reputation von Franz Beckenbauer? Sein Ruf in der Öffentlichkeit ist nach den Enthüllungen zum Sommermärchen schwer angeschlagen. Die Veröffentlichungen im Herbst 2015, dann die Berichte ein Jahr später im September

2016, wonach Beckenbauers Engagement als WM-Chef nun keineswegs – wie stets behauptet – ehrenamtlich gewesen sein soll. Vielmehr habe er aus einem Sponsoren-Deal zwischen dem Wettanbieter Oddset und dem DFB 5,5 Millionen Euro aus dem Geldtopf des WM-OK erhalten. Mögen Beckenbauers Anwälte umgehend argumentieren, ihr Mandant habe die Millionen keineswegs im Kontext mit seinem Ehrenamt erhalten, sondern vielmehr als ganz normales und anschließend auch ordnungsgemäß versteuertes Werbehonorar für Oddset, es wird für immer etwas hängenbleiben an Beckenbauer.

In der Bewertung all der krummen Geschäfte und dubiosen Vorgänge gibt es natürlich unterschiedliche Sichtweisen und Interpretationsoptionen. Man kann sich echauffieren über den Schmutz und den Sumpf, über die miesen Machenschaften in den großen Sportverbänden wie auch über die mangelnde Transparenz und die strukturellen Krusten im Bewerbungs- und Organisationskomitee unter ihrem Chef Franz Beckenbauer. Man kann aber auch fatalistisch die Schultern zucken und entgegnen, ohne all diese Mauscheleien, ohne die zweifelhaften Begünstigungen, ohne Korruption und Bestechung, ohne die Milliardendeals durch Politik und Wirtschaft hätte Deutschland sein Sommermärchen nie erzählen dürfen.

Beckenbauer selbst zieht sich in den Jahren nach 2016 immer mehr zurück, immer seltener sieht man ihn in der Öffentlichkeit. Er ist gezeichnet von seiner angeschlagenen Gesundheit, seinen Herzproblemen und einem Augeninfarkt, der zu einer massiven Beeinträchtigung seines Sehvermögens führt und ihn auf Dauer auf dem rechten Auge ganz erblinden lässt.

In bunten Magazinen liest man Anfang 2023, dass er der alten Tradition gemäß auch diesmal wieder viele Freunde zum Neujahrs-Karpfenessen in den Kitzhof nach Kitzbühel eingeladen habe, es steht geschrieben: »Trotz gesundheitlicher Herausforderungen genießt Franz Beckenbauer sein Leben in vollen Zügen.« Karl-Heinz Rummenigge erzählt wenig später davon, dass er mit Uli Hoeneß und Paul Breitner Beckenbauer regelmäßig in Salzburg zum Mittagessen treffe.

Nach den Worten eines alten Weggefährten, der ihn über Jahrzehnte eng begleitet hat, klingt es im Frühjahr 2023 aber ganz anders. Wegen des Todes seines Sohnes, der Geschichten rund ums Sommermärchen und seines eigenen Gesundheitszustands habe er jeglichen Antrieb und alle Lebensfreude verloren. »Eigentlich«, sagt der langjährige Freund, »ist ihm jetzt so ziemlich alles wurscht.« Auch im Stadion sieht man Beckenbauer nur noch selten, manchmal in Hoffenheim beim Klub seines Freundes, dem Unternehmer Dietmar Hopp. Bei den Bayern kaum noch. Beim Treffen der Neunziger-Weltmeister zum 33. Jahrestag des Titelgewinns von Rom fehlt Beckenbauer im Juli 2023 gesundheitsbedingt, wenige Tage später fällt auch die 34. Auflage des »Kaiser-Cup«, des alljährlichen Charity-Golfturniers in Bad Griesbach aus. Der Veranstalter sagt zur Begründung: »Franz Beckenbauer muss kürzertreten.«

Noch eine Begebenheit vom Oktober 2021, als Amazon Prime eine neue Doku-Serie zum FC Bayern ankündigt, mit dem Titel *Behind the Legend*, es geht um exklusive Einblicke hinter die Kulissen, der Klub, so die Ankündigung, wie ihn noch niemand gesehen hat. Was ein spannendes, vielschichtiges und kantig kontroverses Projekt hätte werden können, entpuppt sich letztlich als oberflächlich weichgespültes Wohlfühl-Streaming, mehr so seichte Heilewelt-PR. Natürlich haben die Bayern die Oberhoheit über die Freigabe, welche Szenen gezeigt werden dürfen und welche nicht. Bei der Premierenfeier lädt der Sender ins Münchner Arri-Kino, und wer dabei war, wird nie vergessen, wie die ersten beiden Folgen eher belanglos vor sich hinplätschern, als plötzlich entsetztes Raunen und mitunter leicht erschrockenes Aufschreien durchs Auditorium wabern. Denn auf der Leinwand erscheint in einer kurzen, für die Doku aktuell produzierten Interview-Sequenz Franz Beckenbauer. Nichts ist mehr zu sehen von der einstigen Ausstrahlung, der Aura und dem Charisma. Stattdessen sieht man einen eingefallenen alten, kranken Mann. Die Lichtgestalt wirkt verglüht und ausgebrannt.

KAPITEL 24

Durchs Leben gefranzelt – der Hallodri vom Ostfriedhof und das Ende von Giasing Power: ein Resümee

Aber was bleibt nun vom Franz?

Man täte vermutlich nicht gut daran, Beckenbauer in eine Reihe mit all den zwielichtigen Sportfunktionären zu stellen, die ihr Tun und Wirken in den großen Weltverbänden FIFA und IOC über die persönliche Bereicherung und das Füllen der eigenen Taschen definieren. Die abgreifen, wo es etwas abzugreifen gibt, und seien es ein Regenschirm und die Kniestrümpfe für die Ehefrau. Nein, Beckenbauer war mit Sicherheit nie getrieben von kriminellem Kalkül, gehörten Bestechlichkeit und Korruption gewiss nicht zu seiner intrinsischen Motivation für Tun und Handeln. Aber natürlich nutzte er seine exponierte Stellung als prominentester deutscher Fußballer zur erfolgreichen Durchsetzung seiner eigenen Ziele, von den Steuergeschichten aus den Siebzigerjahren bis zur WM-Kampagne 2006. Hier ein Gschäfterl, da mal eben ein Handschlag, den Obergiesinger Schlawiner bekam er nie ganz aus sich heraus, den Hallodri vom Ostfriedhof. Basst scho.

Es wirkte bei einem wie ihm auch immer glaubwürdig, wenn er etwa beteuerte, nichts von alldem durchgelesen zu haben, was ihm im Rahmen der WM-Bewerbung oder auch in seiner Funktion als Präsident des FC Bayern von seinen engsten Gefolgsleuten als über jeden Zweifel erhabene Vertrauenspersonen vorgelegt worden sei. Mit seiner ungenierten Nonchalance hatte er ja immer Erfolg, gelang es ihm doch nach seinen zornigen

Anfangsjahren als Fußballer und Teamchef später in seiner kaiserlich erhabenen Eleganz Kritik wie Sternenstaub souverän von seinen Schultern zu wischen.

Das Problem war nur, dass ihm ab einem gewissen Punkt im immer weiter implementierten Selbstverständnis der eigenen Unfehlbarkeit die Souveränität im Umgang mit Kritik abhandengekommen war und damit auch die spielerische Leichtigkeit, vor dem Aufziehen eines Sturms etwaigen Vorwürfen schon mal augenzwinkernd prophylaktisch den Wind aus den Segeln zu nehmen. In Anlehnung an sein schönes Zitat zur Geburt seines außerehelichen Kindes neun Monate nach einer Weihnachtsfeier hätte er über die WM-Vergabe 2006 auch sagen können: »Der Herrgott freut sich über jedes Sommermärchen.« Hätte er selbst reinen Tisch gemacht und sich erklärt: Ja gut, sicherlich, ohne die Burschen bei der FIFA ordentlich zu schmieren und bestechen, da kriegst halt keine Weltmeisterschaft – die Luft wäre wohl bald wieder raus gewesen. Und auch sein Zitat zu den von ihm nicht entdeckten Sklaven in Katar zeigte, dass der Kaiser irgendwie das Gespür für die richtigen Worte im richtigen Moment verloren hatte. Der Spruch von der Büßerkappe und den Ketten, der war einfach völlig daneben.

Das war nicht mehr der Beckenbauer, dem alles glückte. Und der sich so durchs Leben franzelte.

Bleiben werden neben den vielen großen Erfolgen mit Titeln, Triumphen und Torwandtreffern vom Weißbierglas auch die Erinnerungen an einen sehr unkomplizierten, extrem nahbaren Menschen. Im Gesellschaftskosmos tummeln sich viele Menschen, die sich für VIPs auf Champions-League-Level halten und doch bei genauerer Betrachtung als C-Promi mit überschaubarer Halbwertszeit und baldigem Verfallsdatum auf Bezirksliga-Niveau vor sich hin dümpeln, die in maßlos abgehobener Selbstüberschätzung ihre Starallüren wie eine gewaltige Bugwelle vor sich her schieben. Beckenbauer hingegen bewahrte im Umgang und im Gespräch immer seine angenehm unaufgeregte Bodenständigkeit.

Es gibt viele Geschichten von Freunden, Beobachtern und Weggefährten, die über seine Großzügigkeit berichten, wenn er einem Buben als Caddy auf dem Golfplatz mal einen Hunderter zusteckte oder manchen Bedienungen in Restaurants noch ein ungleich höheres Trinkgeld. Und das nicht aus herablassender Überheblichkeit, eher aus unbekümmerter Freundlichkeit heraus. Es gibt die Erinnerung eines Münchner Fotografen aus der unmittelbaren Nachbarschaft der Zugspitzstraße, der mit Beckenbauer während eines Werbeshootings vor der WM 2006 einmal ins Gespräch kam. Hellauf begeistert habe der Franz natürlich von Obergiesinger zu Obergiesinger gleich das Du angeboten und erfreut alte Kindheitsgeschichten ausgepackt, von seiner Zeit bei den Bowazus etwa. Viele Jahre später stand Beckenbauer bei einem offiziellen Termin im Gespräch zusammen mit wichtigen Menschen aus Sport, Politik und Wirtschaft, als er am anderen Ende des Raumes besagten Fotografen wiederentdeckte und mitten im Gespräch unter den entgeisterten Blicken der Anwesenden um ihn herum freudig und mit geballter in die Luft gestreckter Faust quer durch den Raum rief: »Giasing Power«. Oder die Schilderungen von Bekannten aus dem eigenen persönlichen Umfeld, die mit ihren Freunden als verzweifelte Teenager in den Siebzigerjahren um zwei Uhr morgens am Türsteher der Nobel-Disco »East Side« nicht vorbeikamen – als plötzlich Franz Beckenbauer mit Partnerin Diana Sandmann aus dem Club gekommen sei, die traurigen Jungs beiseite genommen und gemeint habe: »Wos is, lasst er euch ned durch? Dann geh i mit euch wieder zruck in den Schuppen, mit mir kummts nei.«

Und es gibt die Erzählungen, wie Beckenbauer als Bewerbungschef zwischen FIFA-Kongressen und Schönwetter-Touren durch die ganze Welt eines Morgens um 4 Uhr früh übermüdet auf dem Flughafen von Honolulu zum Weiterflug durch das Terminal Richtung Gate eilte und er von einer begeisterten Gruppe von Pauschalurlaubern aus Nordrhein-Westfalen entdeckt wurde. Beckenbauer grüßte zurück, hielt inne und begann, mit den fassungslosen Touristen eine ganz entspannte Plauderei. Als er erfahren habe, dass der Tross aus einer Stadt mit einem inzwischen weit in die sportliche Belanglosigkeit abgestürzten ehemaligen Bundesligisten kam, sei er aufgeblüht, habe er persönliche Episoden von Duellen mit jener Mannschaft erzählt und nachgefragt, was aus diesem und jenem Gegenspieler eigentlich geworden sei. Erst nach dem ungeduldigen Zwischenruf eines Begleiters (»Franz, mia miassn, da Fliaga wart ned.«) habe sich Beckenbauer mit höflicher Verabschiedung wieder losgeeist.

Es gibt auch die eigene Erinnerung an einen PR-Termin 2005 im noblen Seehaus im Englischen Garten, der Steiner Wolfi war auch mit dabei, der alte Spezl aus Giesinger Kindheitstagen. Die beiden Freunde saßen nebeneinander, vor ihnen ein Pulk von Fotografen und Kameraleuten, Blitzlichter zuckten durch den Raum sowie auch aufgeregte Rufe: »Herr Beckenbauer, bitte hierherschauen«, »nein, hierher«, »und jetzt dorthin.« Dem Herrn Steiner war das alles sichtlich unangenehm, bis er sich schließlich zu seinem Tischnachbarn hinüberneigte und ihn fragte: »Franz, wie hältst du des bloß aus?« Und der Franz erwiderte: »Mei, Wolfi, da gwöhnst dich dran.«

Und doch vermittelte Beckenbauer in diesem Moment den Eindruck, als würde er am liebsten dem Raum und dem ganzen wahnsinnigen Trubel entfliehen wollen, mit seinem alten Kumpel nach Giesing fahren, die Zeit zurückdrehen, sich mit einer Pit-Brause ins Wendelstein-Kino setzen und nach dem Film unter den Sitzen versteckt auf die nächste Vorstellung warten. Wie damals vor 50 Jahren. Manchmal schien der Wahnsinn auch ihm zu viel.

Auch in den letzten Monaten seines Lebens lebt Beckenbauer mit Frau Heidi zurückgezogen in seinem Haus Salzburg. Im September 2023 bekommt er noch einmal Besuch von Franz Roth, dem Bullen, der auf einer Rückreise aus Wien seinem alten Freund eine Visite abstattet. Doch auch er ist vom Zustand seines Weggefährten tief erschüttert. Die Aussicht, wie früher mal wieder gemeinsam über die Golfplätze des Voralpenlands zu ziehen, eine lustige Zeit zu haben und über die alten Zeiten zu plaudern, diese Aussicht gibt es nicht mehr. Beckenbauer ist ein alter, kranker Mann, der keinen Antrieb mehr hat, keine Lebensenergie.

Am 7. Januar schläft Franz Beckenbauer im Alter von 78 Jahren friedlich im Kreise seiner Familie ein. Als man Bulle Roth am Tag nach dem Tod Beckenbauers am Telefon erreicht, sagt er mit stockender Stimme: »Der Tod war eine Erlösung für den Franz.«

In aller Welt finden sie würdigende Worte für Beckenbauer. »Der Kaiser war der schönste aller Fußballer, der mit Anmut und Charme alles gewonnen hat.«, erklärt Gary Lineker. Gianni Rivera, der Siegtorschütze im Jahrhundertspiel von Mexiko spricht von einem »großen Gentleman«, der damalige Mitstreiter Roberto Boninsegna sieht für Beckenbauer einen Platz im »Olymp der Größten aller Zeiten« als gesichert. Lionel Messi postet ein Schwarz-Weiß-Bild von Franz als Nationalspieler mit dem Kürzel »QEPD«. *Que en paz descanse.* Mögest du in Frieden ruhen. Und Manchester United textet unter ein Bild von Beckenbauer und dem im Oktober 2023 verstorbenen Bobby Charlton: »Rivalen auf dem Spielfeld. Ewiger Respekt abseits des Platzes. Jetzt, zusammen in der Ruhe.«

Wie immer man Beckenbauers Lebensleistung bewertet, ob man ihn auf einem Sockel verewigt sehen möchte oder vom Denkmal gestürzt – bei allen Fehlern, Makeln und bei allen Schatten hinter der Lichtgestalt wird er die größte Persönlichkeit bleiben, der bedeutendste Protagonist, den der deutsche Fußball je hatte und je haben wird.

Einer, der sich manchmal danach sehnte, einfach ein ganz normaler Mensch zu sein. Einfach nur der Bub aus Giesing. Nun hat er seine Ruhe. Und seinen ewigen Frieden. RIP Franzl.

ZITATE

Die 20 besten Sprüche von Franz Beckenbauer …

… über seine Karriere als Spieler und Trainer:

»Alle Mannschaften haben sich damals in einer Holzhütte umgezogen, die Senioren, die Jugendmannschaften. Leider gab es damals noch keine Damenmannschaft – es war sehr eng in der Hütte.« *(über die Sechzigerjahre beim FC Bayern)*

»Johan war der bessere Spieler, aber ich bin Weltmeister.« *(über Johan Cruyff)*

»Ich habe in einem Jahr 15 Monate durchgespielt.« *(über die körperliche Belastung in seiner Laufbahn)*

»Damals hat die halbe Nation hinter dem Fernseher gestanden.« *(über das WM-Finale 1990)*

»Ich lass ihn hinten raus.« *(auf die Frage, wie er als Trainer mit Druck umgehe)*

… über Spieler und Trainer des FC Bayern:

»Ja mei, der Dante. Der braucht den Ball nur zu stoppen. Als Brasilianer. Wenn das jetzt ein Isländer wäre, oder wenn er vom Nordpol kommt, dann würde ich sagen, gut, der hat seine Skistiefel noch an. Aber so: fürchterlich.«

»Bist a Brasilianer oder bist a Holzfuß?« *(zu Jorginho)*

»Das kannst du nur, wenn du es kannst« *(über ein Tor von Toni Kroos)*

»Van Gaal ist ein Fachmann, ein Lehrer, ein Fußballlehrer, also ganz anders, genau das Gegenteil von Jürgen Klinsmann.«

»Der Rehhagel ist ein erstklassiger Trainer – zumindest in der zweiten Liga.«

… als Fußball-Experte:

»Ja gut, am Ergebnis wird sich nicht mehr viel ändern, es sei denn, es schießt einer ein Tor.«

»Ja gut, es gibt nur eine Möglichkeit: Sieg, Unentschieden oder Niederlage.«

»Der Grund war nicht die Ursache, sondern der Auslöser.«

»Die Schweden sind keine Holländer, das hat man ganz genau gesehen.«

»Erfolg ist ein scheues Reh. Der Wind muss stimmen, die Witterung, die Sterne und der Mond.«

… und als Philosoph:

»Mir geht das Fußballgeschäft oft auf die Nerven. Ich denke an Konfuzius, der gesagt hat: Fasse die Sorgen des Tages zusammen auf eine halbe Stunde, und in dieser Zeit mache ein Schläfchen.«

»Ich habe keine Angst vor dem Tod. Der Tod ist das Leben. Du musst den Tod als Freund begreifen, der dich in ein anderes Leben begleitet.«

»Wenn ich einmal den Schirm zumache, kann man über meinen Körper verfügen.«

»Ich mache ja nur deshalb seit 33 Jahren Fußball, weil ich nichts anderes kann. Wenn ich zum Beispiel einen Schopenhauer lese – ich verstehe ihn nicht.«

»Ich habe gerade *Sofies Welt* gelesen, diesen dicken philosophischen Schinken. Sokrates, Aristoteles, Platon und diese Leute haben sich vor 2000 Jahren Gedanken gemacht, da sind wir noch auf den Bäumen gesessen und haben uns vor den Wildschweinen gefürchtet. Seither haben sich nur ganz wenige weiterentwickelt.«

Die zehn besten Sprüche über Beckenbauer:

»Wenn der Kaiser spricht, legen sogar die Engel ihre Harfen beiseite.« (Max Merkel)

»Wenn der Franz aus dem Fenster springt, fällt er nach oben.« (Sepp Maier)

»Wenn Beckenbauer gesagt hat, eins und eins ist drei, dann war das eben so.« (Bernd Hölzenbein)

»Wenn er erklärt, dass der Ball eckig ist, dann glauben ihm das alle.« (Otto Rehhagel)

»Franz ist wie Marlene Dietrich. Ein alternder Star, den man nach wie vor bewundern muss.« (noch mal Rehhagel)

»Beckenbauer ist der Einzige, der der PDS in Bayern ein Direktmandat verschaffen kann.« (Ottfried Fischer)

»Brauchen wir noch einen Kanzler, wo wir Franz haben?« (Harald Schmidt)

»Wenn der Franz übers Wasser läuft, sprechen alle von Gott. Wenn ich übers Wasser laufe, heißt es: Der kann ja nicht mal schwimmen.« (Berti Vogts)

»Der Franz ist einer wie ich. Nur weißer.« (Pelé)

»Er ist ein Gentleman, wie ein Engländer. Nur leider ist er kein Engländer.« (Kevin Keegan)

LITERATUR- UND QUELLENVERZEICHNIS

Christoph Bausenwein: Beckenbauer, Verlag Die Werkstatt, Göttingen 2020

Christoph Bausenwein, Dietrich Schulze-Marmeling: FC Bayern München – Unser Verein, unsere Geschichte, Verlag Die Werkstatt, Göttingen 2012

Franz Beckenbauer: Aral Fußball-Album – Mexico 1970, Fritz Busche Verlag, Dortmund 1970

Franz Beckenbauer: Dirigent im Mittelfeld, Copress Verlag, München 1966

Franz Beckenbauer: Einer wie ich, C. Bertelsmann, Gütersloh 1975

Franz Beckenbauer: Halbzeit – Eine Zwischenbilanz, Alfred Strothe Verlag, Hannover 1971

Franz Beckenbauer: Ich – Wie es wirklich war, C. Bertelsmann, München 1992

Franz Beckenbauer: Meine Gegner – Meine Freunde: Stationen einer Karriere, Rasch und Röhring Verlag, Hamburg 1987

Hans Blickensdörfer: Der Kaiser – Die Franz Beckenbauer Story, Südwest Verlag, München 1991

Alfred Draxler (Hrsg.): Franz – Bilder eines bewegten Lebens, Weltbild Verlag, Augsburg 2005

Alfred Draxler (Hrsg.): Die Rekord-Bayern – Alle Höhepunkte der Vereinsgeschichte von 1965 bis heute, Hoffmann und Campe Verlag, Hamburg 2017

Thomas Guttmann (Hrsg.): Unter den Dächern von Giesing – Politik und Alltag 1918 – 1945, Buchendorfer Verlag, München 1993

Florian Kinast: Die Könige der Welt – Die Geschichte der Fußball-Weltmeisterschaften von 1930 bis heute, dtv, München 2022

Thomas Kistner: Die FIFA-Mafia – Die schmutzigen Geschäfte mit dem Weltfußball, Droemer Verlag, München 2012

Torsten Körner: Franz Beckenbauer – Der freie Mann, S. Fischer Verlag, Frankfurt 2005

Petra Kummermehr: Das Buch Franz – Botschaften eines Kaisers, Diederichs Verlag, München 2011

Sepp Maier: Wer mit dem Ball tanzt, Europa Verlag, Hamburg 2000

Franz Mertl (Hrsg.): 100 Jahre SC München von 1906, München 2006

Daniel Michel: Unnützes Wissen über den FC Bayern München, Yes Publishing, München 2022

Max-Jacob Ost: Aus Liebe zum Spiel – Uli Hoeneß, das Geld und der deutsche Fußball, dtv, München 2023

Armin Radtke: Olympiastadion München – Fußballgeschichte unter dem Zeltdach, Verlag Die Werkstatt, Göttingen 2005

Stefan Rinke, Kay Schiller: The FIFA World Cup 1930 – 2010: politics, commerce, spectacle and identities, Wallstein Verlag, Göttingen 2014

Kay Schiller: WM 74 – Als der Fußball modern wurde, Rotbuch Verlag, Berlin 2014

Wilhelm Schlötterer: Macht und Missbrauch – Franz Josef Strauß und seine Nachfolger. Aufzeichnungen eines Ministerialbeamten, Fackelträger Verlag, Köln, 2009

Wilhelm Schlötterer: Wahn und Willkür – Strauß und seine Erben oder: Wie man ein Land in die Tasche steckt, Wilhelm Heyne Verlag, München 2013

Ulfert Schröder: Franz Beckenbauer, Copress Verlag, München 1974

Ludger Schulze, Josef Kelnberger (Hrsg.): Die Fußball-Weltmeisterschaften – gesammelte WM-Bibliothek in 15 Bänden von 1930 bis 2006, Süddeutsche Zeitung Edition

Dietrich Schulze-Marmeling: Die Bayern-Chronik, Verlag Die Werkstatt, Göttingen 2021

John Sugden, Alan Tomlinson: FIFA and The Contest for World Football – Who Rules The People's Game, Blackwell Publishers, Malden 1998

John Sugden, Alan Tomlinson: Football, Corruption and Lies – Revisiting Badfellas, The Book The FIFA Tried To Ban, Routledge Verlag, New York 2007

Peter Stützer: Der Kaiser – Franz Beckenbauer, Delphin Verlag, München und Zürich 1985

Silke Wiedemann: Franz Beckenbauer – Der Erfolg spielt mit, Dirk Lehrach Verlag, Düsseldorf 2002

Hans-Jürgen Winkler: Franz Beckenbauer – Das deutsche Fußballwunder, Moewig Verlag München 1969

Hans Woller: Gerd Müller – oder wie das große Geld in den Fußball kam, Verlag C. H.Beck, München 2019

Ausgewertete Zeitungen, Zeitschriften und Online-Portale:

11 Freunde
Abendzeitung München
aljazeera.com
bavariathek.bayern
bild.de

br.de
bunte.de
DER SPIEGEL
dfb.de
Die Welt
Die Zeit
fifa.com
focus.de
Frankfurter Allgemeine Zeitung
fussballdaten.de
Kicker
Münchner Merkur
New York Daily News
sport1.de
sportschau.de
Stern
Süddeutsche Zeitung
The Guardian
The New York Times
The Sunday Times
The Times
transfermarkt.de
tribuna.com
tz
youtube.com
zdf.de
zeit.de